报刊舆论视野下
章太炎的思想与学术

以诸多面相揭示国学大师章太炎
思想和学术的深邃内涵

王　磊◎著

吉林大学出版社
·长春·

图书在版编目（CIP）数据

报刊舆论视野下章太炎的思想与学术 / 王磊著 . —
长春：吉林大学出版社，2024.5
ISBN 978 - 7 - 5768 - 3198 - 6

Ⅰ . ①报… Ⅱ . ①王… Ⅲ . ①章太炎（1869—1936）
—哲学思想—研究 Ⅳ . ①B259.25

中国国家版本馆 CIP 数据核字（2024）第 107288 号

书　　名　报刊舆论视野下章太炎的思想与学术
　　　　　BAOKAN YULUN SHIYE XIA ZHANG TAIYAN DE SIXIANG YU XUESHU
作　　者　王　磊
策划编辑　李潇潇
责任编辑　王　宇
责任校对　孙　琳
装帧设计　中联华文
出版发行　吉林大学出版社
社　　址　长春市人民大街 4059 号
邮政编码　130021
发行电话　0431-89580036/58
网　　址　http：//www.jlup.com.cn
电子邮箱　jldxcbs@ sina.com
印　　刷　三河市华东印刷有限公司
开　　本　787mm×1092mm　1/16
印　　张　14
字　　数　207 千字
版　　次　2025 年 3 月第 1 版
印　　次　2025 年 3 月第 1 次
书　　号　ISBN 978 - 7 - 5768 - 3198 - 6
定　　价　68.00 元

序　言

　　2015 年 12 月我的博士论文《政治与学术的双向展开——章太炎与中国近代报刊》顺利通过博士论文答辩，那时曾设想继续研究章太炎晚年的报刊实践；刚参加工作的前几年也兴致勃勃申请各类基金，试图将章太炎晚年的报刊实践与国学传播继续研究下去。但是天不遂人愿，课题并未申请成功。2019 年 5 月我的博士论文经过删节和修改最终出版，重新命名为《章太炎报刊实践与传播思想研究》，相比原来的博士论文，我的专著删掉了不少篇幅，仅增加了一章《章太炎传播思想探析》，这也算作对自己的博士生涯和工作前三年的一个总结。这部专著首次以报人视角审视章太炎的报刊实践活动，归纳出章太炎办报所努力的三个面相：革命宣传、舆论监督和保存文化。该书通过章太炎的报刊实践活动和生平经历展现了他"行动的人生"的一面，他同样是一位革命者和实践家。章太炎实践的人生与学术、思想的传播都值得进一步研究。

　　回想读博期间，志向和兴趣皆较为专一，我对章太炎著作的研读始于导师王玉华教授开设的"《訄书》研究"相关课程，博士阶段撰写的论文即从《訄书》相关的内容中获得启发，特别是章太炎对清初大儒颜元的评述以及章太炎评价孔子问题的两篇论文体现的学术思想。我还关注了章太炎的"群学"思想和他对氏族史的研究，这是我首次对章太炎的史学展开的研究。此外，在政治史方面，以报刊舆论为视角重新审视了章太炎与南京临时政府的关系；首次呈现了章太炎创办的《教育今语杂志》中蕴含的教育观和章太炎道德教育思想的现代性价值，揭开了中国教育史上的隐秘一角。我在读博期间撰写和发表的论文，分别收入在本书的第一章第六节、第二章第一节和第四章的前三节。本书第一章的前五节内容是博士论文出版之后的余绪，《〈民报〉章太炎群体激扬侠风研究》是对《民报》研究的补充和完善。这样，章太炎与清末报刊实践的全貌就呈现出来了。

2021 年 9 月前往中国社会科学院历史理论研究所访学，此后，我的学术兴趣点开始向史学理论方面转移，章太炎研究只能凭借读博时的积累和留存于内心的使命感而延续。因为比较多地关注了与章太炎相关的报刊文献的缘故，我对"章太炎晚年报刊实践与国学传播""民国报刊舆论中的章太炎形象"和"章太炎轶事相关文献的整理与研究"等课题产生兴趣。因此，近些年撰写和发表的论文多围绕上述课题而展开。《章太炎童蒙教育思想研究——以〈重订三字经〉为中心》、《章太炎历史教育思想述论》、《章太炎与中国侠客精神的近代转化》和《清末章太炎对社会主义思想的认知与传播》，这四篇论文是对章太炎思想的阐释。《护法运动时孙中山章太炎的联名电文》、《章太炎两次授勋问题探析》、《章太炎国葬问题研究》、《章太炎逝世后相关新闻舆论研究》和《"辛亥三杰"的指代和成因探析》，这五篇论文都属于对章太炎生平的关注与研究，这些论文皆从报刊舆论的视角切入章太炎的政治生涯和日常生活，有些论文的视角可谓发前人之所未发，对于人们了解章太炎的思想和生平也算有所助益。此次，效仿诸多学者将已经发表的论文连缀成著作出版之经验，我也将部分未刊的书稿和已发表的论文整合成著作出版，完成了自己的一桩心愿。士不可以不弘毅，任重而道远。是为序！

王磊

2023 年 12 月于浙江嘉兴

目 录
CONTENTS

第一章

章太炎与清末报刊

　　自 1897 年 1 月到 1900 年 3 月，章太炎先后参与到《时务报》《经世报》《台湾日日新报》等七份报刊的事务之中，分别担任撰述、主编、主笔等职务。这三年，章太炎逐步熟悉报业和报务，是他成长为政论界巨子的阶段。在晚清经世实学思潮和传统学术向近代初次转型的时代背景下，章太炎继承了维新变法时期的三大遗产"学会、报刊、学堂"。他利用报刊传播新知促进了浙江学术风气的趋新。"苏报案"是章太炎人生中具有转折性意义的重大事件，佛学知识的积淀，《国粹学报》灵魂人物的出现，"革命圣人"形象的塑造，都在发生于该案之后。"苏报案"成为革命风潮初盛时代的重要事件。《民报》时期的章太炎坚持学术与政治的双向进路，促成了章太炎弟子的初次集结，形成了革命舆论和保存国粹的双重功绩。《民报》的传播效力通过时人的日记、回忆录等文献，以及与《新民丛报》的论战结果亦得以彰显。若论开启民智之功，《新民丛报》与《民报》可谓各有千秋、相得益彰，不可因论战结果而否定之。1910 年 3 月，《教育今语杂志》在日本创刊，章太炎是主办者兼主要撰稿人，该刊物作为光复会"通讯机关"，其宗旨在于保存国故、振兴学艺、提倡平民教育，并暗含激发种族革命之义。这是辛亥革命前章太炎在白话文学术期刊方面所做的有益探索和实践。

第一节　"苏报案"前史：章太炎与
保皇派的两次论争

　　学界围绕"苏报案"的研究已经比较详细，各类学科都对此问题有所涉及，周佳荣将《苏报》置于清末政治思潮整体氛围之下进行考察，探讨"苏报案"前后中国思想界的情形，除了厘清《苏报》与早期革命运动的关系外，还注重它在思想转型中所起的多方面作用。① 王敏对于"苏报案"的研究可谓最为详细，作者利用大量外文史料对"苏报案"的审讯过程和外文报刊的相关报道进行了梳理。② 徐中煜则从法制史、立法学与司法学等角度展现了"苏报案"中清政府与西方列强的交涉，并对相关量刑进行了横向和纵向的比较，揭示了《大清律例》的落后性。③ 周勇搜集并整理了海内外大量文献，编著成《邹容与苏报案档案史料汇编》，为学界了解"苏报案"提供了较为系统的史料，为促进学界对"苏报案"的研究提供了便利。④ 因为上述研究成果已对"苏报案"的过程给予较多关注，本文拟对"苏报案"爆发前章太炎在新闻舆论和政治论争中的表现进行论述。

一、《正仇满论》：章太炎与保皇派的第一次论争

　　章太炎与革命派所办报刊的接触在 1900 年。1900 年 1 月由陈少白在香港创办的《中国日报》被誉为"革命党机关报之元祖"⑤，该日报还设有旬刊，名为《中国旬报》。章太炎曾于 1900 年 8 月在《中国旬报》中发表了《请严拒满蒙人入国会状》和《解辫发说》两文，开始在晚清的舆论界倡导排满革命之说。当时，《中国旬报》通过按语向世人介绍了上述两文的作者

① 周佳荣：《苏报与清末政治思潮》，香港：昭明出版社有限公司，1979 年。
② 王敏：《苏报案研究》，上海：上海人民出版社，2010 年。
③ 徐中煜：《清末新闻、出版案件研究（1900-1911）——以"苏报案"为中心》，上海：上海古籍出版社，2010 年。
④ 周勇主编《邹容与苏报案档案史料汇编》，重庆：重庆出版社，2013 年。
⑤ 冯自由：《革命逸史》（第三集），北京：中华书局，1981 年，第 3 页。

章太炎，其文如下：

> 章君炳麟余杭人也，蕴结孤愤，发为罪言，霹雳半天，壮者失色，长枪大戟，一往无前。有清以来，士气之壮，文字之痛，当推此次为第一。隶此野蛮政府之下，追而思及前明，耿耿寸心，当已屡碎矣。君以此稿封寄前来，求登诸报，世之深于世味者，读此文当有短其过激否耶？本馆哀君之苦衷，用应其请，刊而揭之，俾此文之是非，得天下读者之公断，此则本馆之私意也。①

章太炎向《中国旬报》投稿已表明他开始关注在报刊中宣传革命思想，又过一年，章太炎在《国民报》第四期（1901 年 8 月 10 日出版）刊发了《正仇满论》一文②，此文正是针对保皇派的舆论攻势而作。梁启超在《清议报》上连续发表《戊戌政变记》《光绪圣德记》《积弱溯源论》，称赞光绪为一代圣君，谴责阻碍变法的慈禧、荣禄、刚毅等人，认为未来中国革新的希望只有依靠光绪的复位。《戊戌政变记》在没有刊布完的情况下又刻印了单行本，保皇的言论一时流布甚广。《正仇满论》后被辑入《国民报汇编》和《黄帝魂》，此文后又被章太炎增补到他的《驳康有为论革命书》一文中。

梁启超在庚子之役后，言论上一度表现为倾向于革命并揭露清廷的腐败和专制的罪恶，同时，他把言论集中于批判以慈禧为首的顽固势力阻止维新变法的种种罪行，进而将光绪塑造为一代圣君的形象，为保皇立宪制造舆论。他称赞光绪在戊戌变法期间："临御宇内，未闻有失德，勤于政事，早朝晏罢，数月以来，乾断睿照，纲举目张。"③在《戊戌政变记》中，梁氏列举政变的原因有两个："其一，由西后与皇上积不相能，久蓄废立之志也；其二，由顽固大臣痛恨改革也。"他对"皇上无权，可胜慨哉"深表惋

---

① 汤志钧编《章太炎年谱长编》（增订本·下册），北京：中华书局，2013 年，第 607 页。

② 《国民报》是最早在日本出版的清末革命刊物之一种。1901 年 5 月 10 日创刊，本年 8 月 10 日停刊。日本东京出版，月刊，由秦力山、王宠惠、杨廷栋、戢元丞、沈翔云、冯自由等主持，前后共出版四期。参考史和、姚福申、叶翠娣编《中国近代报刊名录》，福州：福建人民出版社，1991 年版，第 218 页。

③ 任公：《续变法通议》，载于《清议报》1898 年 12 月 23 日，第 1 册。

惜。① 梁启超在《光绪圣德记》中称光绪"舍位忘身而变法",罗列其品行道德和历史功绩如下:群僚士民皆许上书、豁达大度、日昃勤政、求才若渴、破格用人、明罚敕法、用人不惑、从善如流、俭德谨行、好学强记、养晦潜藏、特善外交、爱民忘位。② 哀时客号召同胞"保全中国"必在"尊皇","今日之变,为数千年之所未有,皇上之圣亦为数千年之所未有"③。梁启超在《中国积弱溯源论》中提出满汉通力合作之说:"今夫国也者,必其全国之人,有紧密之关系,有共同之利害,相亲相爱,通力合作,而后能立者也,故未有两种族之人,同受治于一政府之下,而国能久安者。我汉人之真爱国而有特识者,则断未有仇视满人者也。"④ 这与他在《变法通议》中提出的"平满汉之界"的思想是一致的,也是受到其师康有为在上呈光绪帝的奏对中所提出的"满汉不分,君民同治"政策的影响。⑤ 章太炎在《正仇满论》中驳斥理论集中于两点:其一,满人乃特权阶层、腐败已极,汉人处于被压迫地位,必然要革命,以实现民族平等;其二,从民主、民权政治的角度出发,满族的专制统治也不符合历史潮流,其政府所主持的新政和立宪也不可能成功。章太炎认为排满乃是行革命之名,并非仇视满族,自中英战争以来,清政府丧权辱国,其统御之策可谓"制汉不足,亡汉有余",满人"不知政""不知农商""赖宗禄甲米为养",完全成为社会的寄生阶层,所以"革命不得不行"。章太炎认为光绪不可能具备俄国彼得一世那样的雄才大略来推行新政,且满族以"五百万人临制汉族四万万人",为了维护"贵族之权",他们不可能以"重器假之",汉人最终还是不可能获得民权。如国会、议院等分权的机构,只有靠民众的艰苦斗争才能够获得。所以,于公、于私所谓变法只能成为"迁延"统治的借口。当然,后来的"皇族内

① 任公:《戊戌政变记》,载于《清议报》1898年12月23日,第1册。
② 任公:《光绪圣德记》,载于《清议报》1899年3月22日/1899年4月1日,第9/10册。
③ 哀时客:《尊皇论一·论保全中国非赖皇上不可》,载于《清议报》1899年3月22日,第9册。
④ 梁启超:《中国积弱溯源论》,载于《清议报》1901年6月16日,第82册。
⑤ 梁启超:《变法通议》,载于《饮冰室合集》(文集第一册),北京:中华书局,1989年,第77-83页。

阁"的形成也证明了章氏的远见卓识。章太炎指出，汉人中形成的"异种贱族非吾中夏神明之胄"的思想是有其历史传统的，这在其所著的《訄书》（重订本）中有很明显的表现。在晚清的历史进程中，章太炎力图全面地恢复汉族民族记忆，在"光复旧物"的号召之下逐步消解清朝统治的合法性。最终，章太炎在此文中构想了他关于"逐满"的设计，"自渝关而外，东三省者，为满洲之分地。自渝关而内，十九行省者，为汉人之分地"，"彼东三省者，犹得为满洲自治之地"。《国民报》在附志中称此文"持论至公，悉中于理，且并非驳击梁君一人，所关亦极大矣"。① 这是章太炎与改良派的第一次论争，表明章太炎已经初步构建了自己的"排满"思想的内容和理论基础，从而为他撰写《驳康有为论革命书》奠定了学理和舆论的基础。当然，我们看到，通过辩论，革命派与君主立宪派的立场逐步界限分明了。

我们也不能忽略双方在论辩过程中存在的问题，如梁启超在他所著的《中国历史研究法》中，特举《戊戌政变记》为例，说："吾二十年前所著《戊戌政变记》，后之作清史者，记戊戌等事，谁不认为可贵之史料，然谓所记悉为信史，吾已不敢自承。何则？感情作用所支配，不免将真迹放大也。"② 同样的问题，也存在于章太炎身上，但是，我们必须明白作为撰稿人和编辑，他们所写的文章是政论而非新闻，更不能以今天的新闻标准来要求他们。这些文章的目的乃是制造舆论，进行宣传，所以其中某些论说有夸大之嫌，便可以理解了。民国以后，章太炎在编纂《章氏丛书》时刊落那些具有战斗性质的文章，也便能够理解了，这也从侧面反映出回到学术立场的章太炎更加严谨。

二、章太炎与保皇派的第二次论争

1902 年 5 月，康有为著《答南北美洲诸华商论中国只可行立宪不能行革命书》（后文简称《答华商书》），部分内容曾见载于《新民丛报》第 16 号（1902 年 9 月 16 日出版），题作《南海先生辨革命书》。该文与《与同学诸

---

① 章炳麟：《正仇满论》，载于《国民报》1901 年 8 月 10 日，第 4 期。
② 梁启超：《中国历史研究法》，载于《饮冰室合集》（专集之七十三），北京：中华书局，1989 年，第 91 页。

子梁启超等论印度亡国由于各省自立书》合印为《南海先生最近政见书》，后又辑入《不幸而言中不听则国亡》一书（1918 年辑成，基本保留了两文的原貌）。章太炎的《驳康有为论革命书》撰写于 1903 年 5 月，《苏报》（1903 年 6 月 29 日，第 2505 号）以《康有为与觉罗君之关系》为题摘选了章氏的文章，以鼓吹革命思想。这也是针对 1903 年康有为在欧美十七国游历之后所发表的《南海先生最近政见书》而刊发的论辩之文。

　　然而，此次论战之前的舆论界几乎还是立宪派的天下，革命派所办的刊物还比较少。在戊戌维新运动失败及庚子义和团事件的刺激之下，知识界人士对于清廷之腐败无能有了进一步的认识，遂逐步投向救国的洪流之中，如孙中山所说："国势危急，岌岌不可终日。有志之士，多起救国之思，而革命风潮自此萌芽矣。"① 随着清廷新政各项政策的出台，新式学堂的兴建和出洋留学风气的兴起，新式知识分子群体逐步形成。东京和上海先后出版《国民报》《浙江潮》《大陆报》等宣传革命的报刊，在 1902、1903 年期间，在国内外学潮的鼓荡之下，新式知识分子得以群集。学者周佳荣指出："新知识群与政论报刊二者息息相关及互为因果的现象，亦颇可注意，理由是新知识群一面受了进步书报的影响而加速成长的脚步，同时他们又发行更多新的刊物，以巩固和扩大其社会基础。"②

　　康有为的文章虽然说是答域外华商，其实乃是给朝廷内外各界人士的一份建言。其大致不外以下几个方面：其一，以《春秋》三世之说而言人类社会进化之公理，"君主专制、立宪、民主三法，必当一一循序行之；若紊其序，则必大乱，法国其已然者矣"。因为"以中国今日之人心，公理未明，旧俗俱在"，"纷纷言革命者，则事必不成"，③ 所以根本不具备欧洲那样的革命基础。其二，康氏力倡以文明程度区分民族，则"满汉不分"，革命自

---

① 孙文：《孙文学说》，载于《建国方略》，北京：中国长安出版社，2010 年，第 70 页。

② 周佳荣：《苏报与清末政治思潮》，香港：昭明出版社有限公司，1979 年，第 4-5 页。

③ 康有为：《答南北美洲诸华商论中国只可行立宪不能行革命书》，载于姜义华、张荣华编校《康有为全集》（第六集），北京：中国人民大学出版社，2007 年，第 314-317 页。

然没有意义。"然则孔子之所谓中国、夷狄之别,犹今所谓文明、野蛮耳。故中国、夷狄无常辞,从变而移。当其有德,则夷狄谓之中国;当其无道,则中国亦谓之夷。"他又指出,满族"教化文义,皆从周公、孔子;其礼乐典章,皆用汉、唐、宋、明,与元时不用中国之教化文字迥异。"今日之满汉已是"化为一国,无复有几微之别久矣"。① 其三,康有为将近代以来"割地鬻民、赔款剥民"的罪责归于慈禧、荣禄、刚毅等顽固守旧之人身上,视光绪为"舍身救民之圣主"。加之,光绪"仁圣英武,通于外事,足以变法而强中国";"久历艰难,能公天下,足以立宪而予民权";最终必然可以"救中国生民",进而"开议院、与民权",使人民享有"民权自由、变法自强之乐"。② 所以,民众现阶段的目标是推进君主立宪而非实行革命。其四,康有为屡次警告国人的是法国倡革命,而"大乱八十年,流血数百万";中国若革命必导致"内乱相残,必至令外人得利也"。他强调"今日中国积弱,众强环视",国人当忧者不应该在内讧,"而在抗外也";否则,"至时则永为奴隶,永无自立。"③ 最后,康有为威吓满洲之权臣、疆臣、贵族后裔,说道:"今政府既经半年,无复辟之事,无变法之心,向之望之复辟者,既不可得,遂绝自强之望,则不得不思变计,以谋自保也。""再过一二年乎,则人心尽变,神州陆沉,天地惨黩,虽有圣者,无如之何。"则国人只能"别谋革命自强矣"。④ 这也可见,康氏对于当时国内的形势是洞若观火的,果然一年后就爆发了大规模的学潮和"苏报案",中国近代政治史也正是基于此而成为由保皇、立宪折向革命之转捩点,康有为的言论自然引起了革命派人

---

① 康有为:《答南北美洲诸华商论中国只可行立宪不能行革命书》,姜义华、张荣华编校《康有为全集》(第六集),北京:中国人民大学出版社,2007 年,第 327 页。

② 康有为:《答南北美洲诸华商论中国只可行立宪不能行革命书》,姜义华、张荣华编校《康有为全集》(第六集),北京:中国人民大学出版社,2007 年,第 320-321、328-329 页。

③ 康有为:《答南北美洲诸华商论中国只可行立宪不能行革命书》,姜义华、张荣华编校《康有为全集》(第六集),北京:中国人民大学出版社,2007 年,第 313-329 页。

④ 康有为:《答南北美洲诸华商论中国只可行立宪不能行革命书》,姜义华、张荣华编校《康有为全集》(第六集),北京:中国人民大学出版社,2007 年,第 332-333 页。

士的注意，章太炎的驳辩由此而起。

章太炎平生最鄙视那些醉心利禄之"贱儒"，特别是对与满族政权有合作关系的那些官员们。他言辞俱厉地指出康有为乃是"以一时之富贵，冒万亿不赀而不辞，舞词弄札，眩惑天下"，并且"徒以尊事孔子，奉行儒术，崇饰观听，斯乃不得已而为之，而即以便其南面之术，愚民之计"。正是基于这种久已养成的"高官厚禄之性"，康有为才愿意"引犬羊为同种，奉貑尾为鸿宝"。① 章太炎针锋相对地驳斥康有为之说，首先，他也根据进化论"进境"之理，指出"人心之智慧，自竞争而后发生，今日之民智，不必恃他事以开之，而但恃革命以开之"。"今以革命比之立宪，革命犹易，立宪犹难。"章太炎举广西会党之例，人心可以在革命潮流中得到启蒙和教育，遂而发生进化，所以"公理之未明，即以革命明之；旧俗之俱在，即以革命去之。革命非天雄大黄之猛剂，而实补泻兼备之良药矣"。② 其次，章太炎提出辨明近世种族之标准，乃"以历史民族为界，不以天然民族为甚"，以文化语言决定民族之分殊，其"名号不同，谱牒自异"，③ 姓氏之书，记载如《世本》者，可谓谱系不绝。由此可见满汉两个民族的差别是无法弭平的，章氏之民族主义思想也是受到了 19 世纪后半期欧洲兴起的民族主义思潮的影响，所以他赋予了传统的"夷夏之辨"以新的内容，他坚定地认为："今日固为民族主义之时代，而可混淆满、汉以同薰莸于一器哉？"④ 再次，章太炎认为光绪乃是"仁柔寡断之主"，不足以担负起立宪、自强之责。其变法之目的，乃是为"排沮太后之权力""交通外人得其欢心"，他得出的结论是"载湉小丑，未辨菽麦，铤而走险，固不为满洲全部计"。⑤ 可见，清政府不

---

① 章炳麟：《驳康有为论革命书》，汤志钧编《章太炎政论选集》（上册），北京：中华书局，1977 年，第 194-196 页。
② 章炳麟：《驳康有为论革命书》，汤志钧编《章太炎政论选集》（上册），北京：中华书局，1977 年，第 202-204 页。
③ 章炳麟：《驳康有为论革命书》，汤志钧编《章太炎政论选集》（上册），北京：中华书局，1977 年，第 195 页。
④ 章炳麟：《驳康有为论革命书》，汤志钧编《章太炎政论选集》（上册），北京：中华书局，1977 年，第 195 页。
⑤ 章炳麟：《驳康有为论革命书》，汤志钧编《章太炎政论选集》（上册），北京：中华书局，1977 年，第 199-201 页。

可能担负起领导中国民众建立近代民族国家的重任。最后，章太炎认为立宪同样是不可避免"血流成河、死人如麻"的局面，英、奥、德、意、日诸国的历史足以说明。章太炎认为，革命因为"恃万姓之合意"，更容易成功。①

纵观章太炎与康有为所论，他们两人都从各国历史出发，强调国情之差别，这种历史主义的观点可谓具有相似性。如章太炎针对康有为的驳辩，称："一条鞭法，名为永不加赋，而耗羡平余，犹在正供之外"；"玄烨、弘历，数次南巡，强勒报效，数若恒沙"；"廷杖虽除，诗案史祸，较诸廷杖，毒螫百倍。"② 种种对于历史记忆的唤醒都是为了说明"满汉不平"以及汉人为满人之奴隶。章太炎从中印两国民族精神的不同出发，得出了与康有为完全不同的结论：割据自立贤于立宪而不是导致亡国。章太炎预见到未来，"满人虽顽钝无计，而其怵惕于汉人，知不可以重器假之，亦人人有是心矣"③。后来"皇族内阁"的形成和清政府对于立宪请愿运动的弹压，表明清政府权贵集团对中央权力的再次收紧，这些都成为革命快速到来的重要诱因。当然，章太炎等革命者可能确实没有周密地思考过革命与外人干涉的关系，而简单地认为："彼外人者，亦视势利所趋耳，未成则欲取之，小成则未有不认为与国者，而何必沾沾多虑为乎！"④ 后来，南京临时政府不正是得不到西方列强和日本的支持而难以为继，看来，他对革命的思考过于理想，正和康有为迷恋光绪一人之力一样。当然，通过辩论能使论辩者受到启发，更能使民众受到教育。

通过革命和君主立宪在学理上的辩论，我们看到近代民族主义思想的巨大影响力，革命派和君宪派都迫切想夺取建立现代民族国家的领导权。我们看到，章太炎的民族主义思想已经具备现代意识，早已超越了中国传统意识

① 章炳麟：《驳康有为论革命书》，汤志钧编《章太炎政论选集》（上册），北京：中华书局，1977年，第201-202页。

② 章炳麟：《驳康有为论革命书》，汤志钧编《章太炎政论选集》（上册），北京：中华书局，1977年，第198页。

③ 章炳麟：《驳康有为论革命书》，汤志钧编《章太炎政论选集》（上册），北京：中华书局，1977年，第199页。

④ 章炳麟：《驳康有为论革命书》，汤志钧编《章太炎政论选集》（上册），北京：中华书局，1977年，第205页。

上的"华夷之辨"。清代学者宋翔凤以"存三统""张三世""异内外"为"三科",学者蒋伯潜对"异内外"进行了阐释,他引用董仲舒《春秋繁露·王道篇》解释道:"内其国而外诸夏,内诸夏而外夷狄,言自近者始也。"他又引证何休《公羊解诂》之论述,"于所传闻之世,见治起于衰乱之中,用心尚粗觕,故内其国而外诸夏;于所闻之世,见治升平,故内诸夏而外夷狄"。以此表明"张三世"与"异内外"相互连贯。① 严夷夏之防并阐扬春秋大义的正是今文经学。那么,为何主今文经的康有为不提倡排满革命呢? 汪荣祖先生对此进行了颇为合理的分析,他指出:"纯从经学的师承来说明政治动向,是讲不通的。长素倡导变法维新,非赖今文经学;太炎宣讲种族革命,更非寄托于古文经学。传统的经今古文门户之争原不能涵容康章两氏的政治思想。"② 周予同先生在《康有为与章太炎》一文也谈到了章氏民族主义思想的来源问题,他认为章太炎虽然是汉学家和古文经学的传人,但是,经古文学发展到晚清"已经有和浙东史学派混合之可能"。周予同先生进一步总结了浙东史学派的两个特点:"其一,是严种族之别,以异族入主中原,为汉族奇耻;其二,是尊崇历史,以历史与民族的兴亡有密切的关系。"③ 由此可见,章太炎的民族主义思想的底色应该包含今文经学和浙东史学的共同因子。章太炎的民族主义思想已经注入了新的学理和内容,他在《驳康有为书》中所提出的以革命开民智和用革命明公理即是最好的表达,前文已经论述。章太炎的民族主义思想在《民报》时期得到进一步的完善和成熟,武昌起义爆发后,章太炎在《致留日满洲学生书》中阐述了革命之后如何处理满族与共和政府的关系问题,他指出:"所谓民族革命者,本欲复我主权,勿令他人攘夺耳。非欲屠夷满族,使无孑遗,效昔日扬州十日之为也。……若大军北定宛平,贵政府一时倾覆,君等满族,亦是中国人民,农

---

① 蒋伯潜:《十三经概论》,蒋绍愚导读,上海:上海古籍出版社,2010 年,第 298-299 页。

② 汪荣祖:《康章合论》,载于汪荣祖:《从传统中求变:晚清思想史研究》,南昌:百花洲文艺出版社,2002 年,第 361 页。

③ 周予同:《康有为与章太炎》,载于朱维铮编《周予同经学史论著选集》,上海:上海人民出版社,1983 年,第 109 页。

商之业，任所欲为，选举之权，一切平等，悠游共和政体之中，其乐何似。"[1] 汪荣祖先生针对章氏之民族主义思想曾有比较精辟的论述，他认为对章太炎来说，"反满显然只是政治革命的权宜之计，汉、满、蒙、回、藏五族共和才是他长久的信念。他逝世时特别要求以代表五族共和的五色旗覆身，更可说明狭隘的种族主义绝非他的信念。"所以章太炎的"民族主义已经相当具有现代性"。[2]

章太炎的《驳康有为论革命书》对开启革命风潮产生了巨大的影响力，据蒋维乔回忆："容箧中有小册《革命军》稿，太炎为之作序，宗仰出资刊行之，复将太炎之《驳康有为论革命书》同时刊出，不及一月，数千册销行殆尽。"[3] 胡汉民在回忆中记述道："其时破保皇而主张革命排满者，以章炳麟、邹容、陈天华为最有功。章炳麟《驳康有为论革命书》，使康氏结舌，实影响于知识界有民族思想。邹容著《革命军》，更爽直痛快，无有伦比，一时畅行于长江流域，以其书易读，中下层社会皆欢迎之。"[4]《驳康有为论革命书》常常与邹容之《革命军》共同传播，其影响甚至到达海外。据华侨温雄飞回忆，在《民报》发行以前，他所读的革命书籍最著名者就是章炳麟的《驳康有为论革命书》和邹容的《革命军》。[5] 根据这次康、章之间的辩论，黄宗仰在诗中称赞太炎道："余杭章，南海康，章公如麟康如狼，狼欲遮道为虎伥，麟起唋之暴其肠。"[6]

三、结语

过去，国内很多学者都认为章太炎的革命"排满"思想充满了传统的大

---

① 冯自由：《革命逸史》（第五集），北京：中华书局，1981年，第231–232页。
② 汪荣祖：《章太炎对现代性的迎拒与文化多元思想的表述》，载于《中国文化》，2004年5月30日，第21期，第108页。
③ 蒋竹庄：《章太炎先生轶事》，载于《制言》1936年9月16日，第25期。
④ 胡汉民：《胡汉民回忆录》，北京：东方出版社，2013年，第12页。
⑤ 温雄飞：《回忆辛亥前中国同盟会在美成立的过程》，载于中国社会科学院近代史研究所《近代史资料》编译室编《华侨与辛亥革命》，北京：知识产权出版社，2013年，第161页。
⑥ 中央：《驳康书书后》，载于《江苏》1903年8月23日，第5期。

汉族主义的情绪，从章太炎的语言上来看这种观点颇能成立，但是由于受到西方社会学和民族主义潮流的影响，章氏的著作激烈程度显然不能和邹容的《革命军》、陈天华的《猛回头》相比。然而其中真意，或许能从比较温和的蔡元培那里找到些答案。1903 年 4 月 11 日蔡元培在《苏报》上发表了《释仇满》一文。蔡元培不赞同邹容《革命军》中"杀满人"一段的内容，其实他"早在邹到沪之前，即已就当时类似邹容持种族之见、主张仇满之舆论，特撰《释仇满》一文，发表于《苏报》，阐明其对待满人应取之态度"①。蔡氏认为区别种族依据血液和风习，就此两点而言，满洲人已被汉族人同化了，满人这一"名词"仅成为"政略上占有特权之一记号焉耳"。所以他认为："近日纷纷仇满之论皆政略之争，而非种族之争也。"蔡元培认为西方学理的输入逐步改变了人们对种族差别的认识，他论说道："自欧化输入，群知人为动物进化之一境，而初无贵种、贱种之别，不过进化程度有差池耳。昔日种族之见，宜若为之消逝，而仇满之论，反炽于前日者，则以近日政治思想之发达，而为政略上反助之助力也。盖世界进化已及多数压制少数之时期，风潮所趋，决不使少数特权独留于亚东之社会。此其于政略上所以有仇满之论也。"下面，蔡元培又从心理角度分析了新旧思想交替之时持种族之见的人们的认知，他说道："虽然，人之神经甚为复杂，彼染于欧化者，非能尽涤其遗传性也。是以其动机虽在政略上，而理想所及，不免自混于昔日种族之见。且适闻西方民族主义之说，而触其格致古微、孔教大同之故习，则以仇满之说附丽之，故虽明揭其并非昔日种族之见，而亦不承认也。"② 笔者以为，革命派阵营中像蔡元培这般对种族问题保持理性看法的并不多见，因此，章太炎和邹容等人所掀起的排满革命舆论风潮势必引起清政府的强烈反应。

---

① 高平叔：《蔡元培年谱》，北京：中华书局，1980 年，第 17 页。

② 蔡元培：《释仇满》，载于《苏报》1903 年 4 月 11 日，第 2426 号。

第二节 《民报》章太炎群体激扬侠风研究

　　《民报》是同盟会的第一个机关报，也是清末最重要、影响力最大的革命刊物之一。学界对《民报》的研究已经取得很多成果，陈孟坚所著的《〈民报〉与辛亥革命》是目前对《民报》研究最全面最系统的著作。该著作从《民报》内容及其对清末革命的影响两个方面进行了系统的研究，其中，作者首次关注到了《民报》的激扬侠风问题并提出《民报》激扬侠风的目的乃是为了鼓动暗杀风潮。① 另外，朱浤源所著《同盟会的革命理论：〈民报〉个案研究》从民族革命、政治革命和社会革命三个维度探讨了《民报》所揭示的内容，作者进而对《民报》的革命理论体系进行了归纳和总结。② 姜义华在其所著的《章太炎思想研究》一书中较为详细地论述了章太炎参与《民报》工作的整个过程。③ 还有部分学者从《民报》传播的革命思想方面进行研究，关注了《民报》对社会主义和无政府主义思想的宣传。④ 章太炎及其同人群体加入《民报》之后，促使《民报》在鼓吹侠风之时注重中国传统思想文化因子与侠义精神的融合，进而为清末革命舆论注入了新的动力。目前学界对章太炎及其同人在激扬侠风过程中所做的努力已有初步研究但并不深入，⑤ 尤其是《民报》激扬侠风的思想基础和文化源流问题，以致人们对这股风潮在清末革命中的影响以及对后世学术的所产生的影响都较为模糊，所以有必要展开进一步研究。

　　清末革命派所创办的报刊已经零星出现对侠风的阐扬，东京留学生所创

---

① 陈孟坚：《〈民报〉与辛亥革命》，台北：正中书局，1986 年。
② 朱浤源：《同盟会的革命理论：〈民报〉个案研究》，台北："中研院"近代史研究所，1995 年。
③ 姜义华：《章太炎思想研究》，北京：中国人民大学出版社，2009 年。
④ 代表性研究论文有：（1）田子渝《〈民报〉是宣传社会主义的刊物》，载于《晋阳学刊》2012 年 1 月第 1 期；（2）廖玉洁、任贵祥《〈民报〉与社会主义思想在中国的早期传入》，载于《长白学刊》2019 年 1 月第 1 期。
⑤ 可以参见王磊《章太炎报刊实践与传播思想研究》第五章《从革命到启蒙：章太炎与〈民报〉》，北京：中国社会科学出版社，2019 年。

办的报刊表现尤为明显，当时如《醒狮》《复报》《浙江潮》《云南》等刊物都发表过鼓吹侠风的文章，以诗歌、小说、时评等形式对古今中外的侠客及其事迹进行描写或报道，因为这些文章形式活泼、通俗易懂，所以宣传效果也较明显。《民报》作为同盟会的机关报和革命党的宣传中枢，它在鼓吹侠风方面最为系统和理论化，加之，有其他小型报刊作为辅翼，革命党人所举办的报刊在清末掀起了一场鼓吹侠风的潮流，正如《结客少年场行》一诗中所称颂的"异香忽发冢中土，侠骨千秋应不腐"①。因为《民报》在清末革命中激扬侠风的典型性，所以对这股潮流进行系统研究不仅有助于理解清末革命，而且有助于厘清侠客精神与民族精神、革命精神、民众心理之间的关系。另外，对于革命党的知识分子而言，鼓吹侠风促使他们在理想追求中实现了文武之道的统一，他们挺身参与暗杀、发动起义，正是激扬侠风的效力所在。

"激扬侠风"一词起源于《民报》，由汤增璧在其所撰《革命之心理》一文提出，"夫吾之激扬侠风何哉？欲以陈师鞠旅，化而为潜屠暗刺，并以组合苞盟，而为径情孤往"②。激扬侠风成为革命党人鼓吹革命的一种表现方式，汤增璧屡屡在其文章中提到"侠风"二字，他在《人世之悲观》中称："有金发香颏之党员乎，而芳烈亦扬，无损于侠风毫末。"③ 可见，汤增璧在激扬侠风的宣传中很好地策应了章太炎，并与刘师培、黄侃、汪东等人共同组成了激扬侠风的同人群体，成为章太炎一系同人群体中鼓吹侠风最为有力者。他们借用中国历史上所蕴含的思想文化资源并结合社会革命时代的潮流对侠风进行转化和鼓吹，为清末革命宣传注入了强劲的思想动力。

一、前期《民报》激扬侠风的思想文化基础

本文依照前人研究经验将《民报》划分为两个时期，前期指的是《民报》发行的前 13 号，其中前 6 号发行人为张继，而实际担任编辑的是胡汉民，第 7 号至 13 号是孙中山一系同人与章太炎合作的；后期指的是《民报》

---

① 《结客少年场行》，载于《醒狮》1905 年第 1 期，第 104 页。
② 伯夔：《革命之心理》，载于《民报》1908 年 10 月 10 日，第 24 号。
③ 伯夔：《人世之悲观》，载于《民报》1908 年 7 月 10 日，第 22 号。

发行的第 13 号至 24 号，这一阶段《民报》则为章太炎一系同人主导。① 前期《民报》虽未直接使用"侠风"一词，但已开始注意宣传中外革命者与侠客较为类似的行为，包括反抗政府的破坏、暗杀与起义等行为。这一时期，《民报》对侠风的阐扬已经初步形成了自身的特色，主要包括：烈士的图画、遗书、遗著及相关报道的发布，国外英雄人物的介绍，以及对革命背景之下侠客道德意识的初步阐扬。

《民报》自第 1 号开始即设立图画栏目，前期《民报》先后刊登了一系列伟大历史人物的画像或照片，如黄帝、华盛顿、鲁索（卢梭）、墨子、朱元璋、洪秀全、孙中山等，上述人物的共同点就是为后世人民做出了巨大贡献，他们将墨子称颂为"世界第一平等博爱主义大家"，② 因为他的气质最类似于侠客。《民报》通过图画宣传伟大人物的同时，还通过图画对中西各国涌现的革命政党领袖、刺客和烈士进行宣传，革命政党领袖有俄国无政府党创立者巴枯宁（第 3 号）、光复会领袖章炳麟（第 6 号）；主导暗杀的刺客有，俄国虚无党女杰苏菲亚（第 2 号）、因刺杀出洋考察的五大臣而牺牲的烈士吴樾（第 3 号和增刊）、因刺杀两广总督德寿而被捕就义的史坚如（第 6 号）；革命过程中牺牲的烈士有华兴会领袖跳海自尽的陈天华（第 2 号）、因"苏报案"在监狱中牺牲的邹容（第 6 号）、因带领学生反抗清政府盐捐等反动政策而被捕就义的禹之谟（第 11 号）。此外，《民报》还利用记录国王被杀之实景以及首相、总督被轰炸之真相的图画来呼应革命行动中的暗杀风潮。图画因为其直观性和生动性，在激扬侠风和宣传革命思想的过程中起到了文字所不具备的效果。

前期《民报》激扬侠风的思想文化基础源自西方而非中国的传统文化，《民报》这一时期对欧美社会主义运动进行了大量的宣传，其中就包括对无政府党和虚无党的介绍，这二者又与暗杀等侠行关系密切，所以能够成为中国革命者加以利用的思想资源。为了阐明欧美社会革命运动的种类，《民报》

---

① 学者朱浤源认为同盟会内部至少有代表国学的（或东方世界的）章太炎系与代表洋学的（或西方世界）的孙中山系。参见氏著《同盟会的革命理论：〈民报〉个案研究》，台北："中研院"近代史研究所，1995 年，第 2 页。

② 《图画》，载于《民报》1905 年 11 月 26 日，第 1 号。

社组织人员翻译了日本学者的文章，题名为《欧美社会革命运动之种类及评论》，文中指出无政府主义分为三派：哲学的无政府主义、基督教无政府主义和破坏的无政府主义。破坏的无政府主义者又名共产无政府党或者称为虚无党，这一派别以俄国革命理论家巴枯宁的思想为指导，该派宗旨在"销毁旧社会之组织，创人类平等自由之新世界，牺牲生命运动革命"。虚无党发起的运动则有三种形式：鼓吹、密交和暗杀。① 就当时《民报》社同人对无政府主义的认知程度而言，的确存在混淆概念的情况，他们将无政府主义与俄国的民粹主义或虚无主义混为一谈。② 其实，革命党人的主要目的是借助破坏的无政府主义所宣扬的鼓吹和暗杀等革命行为，以达到激励中国革命者斗志的目的，所以，学理的输入准确与否在当时并非那么重要。吴樾曾经断言："十九世纪下半期，为虚无党之暗杀时代；二十世纪上半期，则为虚无党之革命时代。"③ 虽然，革命党人中间已经有人认识到无政府主义与社会主义的区别，如叶夏声针对无政府主义批评道："其行破坏故曰革命，然其所谓革命，仅有破坏而无建设者也，无建设之革命，乌得云革命哉？"④ 即便如此，革命党人也不会轻易否定破坏在革命中的作用。可见，革命党人借用虚无党开展暗杀活动的声势以及所形成的潮流，对中国志士和民众进行鼓吹，目的乃是达到激起风潮的效果。前期《民报》同人努力从西方社会主义、无政府主义等政治思想中获取激发革命斗志的勇气，这一时期他们对侠风的激扬带有很明显的西方色彩，这种外来文化因素占主导的情况与《新民丛报》对革命的宣传较为一致，等到章太炎一系的撰稿人群体占主导之后，《民报》激扬侠风的内在理路则发生了较大变化，中国传统文化成为激扬侠风的主导性思想因子。

---

① ［日］巡耕稿，社员译《欧美社会革命运动之种类及评论》，载于《民报》1906 年 5 月 1 日，第 4 号。

② ［美］阿里夫·德里克：《中国革命中的无政府主义》，孙宜学译，桂林：广西师范大学出版社，2006 年，第 59 页。

③ 吴樾：《吴樾遗书》，载于《民报》1907 年 4 月 25 日，临时增刊：天讨。

④ 梦蝶生：《无政府党与革命党之说明》，载于《民报》1906 年 9 月 5 日，第 7 号。

二、章太炎一系同人激扬侠风的努力

《民报》撰稿人群体中倾向于章太炎一系的有汪东、陶成章、刘师培、汤增璧、易本羲、宋教仁、陈去病、柳亚子、黄季刚、苏曼殊、周作人、田桐等人，他们这一系倡导激烈的种族革命。① 章太炎一系的撰稿人与章太炎的关系非朋友即弟子，所以其思想与风格比较接近。章太炎在后期《民报》激扬侠风舆论的构建中起到了核心作用，受到他直接影响的弟子汪东、黄侃和朋友汤增璧皆表现出对侠客的推崇进而展开宣传，像刘师培、宋教仁、陈去病、柳亚子、苏曼殊等人也是深受侠行的影响，虽然他们没有直接撰文宣传侠行，但是他们皆以对种族革命的宣扬来增进汉族同胞的爱国热情，以各自的方式致力于排满革命。后期《民报》在图画等宣传方面，依然沿袭了前期《民报》对暗杀和烈士事迹的鼓吹。由于日本政府逼迫，孙中山一系撰稿人大多离开日本，南下，所以《民报》对社会主义和无政府主义的宣传就沉寂下来了。章太炎注重侠的精神的宣传，其思想源头是中国传统的侠义观念和人物事迹，在其弟子们的进一步阐释下，他们对侠的理解和阐扬更加系统化并且更加符合国人的文化心理。

（一）章太炎及其同人激扬侠风的努力

章太炎自"苏报案"刑期结束之后，于 1906 年 7 月到达日本东京，受到同盟会成员和东京留学生的热烈欢迎。因为章太炎有着被清政府捉拿七次的经历，所以，由他在《民报》中鼓吹侠风和制造革命道德的舆论最为恰当，原因在于他实现了知行合一。章太炎与邹容在"苏报案"之后声名大振，响彻海内外，由章太炎来宣传革命也颇能吸引青年和知识分子的注意。吴樾曾与监狱中的章太炎通信，他在去信中写道："太炎先生执事，某闻先生之行事，阅先生之著作，虽未见先生之面貌，而先生之心志，早为某所洞悉而顶礼膜拜之矣。"②

后期《民报》继续沿用前期《民报》的传播形式，即通过图画、人物传记、时评、遗著等栏目对中西方发生的暗杀事件、烈士事迹进行报道，以此

---

① 陈孟坚：《〈民报〉与辛亥革命》（上册），台北：正中书局，1986 年，第 43 页。
② 吴樾：《与章太炎书》，载于《民报》1907 年 4 月 25 日，临时增刊：天讨。

激扬侠风。章太炎及其同人更关注侠风的学理问题，《民报》中"侠"字的大量出现正是在后期，黄侃的《释侠》与汤增璧的《崇侠篇》中间"侠"字出现的频率最高，分别都达到 30 次之多，可谓将侠风的阐扬推向了高潮。《民报》这一时期还将下层民众纳入关注的视野，而非如前期一样仅仅是对社会主义作学理式的探究。

表 1-1　后期《民报》为激扬侠风所做的努力

宣传内容	文章篇名	作者	期号（日期）
激扬侠风的学理基础	《定复仇之是非》	太炎（章太炎）	第 16 号（1907-9-25）
	《刺客校军人论》	寄生（汪东）	第 16 号（1907-9-25）
	《释侠》	运甓（黄侃）	第 18 号（1907-12-25）
	《崇侠篇》	揆郑（汤增璧）	第 23 号（1908-8-10）
关注下层民众问题	《悲佃篇》	韦裔（刘师培）	第 15 号（1907-7-5）
	《哀贫民》	运甓（黄侃）	第 17 号（1907-10-25）
革命道德及革命心理的探讨	《五无论》	太炎（章太炎）	第 16 号（1907-9-25）
	《国家论》	太炎（章太炎）	第 17 号（1907-10-25）
	《论立宪党人与中国国民道德前途之关系》	不佞（黄侃）	第 18 号（1907-12-25）
	《大乘佛教缘起说》	太炎（章太炎）	第 19 号（1908-2-25）
	《励志论》	寄生（汪东）	第 20 号（1908-4-25）
	《心理的国家主义》	县解（朱执信）	第 21 号（1908-6-10）
	《四惑论》	太炎（章太炎）	第 22 号（1908-7-10）
	《人世之悲观》	揆郑（汤增璧）	第 23 号（1908-8-10）
	《革命之心理》	伯夔（汤增璧）	第 24 号（1908-10-10）

备注：上述总计 15 篇文章。章太炎撰写 5 篇，占比 33%；黄侃撰写 3 篇，占比 20%；汤增璧撰写 3 篇，占比 20%；汪东 2 篇，占比 13%；朱执信撰写 1 篇，占比 6.7%；刘师培撰写 1 篇，占比 6.7%。

另外，《民报》在后期继续探讨革命道德问题，并由革命道德转向对革命心理的探究，对这两个层面问题的关注为侠风的鼓吹营造了良好的外部氛围。晚清之世，民气不彰，正如《民报》第 11 号所刊发的《敢死论》一文所描述的，"自畏死之心切，而偷安之意兴"。章太炎在《敢死论》文后写下按语，提倡敢死精神，他认为："自戕之风，当开之，不当戒之。"未来，发愤自戕的精神一旦扩展开来，则可以使觉醒的人们形成临事不惧的品质。① 章太炎在《定复仇之是非》一文中利用种族革命论进行学理分析，章太炎阐明种族革命不仅仅是为了复仇，更是为了人民之间的平等，实现恢复人权并为苍生谋利益的目的。章太炎还指出今天的种族革命不仅仅是颠覆清廷，其更高远的目的是建设"共和政体国家社会"。关于革命的手段，他还指出面对"富强豪暴之徒"，"相杀毁伤之效，速于口舌相规"。② 诉诸暴力是革命实行不得已的手段，经过后期《民报》在激扬侠风方面的努力，对于激励革命者的斗志起到很好的宣传效果，表现在暗杀活动与武装起义的相继进行。③ 章太炎等人将革命行动与侠客行为有机地结合在一起，对革命道德和革命心理的阐扬，成为他们激扬侠风的学理基础，当革命道德和革命心理汇入国民性改造的大潮之中，就会对后世产生较为深远的影响。章太炎及其弟子还比较注重革命道德与侠义观念的结合，做到道德与侠行互为表里。从文化角度来看，章太炎一系对革命道德和侠风的阐扬主要依靠的是中国传统的侠文化（侠义观念和人物事迹），这与前期《民报》有明显的区别。

（二）"潜屠暗刺"与"组合荏盟"并行：侠行的近代转化

后期《民报》对侠风的鼓吹具有很深厚的中国传统文化底色，这是由章太炎一系同人的东方文化底蕴决定的。章太炎的两位弟子汪东、黄侃和朋友汤增璧在章氏的影响下，掀起了《民报》激扬侠风的舆论宣传，经过章太炎等人的系统探讨，促使革命精神与侠行融合，这更加符合当时中国传统思想文化近代化的潮流和革命传播的需要。

章太炎一生喜欢结交豪杰之士，自己又渴慕豪杰之侠行。他在"苏报

---

① 病已：《敢死论》，载于《民报》1907 年 1 月 25 日，第 11 号。

② 太炎：《定复仇之是非》，《民报》1907 年 9 月 25 日，第 16 号。

③ 具体可参考陈孟坚《〈民报〉与辛亥革命》第 23、24 章，台北：正中书局，1986年。

案"发生后也受到一些倾向革命的青年人的敬仰,章太炎在其文章中也表现出对侠客精神的赞赏。在同样作为革命文献的《訄书》(初刻本)中,章太炎撰有《儒侠》一文,表达了他对侠客的推崇及其独特的内在心迹,他通过比较儒和侠两家的渊源,进而指出:"世有大儒,固举侠士而并包之。而特其感慨奋厉,矜一节以自雄者,其称名有异于儒焉耳。"① 在《訄书》(重订本)《儒侠》一文中,章太炎就暗杀与时代的关系论述道:"大侠不世出,而击刺之萌兴。"最终,他总结道:"故击刺者,当乱世则辅民,当治世则辅法。"②《民报》时期,章太炎将排满革命的思想和民族主义的学理输入激扬侠风的舆论之中,他曾在《排满平议》一文中对革命党人所实行暗杀的对象进行界定,"若汉族为彼政府用,身为汉奸,则排之亦与满人等。近世革命军兴,所诛将校,什九是汉人尔。"他还列举吴樾和徐锡麟所行暗杀的事例,指出:"游侠刺客之所为,复不以满人、汉人为别。"③ 既然革命的对象不以汉人和满人为区别,那么,暗杀行刺的对象也不应该有满汉之异。章太炎的侠客观正是要赋予侠客行为以正义性,不论是乱世还是治世,侠客的精神和行为都是为社会和国家所需要的,"治世则辅法"可谓是章太炎的创见。

汪东、黄侃、汤增璧先后继承章太炎激扬侠风的内在思想理路,分别撰文以壮《民报》声势,汪东撰写了时评《安抚恩铭被刺事件》和政论《刺客校军人论》(第 16 号)。《民报》第 16 号从图画、时评到政论比较详细地报道和宣传了徐锡麟刺杀安徽巡抚恩铭的事件,同时也兼及对秋瑾绍兴就义的报道。汪东在时评中引述了多家报刊对徐锡麟刺杀恩铭事件的报道和记者的评论,通过回顾清末革命党人发动的暗杀事件以及徐案之后的"株连之甚",使民众觉醒并激发革命党人的斗争士气。④ 汪东认为,军人应该学习刺客身上那种"剽悍卓荦、轻于生死"且"坚忍卓特"的精神,他还认为如果刺客改变行装成为军人,他们"绝无拦道牵衣哀离惜别之态",可以做到无

---

① 章太炎:《儒侠》,载于上海人民出版社编《章太炎全集·訄书》(初刻本),上海:上海人民出版社,2014 年,第 10 页。
② 章太炎:《儒侠》,载于上海人民出版社编《章太炎全集·訄书》(重订本),上海:上海人民出版社,2014 年,第 139 页。
③ 太炎:《排满平议》,载于《民报》1908 年 6 月 10 日,第 21 号。
④ 寄生:《安抚恩铭被刺事件》,载于《民报》1907 年 9 月 25 日,第 16 号。

往而不胜。① 提倡刺客之风并用侠客精神改造军人道德质量方面的流弊，可谓是汪东在革命道德实践方面的有益尝试。汪东指出刺客和军人皆是革命需要的两种力量，尤其是革命军人可以从根本上铲除满洲政府，这种思想也比较符合当时革命党人将暗杀活动和武装起义同时开展的革命实践。黄侃和汤增璧受其师章太炎思想影响，分别撰写了《释侠》和《崇侠篇》两篇文章，成为从学理上激扬侠风的重要文献。黄、汤二人皆从先秦时期侠的文化起源探讨，并与儒家进行比较分析。黄侃认为儒家与侠有较相似特质，即是"侠之名，在昔恒与儒似，《儒行》所言，故侠之模略"。他进而指出："古之圣哲，悲世之沉沦，哀烝民之失职，穷厄不变其救天下之心，此侠之操也。"② 汤增璧针对秦汉之后儒学对侠客精神的消解进行批判，他指出："侠之不作，皆儒之为梗"，"儒为专制所深资，侠则专制之劲敌"，甚至一度出现"神州无刺客风"的局面。相比章太炎和黄侃，汤增璧的立论正好与他们相反，但是，汤增璧对儒家的批判同样可以起到激扬人们心中隐藏的侠气的效果。汤增璧与章太炎以及汪东等人一样，很好地将侠客精神与近代种族革命密切联系起来进行探讨。他认为汉族的侠客"上古多忠于一家，被其遣役；中则风义相高，用情于古旧；今兹则种族之思，祖国之念，为民请命，而宏大汉之声。"③ 在所谓刺客、种族、祖国等概念中，汤增璧逐渐将中国古代侠客的文化精神与近代革命思想及理念相融通，其激扬侠风的最终目的正是为了实现他的理想，即是"欲以陈师鞠旅，化而为潜屠暗刺，并以组合苣盟，转而为径情孤往。"④ 从"潜屠暗刺"到"组合苣盟"，正是革命人的两种革命方式，即暗杀与起义相互策应，刺客与革命义军共同担负起排满革命的重任。

　　章太炎一系同人所展开的激扬侠风的努力，其思想渊源还是在中国传统文化之中，通过对传统中国侠客文化思想资源的发掘与探讨，章太炎及其同人以《民报》为阵地展开的这场鼓吹侠风的实践可以称为一场风潮，因为他

---

① 寄生：《刺客校军人论》，载于《民报》1907 年 9 月 25 日，第 16 号。

② 运甓：《释侠》，载于《民报》1907 年 12 月 25 日，第 18 号。

③ 揆郑：《崇侠篇》，载于《民报》1908 年 8 月 10 日，第 23 号。

④ 伯夔：《革命之心理》，载于《民报》1908 年 10 月 10 日，第 24 号。

们已经远远超越了前期《民报》局限于对暗杀行为的宣传，不论在学理深度还是传播效果上都取得了较好的成绩，立足中国传统文化资源以激扬侠风更加符合中国民众的文化心理，所以，对于后世而言，这场激扬侠风的潮流影响已不限于当时，而是具有更加深远的影响力。

（三）无道德者不能革命：革命道德与革命心理的阐扬

章太炎在《民报》第 8 号刊发《革命之道德》一文，可谓开启了对革命前途与革命者道德之间关系的探讨，章太炎后续所刊发的《建立宗教论》（第 9 号）、《箴新党论》（第 10 号）、《人无我论》和《军人贵贱论》（第 11 号）皆是围绕道德问题进行揭评和阐释的，此外，病已的《敢死论》（第 11 号）也是围绕革命者道德问题而展开的。章太炎在《革命之道德》中开宗明义对革命者提出道德要求，即是："确固坚厉、重然诺、轻死生"，在此基础上又提出四项道德质量："知耻、重厚、耿介、必信"。章太炎认为私德优良者公德也优良，基于此"无道德者之不能革命"，① 章太炎将儒家理想人格与传统侠客的精神（源自司马迁的《史记·游侠列传》）进行融合，形成了符合时代要求的革命道德。侠或者游侠到底具备哪些道德品质呢？据美国学者刘若愚的分析，他提出侠有 8 种信念，分别是（1）助人为乐，（2）公正，（3）自由，（4）忠于知己，（5）勇敢，（6）诚实、足以信赖，（7）爱惜名誉，（8）慷慨轻财。② 上述章太炎在司马迁和顾炎武的基础上所概括的革命道德要求与刘若愚所总结的侠之信念基本一致。

在前期《民报》中章太炎已经开始从两个维度来辅助侠风的鼓吹，首先，从哲学层面论证勇敢和自由精神的重要，其次，通过揭评新党和军人道德的不足之处，凸显对革命者的道德要求的严格。章太炎通过言明人生应该追求"此心是真"的状态，用"无生"去畏死心，用"破我所"去拜金心、"谈平等"去奴隶心、"示众生皆佛"去退屈心，③ 他欲借助宗教提升民众的道德水平。在《人无我论》一文中，章太炎先破我执，进而详细论证了"我

---

① 太炎：《革命之道德》，载于《民报》1906 年 10 月 8 日，第 8 号。
② ［美］刘若愚：《中国之侠》，周清霖、唐发铙译，上海：上海三联书店，1991 年，第 5-6 页。
③ 太炎：《建立宗教论》，载于《民报》1906 年 11 月 15 日，第 9 号。

为幻有，而阿赖耶识为真"的学理，通过证明无我，"而世间始有平等之大慈"。① 章太炎借助佛教所改造的革命精神与侠客精神有很多相似的地方，佛理与儒家理想人格一样皆成为他鼓吹侠行的一种学理性探索，是他在东方文化因子中寻找改造国民道德方法的有益尝试。② 以道德为参照系，章太炎及其同人展开对政敌和宣传对象的揭评，从而使革命党人的舆论鼓吹更具正义性。《箴新党论》中章太炎批判维新派党人"涉历幕府以为藉""交通禁掖以行媚""逢迎驵侩以营利"，相比前代党人，今之新党"泊然不以为耻，均之竞名死利，其侮辱又较前世为甚"。所以，国家需要的"倜傥非常之士"和"强力敢死之人"，前者可以促进国家进取，后者可以保卫国家。③ 在《军人贵贱论》一文中，章太炎陈述了历代征兵之制，指出自古以来"设军之意，只以御敌，非以防民"。他针对满洲陆军的行为进行讥刺道："御他族者，虽后亦有可贵之道，拒义师者，虽前亦在当贱之列。"④ 章太炎最后鼓吹策动满洲陆军反正，认为只有这样军人的行为才可以算作高贵。所以，用道德的力量感召民众尤其是军人并促进他们的思想转变，这也是章太炎宣扬革命道德的最初目的。

后期《民报》延续了前期《民报》所坚持的革命道德鼓吹和道德批判意识，章太炎所撰写的《五无论》、《国家论》、《大乘佛教缘起说》和《四惑论》这几篇文章，看起来是谈哲理和宗教，高蹈太虚、空泛缥缈，其实，这些文章都与革命实践和革命道德有密切的联系，在章太炎看来，无深厚的学理基础，人们的思想很难对未来革命的胜利产生信念。在《五无论》中章太炎谈到未来的五无社会出现之前，人们也不得不面对很多现实问题，比如中国及周边国家的民族革命问题，章太炎认为应该以侠行相协助，他针对印度、缅甸、越南等殖民地国家指出："苟有余力，必当一匡而恢复之"，即是

---

① 太炎：《人无我论》，载于《民报》1907年1月25日，第11号。
② 章太炎在《民报》时期，大力提倡以大乘"菩萨行"精神改造社会道德，促进革命成功，学者张春香将章太炎主体性道德修养论总结为"菩萨行"并进行了详细的论述。参见氏著《章太炎主体性道德哲学研究》第四章《"菩萨行"——章太炎主体性道德修养论》，北京：中国社会科学出版社，2007年。
③ 太炎：《箴新党论》，载于《民报》1906年12月20日，第10号。
④ 太炎：《军人贵贱论》，载于《民报》1907年1月25日，第11号。

要帮助他们完成国家的独立。章太炎还认为品行高洁的革命者若是学习"无生"的思想，他们对于人类众生也是非常有益的。① 章太炎在《国家论》中想要破除人们对国家存在的迷妄之心，从而为排满革命制造舆论氛围；在《四惑论》一文中章太炎依然高扬个人的主体性，他批判公理和进化等所谓的规律，其主要目的是表明他所坚持的齐物思想，即尊重人们和国家各自的天性或特性，也是为了使人人获得自由。哪怕是《大乘佛教缘起说》这样的文章，也最不能为时人所理解，有些读者就说《民报》谈佛教的内容太多，包含专业名词太多，读不懂。其实，章太炎的目的还是引导民众，培养人们的革命道德，促使人们具有"大慈悲心"，从而"教化一切众生"。② 他觉得革命中需要一种慈悲心去影响民众。章太炎对革命道德问题的推崇，对他的弟子们的影响较大。黄侃对立宪党人的不道德表现进行了揭评，汪东所撰写的《励志论》继续批判了以康有为为首的维新党人的不齿行径，他希望那些可以"振铎宣音"并能够担负起"觉民之任"的有识之士能够自励，可以达到如下的道德境界："故穷通不变，确操也；临难始赴，大勇也；守静寡欲，懿行也；谦而不卑，自尊而不以满，则亦中平之道也。"③ 朱执信开始从心理角度探讨国家主义问题，他认为心理的国家主义"根于历史的民族的思想"，"而此思想决不随外物为转移，以为吾应受此国家之支配则受之，以为不可则去之而自建立，非可以势力压抑之，章制羁縻之也。"④ 朱执信是为了破除维新派所提倡的法理上的国家主义对民众的误导，即要号召民众打破清政府的暴虐统治，先完成民族主义革命再建立一个真正的共和国。他所谓的心理的国家主义是一种文化和民族的认同，更是一种对民族解放的渴望。革命党人逐渐认识到民众心理与革命之间的关系，章太炎对革命道德的阐扬即是对国民性的改造，章太炎的朋友汤增璧进一步对民众心理进行深刻剖析，进而激发普通民众的革命热情，同时也起到了对民众启蒙的作用。

汤增璧在《民报》中将激扬侠风与民众心理的剖析紧密联系起来，他将

① 太炎：《五无论》，载于《民报》1907年9月25日，第16号。
② 太炎：《大乘佛教缘起说》，载于《民报》1908年2月25日，第19号。
③ 寄生：《励志论》，载于《民报》1908年4月25日，第20号。
④ 县解：《心理的国家主义》，载于《民报》1908年6月10日，第21号。

《民报》激扬侠风的舆论推向了高潮。汤增璧认为那些害群的蠹虫是民德之贼，他希望那些"为民请命、流血五步、乾坤不毁、三光不灭"的勇士可以出现，他之所以撰写《人世之悲观》正是源自对国民懦弱性格的愤慨。他分析道："吾产于中土，中土之民陆性也，非海性也，气候平暖而少寒烈，其性根之无所用于悲也。民于是有凉德，轻佻寡信，苟且偷安，以至膺大辱而不动，其诸亡国之由来欤？此吾之悲，所以愈不能遏抑者也，万窍齐瘖，逆血周作，吾志未逮。"① 汤增璧比较侧重从地理环境角度分析人种性格的差异，在《革命之心理》一文中，他继续以印度和俄罗斯两国民众的性格特征作参照，对中国民众的国民性进行批判，他指出：

> 与印度相衡校，则吾民气质，顽浊而不清宁，华靡而不朴固，流宕而不纯一。与俄邦，韦鞲轰幕，坚冰在须，惨烈悲沈之气，由其风土相逼，天行凤暴，淘汰递嬗，演成于此。吾中华大陆之民，位于温带，和缓平易，旧弊深固，激之偶动，见异思迁，其距彼也，又较印度为悬远，几及印度将五十里，几及俄邦则百里其犹后也。

汤增璧继承了章太炎"无道德者之不能革命"的思想，他进一步阐述道："革命之业，非武力不足为摧陷，非道德不足维久远。"② 汤增璧提倡印度人的"苦思"和虚无党人的"卓厉"，其目的正是在于借助外来文化资源激扬侠风。在同盟会中，孙中山一系同志以策动华南地区起义为主，而光复会同志则以策划暗杀为主，汪东将刺客与军人的关系总结为"相须为命"是十分恰当的。③ 正是由于《民报》激扬侠风的舆论宣传达到了高峰，所以清政府通过日本政府对《民报》进行弹压。汤增璧的两篇文章《人世之悲观》和《革命之心理》在"激扬侠风"方面的鼓吹也成为日本官方指控《民报》的罪名之一。④

---

① 伯夔：《人世之悲观》，载于《民报》1908 年 8 月 10 日，第 23 号。
② 伯夔：《革命之心理》，载于《民报》1908 年 10 月 10 日，第 24 号。
③ 寄生：《刺客校军人论》，载于《民报》1907 年 9 月 25 日，第 16 号。
④ 方汉奇：《中国近代报刊史》（上册），太原：山西教育出版社，2012 年，第 326 页。

三、《民报》激扬侠风在清末革命中的影响

《民报》在清末舆论界中所开展的鼓吹暗杀与激扬侠风的努力，时至今日进行反思，到底对清末革命产生多少直接的影响是很难进行描述的。《民报》从创刊号开始就刊发了陈天华的评论，表达了他对暗杀出洋五大臣的无名烈士的称颂。随后，《民报》又对吴樾烈士的事迹进行了报道、评论并刊发了他的遗著；进而报道安庆与绍兴起义，鼓吹徐锡麟和秋瑾的侠行。后期《民报》更是直接提出"激扬侠风"的口号，并将丰富的学理注入对侠行的宣传之中。汤增璧因为起义受挫而主张暗杀，汪东主张刺客与军人"相须为命"，黄侃则为侠客制定行为准则。《民报》的宣传对象主要是留学生、新军、会党还有国内的知识分子等，激扬侠风产生的最直接影响就是清末的暗杀风潮，学者陈孟坚对同盟会时期的刺杀案件进行详细列举并将行刺之党人思想行为模式列表分析，他指出有记录可查或有线索可稽者，共达十七起。①《民报》激扬侠风最能激发的就是那些有心进行暗杀活动的革命志士，侠客的精神也颇能够在青年中形成一种共鸣，《民报》撰稿人群体中的章太炎一系同人的同声相应就是最好的例证。从时人的记载和回忆中，我们可以感受到《民报》激扬侠风之后的影响力，这种影响力更多的是对人的思想和精神的感召。

通过对时人的日记和回忆录的查阅，能发现的对《民报》这段激扬侠风的往事进行专门记载的史料很少，这主要是因为当时的亲历者对《民报》的记述或回忆都是根据自身的喜好而展开，有人关注《民报》与君宪派的论战，有人关注《民报》对佛教的论述，有人关注《民报》对国学的传播，还有人关注《民报》的政治构想与种族革命，但是，不能因此就认为《民报》所构建的激扬侠风的舆论在清末革命中的作用也很小。正是因为《民报》的读者对《民报》各取所需，所以导致了各花入各眼的结局。在日本的留学生对《民报》的回忆最多，却仅有景梅九提到了革命道德和暗杀问题。他在回忆中提到，"群推先生主编《民报》，是为民党惟一机关杂志。初登先生一篇

---

① 陈孟坚：《〈民报〉与辛亥革命》（下册），台北：正中书局，1986年，第743—748页。

动人文字，题曰：《革命之道德》，藉以坚党人之信志，效率极大。"他还指出：

> 但先生虽以学问独步一世，而对于革命，则以实行为重。曾一度于《民报》秘密会议席上，嗔责能文同志曰："我辈以言语鼓吹革命者，如祭祀之赞礼生，仅傍立而口喊仪节，而看他人跪拜行礼而已。"同人闻之，多为感动，于是弃笔墨而从事于实际革命者，乃接踵发现于内地。汪精卫之北谋杀清贵，粤中同志举义广州，随即激起黄花岗七十二烈士之血潮，皆由先生一言之力也。①

景梅九的回忆较为详细地展现了章太炎在《民报》时期以该报为阵地进行革命鼓吹的同时，还注意培养重在行动的革命人才，尤其是章太炎等人致力于革命道德的阐扬，这些对清末革命的影响或许是隐性的，但却是深刻的。钱玄同在其日记1906年10月12日条中记载道："购《民报》。……次为□□②ノ《道德》，亦佳绝，迥非时流诸人可以言及之也。"③钱玄同也给予《革命之道德》一文较高的评价，原因正是该文具有激发人心和发人深省的效果。黄侃在《太炎先生行事记》一文中回忆称："《民报》之文，诸为先生所撰述者，皆深切峻厉，足以兴起人。清室益忌之，然不可奈何。"④我们从当时君宪派的恐慌也能够感受到鼓吹暗杀之风的影响力，《民报》主编之一的陶成章曾于1908年9月与保皇党支持者平实展开了论战，陶成章以《中兴日报》为阵地，平实则以《总汇报》为阵地。平实认为"革命事业不可强为"，又诬陷徐锡麟不是革命党人。针对平实所质疑徐锡麟捐官和学习陆军等事项，陶成章撰文进行驳辩，他指出："学习陆军者，因其明目张胆，可以招募死士；捐官者，因使官场不疑，召集死士。然则其为暴动乎？则又非也。为欲行团体暗杀于京师，计一举而覆满洲之巢穴也。"陶成章进而又指出浙案爆发后的影响力，"此案一发，何至缇骑遍于江、浙、皖、赣之四

---

① 景梅九：《悲忆太炎师》，载于《制言》1936年第25期。
② "□□"为原文看不清的字的代替。
③ 钱玄同：《钱玄同日记》（上册），北京：北京大学出版社，2014年，第62页。
④ 黄侃：《太炎先生行事记》，载于《神州丛报》1913年8月第1卷第1册。

省，而党祸乃蔓延于全浙，可知其非一朝一夕之故，而革命党中之大有人在也。"① 陶成章此文，可谓揭穿了立宪派试图借助革命党的暗杀及暴动否定革命的目的，从反面也可见革命党人实施暗杀的影响力。根据宋教仁在任《民报》撰述时的日记记载，1906 年 1 月 22 日，"日政府派有巡查三人守《民报》社，云因载泽来东，防掣革命党甚严密，故出此手段。"② 由日本政府的态度就可以了解民报的政治态度，民报撰述人员进行革命实践的不止汪精卫，宋教仁 1907 年离开日本赴辽东运动"马侠"，并在安东建立同盟会辽东支部，积极开展革命动员工作。民报不仅是舆论机关，同样也是实践机关，陈天华、汪精卫、宋教仁、陶成章等人的行动即证明了这一点。《钱玄同日记》1908 年 11 月 1 日的记载同样印证了这一点，"数日前《民报》与日政府冲突事，今尚未了，而门前逻者数十，惧《民报》社中人刺唐绍仪。"③《民报》对侠风的激扬同样可以澄清当时人们对革命者发动暗杀和暴动的误解，激发更多的民众同情革命并站到革命派的阵营一边。《民报》激扬侠风所形成的舆论潮流为清末暗杀行动注入了一股强大的力量，对清政府形成了相当的震慑作用，各级官员严加防范，如临大敌。④

　　由于清政府严禁海外革命刊物入境，所以我们也应该看到《民报》在向国内传播革命思想时也受到了不少限制，《民报》是由倾向革命的人士秘密带回国内进行传播的。当时，日本的留学生都能够经常接触到《民报》和《新民丛报》，如《朱希祖日记》和《钱玄同日记》所记载，他们最终在政治立场上倾向于《民报》所主张的革命思想，在东京的部分留学生应该受到《民报》的影响较大。单就激扬侠风这一方面而言，章太炎及其同人在《民报》时期乃至晚清的探索和努力对后世有着更深远的影响，尤其在学术史上的价值更具穿透力。

---

① 陶成章：《再规平实》，载于《陶成章集》，北京：中华书局，1986 年，第 120 页。
② 宋教仁：《宋教仁日记》，长沙：湖南人民出版社，1980 年，第 123 页。
③ 钱玄同：《钱玄同日记》（上册），北京：北京大学出版社，2014 年，第 142 页。
④ 具体论述可参见陈孟坚著《〈民报〉与辛亥革命》（下册），台北：正中书局，1986 年，第 751-757 页。

四、《民报》激扬侠风对后世的影响

后期《民报》所掀起的激扬侠风的潮流与章太炎自身的侠客观，以及报刊实践的需要皆有关系，汪东、黄侃、汤增璧等人在章太炎的影响之下，纷纷阐述并宣传自己的侠客观来推动革命宣传。章太炎等人的侠客观立足于将儒家与侠客进行比较，前文已经述及章太炎独特的儒侠观，他认为儒家的最高道义是"杀身成仁"，大儒与侠士在本质上并无区别。章太炎大约是中国近代历史上第一位将侠士的社会责任明确下来的人。传统法家对儒和侠的认知对后世影响较大，韩非子称："儒者以文乱法，侠者以武犯禁"，[1] 章太炎与司马迁一样并不赞同韩非子的思想，他首先肯定侠士在乱世可以辅民，更重要的是他还论证了侠士在治世方面存在的合理性，治世可以辅法则弥补法律的漏洞，当然，章太炎也强调对违法犯禁的盗贼和刺客也要严惩。章太炎的弟子及朋友在其影响和组织下，纷纷撰写文章阐述他们对于侠客（刺客）的认知，进而促进《民报》的激扬侠风成为一股风潮，实现他们的近代转化，提升了侠士志节与声名。

章太炎等人在清末所兴起的这股激扬侠风的潮流对于后世的影响是润物无声的，主要体现在思想史和学术史上，直到今天学者们在书写武侠史时依然不得不提到汤增璧和章太炎的侠客观。游牧曾记载了 1937 年江西省教育厅厅长程某在纪念孔子诞辰大会上的演讲《孔子之仁道与儒侠精神》，该演讲中提到："章太炎先生早年就主张儒侠同流，以为古代哲人莫不具备义侠精神。他非常重视《儒行》一章，主张与《大学》《中庸》同列为初学进修之书。"[2] 何以直到 1937 年，人们还提及章太炎曾在晚清提倡的儒侠精神呢？原因就在于日本大举侵华，民族危机加剧，与晚清列强环伺的局面较为相似，所以提升人们的志节有利于民族的团结进而共御外侮，儒侠的精神又显示出了生命力。1935 年 6 月，章太炎在给张季鸾的书信中指出："今日宜格

---

① （战国）韩非子：《韩非子·五蠹》，北京：中华书局，2010 年，第 709 页。

② 《孔子之仁道与儒侠精神》，载于《江西地方教育》1937 年 9 月 11 日，第 91、92 合刊，第 2 页。

外阐扬者，曰以儒兼侠，故鄙人近日独提倡《儒行》一篇。"① 章太炎依然深刻地感受到国粹可以激动种性进而增进爱国的热肠，儒侠精神对后世的学术界具有深远的影响。以至于学者们但凡涉及晚清革命者的侠行、暗杀活动与革命者的道德与心态等论题时，便不得不提到《民报》及章太炎同人的激扬侠风的探索与实践。② 学者在研究作为文学的武侠小说时同样也需要章太炎、黄侃等学者对侠的总结和描述，③ 因为章太炎、黄侃与梁启超一样是中国近代历史上对侠客精神较为关注的学者。当代学者在研究中国历史上侠的精神和文化④时，或者关注整体性的游侠史和武侠史⑤时同样需要借助章太炎等人的观点，章太炎及其同人成为中国近代历史激扬侠风的代表人物，有的学者也把他们这些读书人也归入中国近代的侠士群体。⑥ 汤增璧在激扬侠风中表现最为突出，其思想和行动也能保持一致，正如后世学者所总结的，"他一生奔走革命，不畏艰险。后来廉洁自守，在贪污腐败盛行的时代，家徒四壁。可以说，他是近代儒侠兼于一身的典型。"⑦ 从章太炎到汤增璧，他们这些具备儒侠精神的知识分子，在晚清革命中对革命道德、革命心理的探

① 章太炎：《答张季鸾问政书》，载于《制言》1936 年第 24 期。
② 具体可以参考以下著作和论文：（1）陈平原著《中国现代学术之建立——以章太炎、胡适之为中心》第七章《晚清志士的游侠心态》，北京：北京大学出版社，2010 年；（2）丁守伟：《论晚清尚侠思潮》，陕西师范大学硕士学位论文，2017 年 5月；（3）丁守伟：《谭嗣同、梁启超、章太炎与近代侠风》，《太原师范学院学报》2007 年 5 月第 3 期。
③ 具体可以参考陈平原著《千古文人侠客梦——武侠小说类型研究》第九章《作为一种小说类型的武侠小说》，北京：人民文学出版社，1992 年。
④ 具体可参考以下著作：（1）王樾：《论章太炎的儒侠观及其历史意义》，载于淡江大学中文系主编《侠与中国文化》，台北：台湾学生书局，1993 年；（2）汪涌豪、陈广宏著《侠的人格与世界》第一章《乱世重侠游》和《结语》，上海：复旦大学出版社，2005 年。
⑤ 具体可以参考以下著作：（1）汪涌豪著《中国游侠史》第八章《游侠的存在意义及评价》，上海：复旦大学出版社，2001 年；（2）陈山著《中国武侠史》第七章《侠与中国文化精神》，上海：上海三联书店，1992 年。
⑥ 孙洪柏：《论清末民初的侠义之风》，载于《聊城大学学报》2011 年 4 月第 4 期，第57 页。
⑦ 叶公平：《晚清的崇侠之士——以汤增璧为观察中心》，载于江西省萍乡市政协编《中国民主革命的先驱——汤增璧》，兰州：甘肃人民出版社，2016 年，第 175 页。

讨应该比他们激扬侠风所形成的舆论风潮更加影响深远。

五、余论

《民报》在清末所开展的激扬侠风的舆论宣传，体现了近代中国的尚侠之风，同时又与晚清尚武精神的兴起关系密切。章太炎对侠的定义，扩大了侠的生存空间，尤其是在革命胜利之后的所谓治世。他先是提出侠者乱世可以辅民，治世可以辅法的观点，将侠之暴力血腥的一面逐步化解，并纳入法律许可的范围之内。章太炎又指出："其在蒿莱明堂之间，皆谓之侠"。① 章太炎的论点乃是进一步为侠的生存寻求空间，韩云波针对章太炎的观点曾这样分析道："侠义文化在主流文化的'官—民'体系之间，它可以弥漫于支流文化的各种形态，而形成其充分的复杂性。"② 章太炎对于侠的生存空间的拓展是他对于侠文化和侠义精神的一个创新性转化。在晚清革命中章太炎很重视社会道德问题，尤其关注革命道德的阐扬，章太炎提倡"排除生死，旁若无人，布衣麻鞋，径行独往"的侠士精神，侠之精神成为章太炎注入革命道德的一股思想源流。章太炎又会通儒家和佛教精神，抓住"依自不依他"的共通旨归，排除儒学中"干禄致用之术"，用转化后的儒学之德教增进革命道德。③ 章太炎在提倡儒侠精神时，④ 也将儒和侠的共通旨归进行调和，他曾指出："独《儒行》记十五儒，皆刚毅特立者。"还指出，"今之世，资于孔氏之言者寡也，资之莫若十五儒。"⑤ 在儒和侠之外，章太炎还利用大乘佛教教化众生的"菩萨行"，使人们具备这种勇猛无畏的信仰，从而"轻去就而齐死生"，民德得以兴起，国家得以像日本一样振兴。⑥ 在 20 世纪初社

① 章太炎：《思葛》，载于上海人民出版社编《章太炎全集·检论》，上海：上海人民出版社，2014 年，第 627 页。

② 韩云波：《中国侠文化：积淀与承传》，重庆：重庆出版社，2004 年，第 298 页。

③ 太炎：《答铁铮》，载于《民报》1907 年 6 月 8 日，第 14 号。

④ 章太炎之所以提倡儒侠而非墨侠，原因在于儒家代表士大夫的道德观，而墨家之侠代表平民百姓的利益，章太炎及其同人在气质上更趋近于士大夫阶层，他们鼓吹侠风所面对的传播对象也并非底层民众，而主要是留学生、趋新士大夫等。

⑤ 章太炎：《儒侠》，载于上海人民出版社编《章太炎全集·訄书》（重订本），上海：上海人民出版社，2014 年，第 139 页。

⑥ 太炎：《答梦庵》，载于《民报》1908 年 6 月 10 日，第 21 号。

会主义革命和平民革命的潮流之下，章太炎及其同人以《民报》为阵地对革命道德进行较为系统的思考和总结从而为推翻清朝的革命服务，可以说非常必要。章太炎将革命道德归纳为"重然诺、轻死生"这样一种品质，是他将儒侠精神和佛教精神进行会通之后的产物，这就成为辛亥革命过程中革命党人可资利用的革命精神之一。激扬侠风使侠行得以彰显，革命思想因而得以传播，这也是章太炎被称为"有学问的革命家"的有力佐证。①

第三节　章太炎与君宪派围绕国家主义的论战

一、章太炎与梁启超的交锋

章太炎在《民报》第17号中发表了《国家论》一文，研究章太炎思想的学者们仅从章太炎个人对于国家的认识出发来揭示他的国家观，若是从《民报》的立场出发，我们会发现章太炎撰写这篇文章并非无故，而是与《新民丛报》当时所提倡的国家主义和开明专制思想密切相关的。研究《民报》的学者虽然也看到章太炎参加了《民报》和《新民丛报》围绕民族主义和国家主义的论争，却并没有关注《国家论》的价值。② 在这里，首要分析梁启超的国家主义思想及其在《新民丛报》中的表现才能明晰章太炎对于

---

① 鲁迅：《关于太炎先生二三事》，载于《鲁迅全集》（第六卷），北京：人民文学出版社，2005年，第566页。

② 朱浤源在其所著《同盟会的革命理论：〈民报〉个案研究》第五章《〈民报〉革命理论体系的探讨》中指出："政治革命执着在个人自由主义上面，以对抗君主专制传统，要求肯定个人的价值，特别是个人在政治结构中，应该具有最高的权力与地位。根据这种所谓个人（人民）在国家之内高居无上地位的立论，《民报》宣扬卢梭的自由民权，以及用孟德斯鸠三权分立为基柱的五权分立理论，批驳为梁启超所颂扬的伯伦知理、布洛哈克的国家至上的国权论。"参见氏著：《同盟会的革命理论：〈民报〉个案研究》，台北："中央研究院"近代史研究所，1995年版，第280页。另一部提到章太炎驳论国家主义的论著是陈孟坚著《民报与辛亥革命》（下册），台北：正中书局，1986年版，第五篇第十九章《与〈新民丛报〉笔战及君宪派的没落（二）》中第二节《国家（军国）主义与民主主义之辩》。

国家本质的认识。

（一）梁启超国家主义思想的缘起

梁启超于 1903 年 2 月开始出访北美，在之后的七个月里他周游了美洲大陆，这一阶段他根据所见所闻，不仅对民主共和制度产生了怀疑，而且开始逐步倾向国家主义，这样我们就能够理解为什么他在 1906 年会在《新民丛报》中提出开明专制的论调。然而，时间上溯到《清议报》时期，我们依然可以从梁启超的思想中看到他对于"个人—群体（上升为社会和国家）"这一问题的关注，对梁启超国家主义思想源起的探索即以此为开端。梁启超曾在《清议报》中发表长文《自由书》，该文的开篇称道，"西儒约翰·弥勒曰：'人群之进化，莫要于思想自由、言论自由、出版自由。'三大自由，皆备于我焉，以名吾书。"① 梁启超在《自由书》中已经指出：国民应该对内争民权（"内竞"）对外争国权（"外竞"），梁启超将这两种权利都称之为自由权，这也是秉承了约翰·穆勒之义，争民权即是反专制，争国权即是反对帝国主义取得民族独立。戊戌变法发生的原因就是中国当时面临被瓜分豆剖的形势。梁启超在《清议报》发表《爱国论》阐述国人为何没有爱国观念，通过对比泰西，他认为若要民众兴起爱国之心则必须通过教育以启迪民智。梁启超以泰西之人的口吻说，中国人无爱国之性质，所以其群涣散，其人民之心软弱，世界各国人皆可以奴役他们。且中国人之性格惧怕强权之势力，贪图小利，很容易服从。梁启超又借哀时客之口回答：中国人并非没有爱国之性质，而是因为不知道自处国中，这是由中国历史因素和地理位置决定的。梁启超辨明了国家与人民之间的关系，他说："不有民，何有国？不有国，何有民？民与国，一而二，二而一者也。"针对民权与国权以及民众与爱国之间的关系他又论述道："国者何？积民而成也。国政者何？民自治其事也。爱国者何？民自爱其身也。故民权兴则国权立，民权灭则国权亡。为君相者而务压民之权，是之谓自弃其国；为民者而不务各伸其权，是之谓自弃其身。故言爱国必自兴民权始。"② 这篇文章的爱国立场乃是延续了戊戌时期的保国思想，梁氏遂称光绪道："故吾中国自秦、汉以来，数千年之君

---

① 任公（梁启超）：《饮冰室自由书》，载于《清议报》1899 年 8 月 26 日，第 25 册。
② 哀时客（梁启超）：《爱国论》，载于《清议报》1899 年 7 月 28 日，第 22 册。

主，皆以奴隶视其民，民之自居奴隶，固无足怪焉；若真能以子弟视其民者，则惟我皇上一人而已。"又说："西国之暴君，忌民之自有其权而务压之；我国之圣主，忧民之不自有其权而务导之。"① 这篇文章的发表可以看作《新民说》中对国家与人民关系的一个初步探索，对于国权与民权的不可分割之认识也可谓开启了他后来的探索之路。

《国家思想变迁异同论》可算作梁启超转向国家主义思想的过渡性文章，② 他在文中简明扼要地介绍了瑞士政治学家伯伦知理《国家学》一书中的内容。梁启超阐发了伯伦知理的学说，在考察欧洲国家思想的过去和现在的变迁之后，他认为十八世纪和十九世纪之交，欧洲便进入了民族主义飞跃的时代，然而到十九世纪下半叶，欧洲部分强国则率先进入民族帝国主义时期（又称新帝国主义），于是强国开始以疾风迅雷之势开始在全球扩张。梁启超归纳了民族主义国家和帝国主义国家国与民之间的关系，他说："盖民族主义者，谓国家恃人民而存立者也，故宁牺牲凡百之利益以为人民；帝国主义者，言人民恃国家而存立者也，故宁牺牲凡百之利益以为国家，强干而弱枝，重团体而轻个人。"③ 而民族主义和新帝国主义这两类国家理论基础则分别是卢梭之平权派和斯宾塞之强权派，民族主义国家"由人民之合意结契约而成立者也，故人民当有无限之权，而政府不可不顺从民意。是即民族主义之原动力也"；新帝国主义国家"由竞争淘汰不得已而合群以对外敌者也，故政府当有无限之权，而人民不可不服从其义务。是即新帝国主义之原动力也。"④ 梁启超对强权派借进化论和强权即公理之说侵略别国这样的世界形势进行分析，令时人警醒。他在《国家思想变迁异同论》中说：

> 自有天演以来，即有竞争，有竞争则有优劣，有优劣则有胜败，于是强权之义，虽非公理而不得不成为公理。民族主义发达之既极，其所以求增进本族之幸福者，无有厌足，内力既充，而不得不思伸之于外。

---

① 哀时客（梁启超）：《爱国论》，载于《清议报》1899 年 7 月 28 日，第 22 册。
② 该文发表于 1901 年 10 月，《清议报》第 94、95 册。
③ 任公（梁启超）：《国家思想变迁异同论》，载于《清议报》1901 年 10 月 22 日，第 95 册。
④ 任公（梁启超）：《国家思想变迁异同论》，载于《清议报》1901 年 10 月 22 日，第 95 册。

故曰：两平等者相遇，无所谓权力，道理即权力也；两不平等者相遇，无所谓道理，权力即道理也。由前之说，民族主义之所以行也，欧洲诸国之相交则然也；由后之说，帝国主义之所以行也，欧洲诸国与欧外诸国之相交则然也。①

梁启超认为二十世纪之初，乃是政府万能的国家主义盛行之时代，俄罗斯的专制政体因其机敏活泼而为世界各国所羡慕，因此卢梭的民约、人民主权思想几乎无人问津了。由此我们也看到梁启超的思想已经开始由对卢梭民权思想的称许而开始困惑了。在此文最后，梁启超认为当时的中国还处于传统的帝国主义时代，民族主义连胚胎都还未形成，他批评持民族主义的革命派是"顽固者流，墨守十八世纪以前之思想，欲以与公理相抗衡，卵石之势，不足道矣。"② 章太炎在《民报》时期的反思，正是立足于梁启超作为那个时代典型的这种论点，从《俱分进化论》到《五无论》《四惑论》就是针锋相对的驳辩文章。《俱分进化论》一文在章太炎主办《民报》的思想脉络中可以说起到了一种统摄作用，在《五无论》和《四惑论》中进一步发展了他的看法。在《五无论》中章太炎欲超越民族主义，否定国家主义，他说："国家主义是狭隘见，于无界中强分界故，喻如村落思想"；又谓："国家者如机关木人，有作用而无自性，如蛇毛马角，有名言而非实纯。"③ 这里的"自性"之说乃是欲从本体上否定国家之地位，为即将发表的《国家论》埋下了一处伏笔。否定国家之后，他进一步批判帝国主义国家所行之劣迹，"至于帝国主义，则寝食不忘者，常在劫杀，虽磨牙吮血，赤地千里，而以为义所当然"；"荀卿之时，所见不出禹域，七雄相争，民如草芥，然尚不如近世帝国主义之甚。"④ 最终章太炎批判了以进化为公理，从而为帝国主义侵略扩张寻找合理化辩护的人们，他说："望进化者，其迷与求神仙无异"，"所愿与卓荦独行之士，勤学无生，期于人类众生世界一切销熔而止，毋沾

---

① 任公（梁启超）：《国家思想变迁异同论》，载于《清议报》1901 年 10 月 22 日，第 95 册。

② 任公（梁启超）：《国家思想变迁异同论》，载于《清议报》1901 年 10 月 22 日，第 95 册。

③ 太炎：《五无论》，载于《民报》1907 年 9 月 25 日，第 16 号。

④ 太炎：《五无论》，载于《民报》1907 年 9 月 25 日，第 16 号。

沾焉以进化为可欣矣。"① 章太炎将"无生"的世界寄托于未来，他并没有沉浸在哲学玄想的高蹈太虚之中，"五无"之后，人们"希望既绝，伪道德以此廓清，而好胜之良能，将于是轩豁呈露"，回到了他对革命时期人们的道德要求之上，"盖处今时之社会者，非无好胜之心也，而常为利欲所设。故近世欲作民气者，在捐其好利之心，使人人自尊，则始可以勇猛无畏。"② 章太炎在《四惑论》中比较详细地批判了公理和进化之神圣性，而将其掩盖的人性本真和差异性恢复到了人道的视角上。

梁启超本人的国家主义思想的完整表达还是从《新民丛报》开始的。梁启超自美国归来之后，开始攻击他之前十分赞赏的卢梭自由主义政治思想。《政治学大家伯伦知理之学说》是梁启超进一步介绍和阐释国家主义思想的最为系统的文章。他在文中着重阐述了卢梭主权在民、民约论思想和伯伦知理国家主义理论的相异之处，他首先较为详细地指出了卢梭建国理念的不足之处：

> 卢骚氏著主权诸论，不于历史上论国家，而于道理上论国家，举世靡然从之。而国家及社会之见解，为之一变，虽然，卢氏之说亦非能得真相者也。卢氏以为主权不在于主治者，而在于公民，曰：各人既有自由、平等之权利，欲合群以图安康，乃相约而建国家。由是有共同之意思及权力，而主权生。故主权者，本公民之所有也，云云。是实不知国家之历史者也，往古数千年，国家之起原（源），实无有起于相约者，不过卢氏之理想耳，而谓主权出于人民，其说亦不为得当，与主权出于君主之说，同为谬误。③

梁启超对卢梭建构国家理论缺陷的分析可谓抓住了其要害：卢梭的人民主权论不是从历史的角度论国家，而是在道理上论国家，这就说明卢梭的理论构想乃是演绎出来的，而非根据历史经验归纳而来，所以卢梭的理论带有

---

① 太炎：《五无论》，载于《民报》1907 年 9 月 25 日，第 16 号。
② 太炎：《五无论》，载于《民报》1907 年 9 月 25 日，第 16 号。
③ 力人：《政治学大家伯伦知理之学说》，载于《新民丛报》1903 年 5 月 25 日，第 32 号。

理想性和绝对性。梁启超再次刊发同名的文章，更加详细地阐发了伯伦知理的思想。他虽然也肯定了卢梭的自由思想在反专制过程中起到了很大的作用，但是眼下的中国需要的不是自由和民主共和，而是建立稳固的国家基础，他指出："故我中国今日所最缺点而最急需者，在有机之统一与有力之秩序，而自由、平等直其次耳。何也？必先铸部民使成国民，然后国民之幸福乃可得言也。如伯氏言，则民约论者适于社会而不适于国家，苟弗善用之，则将散国民复为部民，而非能铸部民使成国民也。故以此论药欧洲当时干涉过度之积病，固见其效；而移植之于散无友纪之中国，未知其利害之足以相偿否也。"① 梁氏在他周游美洲之后所记述的《新大陆游记节录（续前）》② 中强烈地表达了民主政体不适合中国人民这一看法，这种看法是建立在他对北美华人社区的切身观察基础之上的。梁启超分析了中国人的四类缺点，第二条就是只能受专制不能享自由。他说道："夫自由云，立宪云，共和云，是多数政体之总称也，而中国之多数、大多数、最大多数，如是如是，故吾今若采多数政体，是无异于自杀其国也。……一言以蔽之，则今日中国国民，只可以受专制，不可以享自由。"③

　　以上，可谓对于梁启超国家主义思想产生过程的一个概述，也是为了引出他的思想中一个重要转变，即《开明专制论》的提出，开明专制思想的提出引发了《民报》同人与之进行的大论战。梁启超在《政治学大家伯伦知理之学说》中对章太炎进行了指名批评，认为他所宣扬的民族主义情绪导致"两年来世论之趋向，殆由建国主义一变而为复仇主义。"④ 然而，此时的章太炎不再拘泥于民族主义、民权主义和民生主义的政治阐释，而是围绕个人与国家、民权与国权关系进行了学理建构。他在《五无论》之后撰写了《国家论》。

---

① 中国之新民：《政治学大家伯伦知理之学说》，载于《新民丛报》1903 年 10 月 4 日，第 38 号、39 号。

② 本文 1904 年 2 月发表在《新民丛报》的临时增刊上。

③ 任公（梁启超）：《新大陆游记（续）》，载于《新民丛报》1904 年 2 月临时增刊。

④ 中国之新民：《政治学大家伯伦知理之学说》，载于《新民丛报》1903 年 10 月 4 日，第 38 号、39 号。

（二）个人与国家：《国家论》及其现代意义

章太炎在《国家论》中着重要解决的问题是：其一，国家结构中谁是主体？其二，个体与群体（国家）的关系如何辨明。章太炎在此文中立论鲜明，他驳斥道："然近世国家学者，则云国家为主体，人民为客体"，国家学者们"倡此谬乱无伦之说以诳耀人，真与崇信上帝同其昏悖。世人习于诞妄，为学说所缚而不敢离，斯亦惑之甚矣。"① 显然，章太炎批判的是梁启超、严复等人。梁启超接受了伯伦知理的观点，否定了法国两位政治学家平丹（今译布丹）、卢梭的国家学说，认为平丹的君主主权说和卢梭的人民主权说都是谬论。主权属全体国民之说已经产生法国大革命之祸，所以梁氏认为"有主权则有国家，无国家亦无主权"。② 梁启超接受了伯伦知理的国家学说，以国家本身为主体，"实国家目的之第一位，而各私人实为达此目的之器具也。"③

章太炎何以认为梁启超的国家主权说乃是"谬乱"之言呢？他从学理给以分析，认为："一、国家之自性，是假有者，非实有者；二、国家之作用，是势不得已而设之者，非理所当然而设之者；三、国家之事业，是最鄙贱者，非最神圣者"。章太炎经由"个体为真，团体为幻"的论证，得出"村落、军旅、牧群、国家，亦一切虚伪，惟人是真"的结论，④ 所以，章太炎的国家观是以人民为主体的，这就完全异于梁启超所赞同的国家主义思想。章太炎以唯识宗的学理分析国家何以无自性，何以为假有，他认为国家可谓"其名虽有，其义绝无"，因为"此识是真，此我是幻"，"此心是真，此质是幻"，"故其心不必现行，而其境可以常在"。⑤ 章太炎在《定复仇之是非》一文中站在批判的立场指出国家不能侵害个人的权利，他说："若然，则国

---

① 太炎：《国家论》，载于《民报》1907年10月25日，第17号。
② 中国之新民：《政治学大家伯伦知理之学说》，载于《新民丛报》1903年10月4日，第38号、39号。
③ 中国之新民：《政治学大家伯伦知理之学说》，载于《新民丛报》1903年10月4日，第38号、39号。
④ 太炎：《国家论》，载于《民报》，1907年10月25日，第17号。
⑤ 太炎：《建立宗教论》，载于《民报》1906年11月15日，第9号。

家之秩序为重，而个人之损害为轻，斯国家者，即以众暴寡之国家矣。"① 所以我们能够理解他是如何归纳出"个体为真，团体为幻"的结论，最终认定国家便是无自性的假有。

章太炎针对当时梁启超等人的爱国论提出批判，他从根源上否定了国家，进而就否定了爱国的价值。他论述道："爱国之义，必不因是障碍，以人心所爱者，大半非实有故。……以何因缘？则以人身本非实有，亦集合而成机关者，以身为度，推以及他。故所爱者，亦非微粒之实有，而在集合之假有。夫爱国者之爱此组合，亦由是也。"② 梁启超鼓吹爱国论，前文已举出他在《爱国论》一文中的论述，在梁氏著名的《新民说》一书中，他继续宣言自己的爱国立场，并将朝廷和国家思想联系起来，他说："夫国之不可以无朝廷，固也。故常推爱国之心以爱及朝廷，是亦爱人及屋、爱屋及乌之意云尔。……朝廷由正式而成立者，则朝廷为国家之代表；爱朝廷即所以爱国家也。朝廷不以正式而成立者，则朝廷为国家之蟊贼。"③ 章太炎视此种言论为"谬乱无伦之说"，他进一步阐释其对爱国的看法，"爱国者之爱此历史"，这是他对于《演说录》中"国粹"与爱国关系的重申；当然，章太炎的思考还不止于此，他通过对当时国家间关系的洞察，指出爱国不能以强权为掩盖成为国家侵略的工具，"爱国之念，强国之民不可有，弱国之民不可无，亦如自尊之念，处显贵者不可有，居穷约者不可无，要以自保平衡而已。"④ 今天看来，章太炎对于爱国含义的理解不免失之偏颇，但在帝国主义进行积极扩张和侵略的二十世纪初，他的论断也足以提醒那些沉浸在歌颂"天演公例""丛林法则"之中的人们。

梁启超的爱国必然与章太炎的"排满"发生矛盾，但是对于个体与群体（国家）的关系，他们却有一致的地方。梁启超在《新民说·论公德》中阐述了国民公德与私德之间的关系，同时也谈到了个体与群体的关系，由于中

---

① 太炎：《定复仇之是非》，载于《民报》1907 年 9 月 25 日，第 16 号。
② 太炎：《国家论》，载于《民报》1907 年 10 月 25 日，第 17 号。
③ 中国之新民：《新民说·论国家思想》，载于《新民丛报》1902 年 3 月 24 日，第 4 号。
④ 太炎：《国家论》，载于《民报》1907 年 10 月 25 日，第 17 号。

国数千年来"重私德、轻公德""欲为本群本国之公利公益有所尽力者",人们则"非笑之,排挤之";中国非"发明一种新道德""公德之大目的,即在利群"。① 梁启超论及独立与合群的关系时,认为:"独立之义也。若是者,谓之合群之独立。"② 而章太炎对于人的独立性和社会性也早有探索,他在《訄书·明独》一文中指出:"夫大独必群,不群非独也""大独必群,群必以独成"。章氏之所以得出这样的观点,乃是因为当时中国处于"大群之将涣"的时代,③ 这样的局面正需要具有独立精神的志士从事团结群体的谋划。从人的独立与合群的关系这一层面来看,章太炎与梁启超还是有相似之处的,但是若将这种关系扩展到个体与国家层面,他们二人却是同中有异了。从"救亡图存"的国家意识角度,梁启超的"合群"思想则强调国家的整体性;从"革命排满"的目的出发,章太炎的"合群"则是提倡革命精神的一致性。章太炎所秉持的是卢梭所倡导的主权在民思想,而梁启超则已经转向了国家主义思想。所以,我们看到,梁启超苦叹"吾中国人之无国家思想""知有一己而不知有国家"。④ 而章太炎则认为国家事业"必非以一人赴汤蹈刃而能成就,我倡其始,而随我以赴汤蹈刃者,尚亿万人,如是,则地狱非我所独入,当有与我俱入者在"。⑤ 章太炎虽然肯定团体相携共进之作用,但是,这仅仅是一种革命需要的策略,他所称赞的乃是由"自力造成"并能建立"出类拔萃"事业的"大独"之士。⑥ 章太炎在《国家论》中所阐释的国家无自性、乃假有的特征,也推衍出国家之事业"尸之元首则颇,归之团体则妄",⑦ 自然,在辛亥革命这一阶段,梁启超的开明专制论也必然为章太炎等《民报》同人所反对。

① 中国之新民:《新民说·论公德》,载于《新民丛报》1902年3月10日,第3号。
② 任公(梁启超):《十种德性相反相成义》,载于《清议报》1901年6月16日,第82册。
③ 章太炎:《明独》,载于《章太炎全集·訄书》(重订本),上海:上海人民出版社,2014年,第241页。
④ 中国之新民:《新民说·论国家思想》,载于《新民丛报》1902年3月24日,第4号。
⑤ 太炎:《国家论》,载于《民报》1907年10月25日,第17号。
⑥ 太炎:《国家论》,载于《民报》1907年10月25日,第17号。
⑦ 太炎:《国家论》,载于《民报》1907年10月25日,第17号。

近代以来的学者，在探索个体与国家关系时，出现两方面的趋向：一方面肯定个人自由、个人权利；一方面指出个人必须融入群体，具备国家意识，而这种国家优位的意识一度占据主导，个人利益在近代民族危机的压迫下往往被救亡的时代洪流所淹没。不仅是梁启超，严复也是如此，严复在其时论中极力鼓吹自由主义精神，他曾指出："夫自由一言，真中国历古圣贤之所深畏，而从未尝立以为教者也。……侵人自由者，斯为逆天理，贼人道。"① 然而，严复更加强调的是国家的自由，他说："特观吾国今处之形，则小己自由，尚非所急，而所以祛异族之侵横，求有立于天地之间，斯真刻不容缓之事。故所急者，乃国群自由，非小己自由也。求国群之自由，非合通国之群策群力不可。"② 严复和梁启超等学者引入西方社会有机体论来阐述国家与人民个体之间的关系。日本学者近藤邦康指出，"变法派提倡：为了救亡，一定要伸张民权以巩固国权，民权和国权之间有相辅相成、不可分离的内部联系。然而变法运动由于受到顽固势力的镇压而失败。义和团运动失败以后，帝国主义列强企图扶植清朝政府保持权益。事实证明，伸张民权以巩固国权这条道路是走不通的。因此，革命派提倡民族革命，打算推翻清朝的统治、建立民国以对抗列强。这意味着，抗拒列强的任务，国家承担不了而落在民族的肩上，'一君万民'体制里，'一君'承担不了而落在'万民'的肩上。"③ 章太炎并没有跟随近代以来的国家主义潮流，他高扬人的主体性的大旗，肯定人的个性，他的"大独"思想蕴含在他的国家观之中，其在思想史和近代社会思潮中的价值愈加显得难能可贵。章太炎的学生鲁迅，深受其师品性、思想之熏习，他在《文化偏至论》一文中，指出："个人一语，入中国未三四年，号称识时之士，多引以为大诟，苟被其谥，与民贼同。"针对时代大潮，他认为应该"掊物质而张灵明，任个人而排众数"，这样国家才可以兴旺。针对个人自由，他说："人必发挥自性，而脱观念世界之执

---

① 严复：《论世变之亟》，载于胡伟希选注《论世变之亟：严复集》，沈阳：辽宁人民出版社，1994年，第3页。

② 严复：《〈法意〉案语》，载于王栻主编《严复集》（第四集），北京：商务印书馆，1981年，第981页。

③ ［日］近藤邦康：《从一个日本人的眼睛看章太炎思想》，载于章念驰编《章太炎生平与学术》，北京：生活·读书·新知三联书店，1988年，第512页。

持。……意盖谓凡一个人，其思想行为，必以己为中枢，亦以己为终极：即立我性为绝对之自由者也。"① 鲁迅的对于个人自由的认识与《民报》时期的章太炎的思想相仿，这也可以看出章太炎的思想对当时青年人的影响。

中国传统的国家观倡导家国同构。在这种家国一体的体制中，所有人都被纳入父子、君臣、夫妻这"三纲"之中，一张伦理纲常之网将个人紧紧束缚、镶嵌，将全社会紧紧笼罩起来。② 章太炎按照其对社会人群的思索，提出了"大独必群"的思想理念，进而在《民报》时期又提出了自己的国家理论。他站在自由主义政治学立场肯定人民的主权地位，直至今日，其现代性价值依然存在。学者秦晓在其《现代性与中国社会转型》一文中指出："在稳定与自由、和谐与多元、民生与民主、国家利益与个人权利、治理的效率与制衡之间，应寻求一种均衡。但前者不能代替后者，因为后者是现代性社会价值体系和制度中的核心和基础。"③ 可见，不论是近代还是当代，个人权利相对于国家利益都是核心和基础，而这正是我们国家近代以来历史发展进程中为人们所忽略，或者是被刻意地剥夺掉的部分。这种"以众暴寡"的国家观早已为章太炎所察觉，章太炎同样质疑严复所推崇的以进化论为底色的社会演进学说，他和严复之间围绕民族主义和国家主义、宗法社会等问题展开了论战。

二、一场关于社会史的论战

（一）《民报》同人与"国家主义"论者的初步论争

章太炎对国家主义的辩难最早应该是在他与君宪派第二次论争之中，本文在前述内容中已经详细论述，下面再次略微提及。1903 年章太炎作《驳康有为论革命书》就是针对康有为的《南海先生辨革命书》（载于《新民丛报》第 16 号，1902 年 9 月 16 日出版。）康有为宣扬其"满汉不分，君民同

---

① 鲁迅：《文化偏至论》，载于《鲁迅全集》（第一卷），北京：人民文学出版社，2005 年，第 47-52 页。

② 雷颐：《面对现代性挑战：清王朝的应对》，北京：社会科学文献出版社，2012 年，第 79-80 页。

③ 秦晓：《当代中国问题：现代化还是现代性》，北京：社会科学文献出版社，2009 年，第 22 页。

体"之言论，又说："吾中国本为极大国，而革命诸人，号称救国者，乃必欲分现成之大国，而为数十小国，以力追印度，求致弱亡，何其反也！……以仆之愚，窃爱大中国、爱统一；若其如印度焉，分为众小以待灭，此则仆之愚所不敢知、不敢从也。"① 章太炎鼓吹民族主义以对待康有为所宣扬的国家主义思想，经过前文所详细论述之梁启超国家主义思想的形成以及章太炎之驳斥，我们看到章氏所持的民族主义是他论战中的强有力工具，这也是一条他与君宪派论战的线索，他与严复的论战依然如此。

严复在 1904 年翻译了英国法学权威爱德华·甄克思的《政治史》，严复译本名为《社会通诠》。严复在介绍甄克思的社会三种发展形态时，认为中国当时正处于宗法社会向军国社会过渡阶段，不需要具有"排满"思想的民族主义，相反要加强国家的权力。本杰明·史华兹认为："在严复眼里，由孙中山、汪精卫、章炳麟和其他革命者培育起来的反满情绪代表着他们为了革命的利益任意毁灭改革的希望，而这种革命在当时的中国进化阶段里只能导致毫无希望的混乱。更重要的是，这种反满情绪代表了中国社会的最具宗法性的反动特征即集团的或宗族的排外主义的复活。"② 严复的译著发行后，一方面受到君宪派的欢迎，另一方面则引起了革命派的关注。《民报》创办后，相关同人就开始迎战严复，驳斥严复的"军国主义"论。汪精卫在其《民族的国民》（载于《民报》第 1 号和第 2 号）一文中略微提到严复《社会通诠》中的观点，没有驳斥；胡汉民在《民报》第 2 号上发表了《述侯官严氏最近政见》一文，由于慑于严复的声名和威望，他和汪精卫一样也没有从严复观点中存在的缺陷进行正面评论。胡汉民不敢直指严复不足，只得从读者角度旁敲侧击，他说："侯官严氏为译界泰斗，而学有本源，长于文章，斯真近世所许为重言者也。顾其言恒宁静、深远，非浅夫所能识，而严氏亦云吾书不为若辈道。虽然，彼浅夫者自以为得严氏之意，而踬讹传谬，莫之与纠，则其讹谬所被，乃较原书有力十倍。"他通过阅读严复的译著，得出

---

① 康有为：《答南北美洲诸华商论中国只可行立宪不能行革命书》，载于姜义华、张荣华编校《康有为全集》（第六集），北京：中国人民大学出版社，2007 年，第 324-329 页。

② ［美］本杰明·史华兹：《寻求富强：严复与西方》，叶凤美译，南京：江苏人民出版社，2005 年，第 124 页。

严复本人"对于民族国民主义，实表同情，薄志弱行者慑于革新事业之难，托而自遁，非严氏本旨。"胡汉民利用了严复案语中存在的不甚明确之界限，试图模糊人们心中"军国社会"与民族主义之间的畛域，又或者"军国社会"乃是民族主义的一种补充，他指出："严氏乃惧其仅为种族思想不足以求胜于竞争剧烈之场也，故进以军国主义而有《社会通诠》之译，夫言军国主义非必与宗法主义相离，即今白种列强，其治化已踰越宗法主义时代，而入于军国主义，然畛畦之不能化，触处可睹者。"① 汪精卫和胡汉民在《民报》初期对于严复"军国主义"的论辩，囿于他们自身学养的不足和严复的声名，都难以达到让读者满意的程度。1906 年初的这场论辩虽然暂时落下了帷幕，但是 1906 年底新的历史局面又将这一问题摆在了《民报》主笔章太炎的面前。

（二）《〈社会通诠〉商兑》之反击

1906 年 10 月，梁启超在《新民丛报》第 88 号中刊发《新出现之两杂志》，由于文中再次提到严复所译《社会通诠》中的论点，遂又引发了一场关于国家主义的论争。梁启超在此文中向人们介绍了当时作为立宪运动策应者的两份报纸，其一为《中国新报》，1907 年 1 月 20 日创刊，在日本东京出版，杨度主办；其二为《学报》，1907 年 2 月 13 日创刊，同样于日本东京出版，由梁启超弟子何天柱主办。前者为政论性刊物，后者为学术性杂志。梁氏原文照录了两份刊物的叙文，并加以推崇，可谓紧随当时舆论界欲制造组织国会的潮流。杨度在《中国新报》叙文中首先点明了时下政府和人民的特征，他说："中国之政体为专制之政体，而其政府为放任之政府"，即是对内、对外皆"不负责任之政府"。又说，"政府之所以不负责任者，由于人民之不负责任，使人民而愈放任，斯政府亦愈放任矣"。② 言下之意，这种政体和人民都需要改变，即由专制政体转变为立宪政体，人民应该担负起这种责任。杨度利用甄克思的社会演进理论以阐释中国五大民族的发展进程，他说：

---

① 汉民：《述侯官严氏最近政见》，载于《民报》1906 年 1 月 22 日，第 2 号。
② 饮冰：《新出现之两杂志》，载于《新民丛报》1906 年 10 月 2 日，第 88 号。

今试问中国国民中之能力如何，则其程度至不齐一，而其所以为差异者，则大抵由于种族之别。合同国异种之民而计之，大抵可分为汉、满、蒙、回、藏五族，而五族之中，其已进入于国家社会，而有国民之资格者，阙惟汉人。若满、蒙、回、藏四族，则皆尚在宗法社会，或为游牧之种人，或为耕稼之族人，而于国民之资格，犹不完全。盖极东西、通古今之人类社会，无不经蛮夷社会、宗法社会之三大阶级而以次进化者。蛮夷社会无主义，宗法社会为民族主义，军国社会为国家主义。此西儒甄克思所发明，一定不移之公例，无论何种社会而莫之能外者也。①

杨度运用甄克思的理论乃是为了说明汉族与其他四个民族的差距，当时汉族在社会进程上处于领先地位，然而这就造成了在中国实行民主立宪的困难，"一曰：满、蒙、回、藏人之文化不能骤等于汉人，二曰：汉人之兵力不能骤及于满、蒙、回、藏人。"杨度的良苦用心正是为了告诫国人：一旦汉人的排满革命成功之后，实行民主制度，那么满、蒙、回、藏四个民族由于处于宗法社会，他们肯定以民族主义为借口兴兵攻打政府，或者造成国内混战、列强瓜分；又或者版图分裂，内陆行省亦将不保。"就现有之君主立宪为宜，而以满汉平等、蒙回同化，以实行国民统一之策焉，故吾人之所问者，不在国体而在政体，不争乎主而争乎宪。果能为立宪国，则完全之军国可以成。"杨度的最终现实目的就是号召国民以"改造责任政府为惟一之事业，而改造责任政府之方法，则有一至重极要之物，为必不可缺者。其物为何？则议会是也。"② 梁启超认为《中国新报》的办刊论点与他的国家主义思想颇为相和，他直接批评了革命派报刊所持的言论，认为时下的中国不应该拘泥于国家元首是否"某族某姓之人"，而应把精力放在"殖产兴业"，以"军事立国"上面。因为未来的世界大势乃在于"惟拥有大国者乃能出而与列强竞，以立于不败之地。"③ 在 1907 年这个节点上，立宪派借清廷改制之势扩大了舆论宣传，《民报》亦开始批判立宪论调，章太炎在这一年初发表

---

① 饮冰：《新出现之两杂志》，载于《新民丛报》1906 年 10 月 2 日，第 88 号。
② 饮冰：《新出现之两杂志》，载于《新民丛报》1906 年 10 月 2 日，第 88 号。
③ 饮冰：《新出现之两杂志》，载于《新民丛报》1906 年 10 月 2 日，第 88 号。

了《〈社会通诠〉商兑》。

章太炎所撰写的《〈社会通诠〉商兑》一文，其思想的理论基础还是统摄于他的"俱分进化"思想之下，他对甄克思所论的社会按照进化之阶分为图腾社会、宗法社会、军国社会三大形式提出质疑，为两个方面：一、三大社会形式适应的范畴问题，二、民族主义是否仅存在于宗法社会。通过章太炎在《四惑论》中所批评的公理和进化，我们亦可以视为他的理论底色。章太炎认为时人被严复的声名所遮蔽，一些政治人物利用他的学说以愚弄天下之人，他说："人心所震矜者，往往以门户标榜为准，习闻其说，以为神圣，而自蔽其智能。以世俗之顶礼严氏者多，故政客得利用其说，以愚天下。"① 章太炎这里所说的政客应该主要针对梁启超和杨度等鼓吹立宪的人士。鉴于严复所论："夫天下之群，众矣，夷考进化之阶级，莫不始于图腾，继以宗法，而成于国家。"② 章太炎从历史主义的角度出发，认为甄克思的论断并非具有普遍价值，他批评严复不能审慎地辨明这一点，"夫学者宁不知甄氏之书，卑无高论，未极考索之智，而又非能尽排比之愚，固不足以悬断齐州之事，如严氏者，又非察于人事者耶。"③ 章太炎针对甄克思所谓宗法社会与军国社会有四点相异之处：一重民而不地著，二排外而锄非种，三统于所尊，四不为物竞。④ 章太炎同样列出四条，以历史事实为依据，以他所熟稔的典章制度为驳斥对方的强有力工具，从历史长河中抽绎材料，证明中、西宗法社会之间存在的错位和差异。他得出："夫甄氏以其所观察者而著之书，其说自不误耳；而世人以此附和于吾土，则其咎不在甄氏而在他人。"⑤ 而章太炎要做的工作，就是辨明宗法社会与民族主义并非简单的对应关系。甄克思所论宗法社会以种族来区分人民之间的差异，而不问其所居之地域，所以"宗法社会之视外人，理同寇盗，凡皆侵其刍牧，夺其田畴而

---

① 太炎：《〈社会通诠〉商兑》，载于《民报》1907 年 3 月 6 日，第 12 号。
② ［英］甄克思：《社会通诠》，严复译，北京：商务印书馆出版，1981 年，译者序。
③ 太炎：《〈社会通诠〉商兑》，载于《民报》1907 年 3 月 6 日，第 12 号。
④ ［英］甄克思：《社会通诠》，严复译，北京：商务印书馆出版，1981 年，第 18-19 页。
⑤ 太炎：《〈社会通诠〉商兑》，载于《民报》1907 年 3 月 6 日，第 12 号。

已，于国教则为异端，于民族则为非种，其深恶痛绝之，宜也"。① 而章太炎的驳论正是为了说明"未尝谓民族主义即宗法社会"，民族主义所依托之社会形态"不专于宗法社会而止"，"民族主义者，与政治相系而成此名，非脱离于政治之外别有所谓民族主义者。"章太炎由此认为民族主义外延比较广泛，能够包括军国社会、宗法社会、图腾社会这三种社会形态。然而，革命党人所秉持的民族主义正属于军国社会之民族主义，他论述道："所为排满洲者，岂徒曰子为爱新觉罗氏，吾为姬氏、姜氏而惧子之殽乱我血胤耶？亦曰复我国家攘我主权而已。故所挟以相争者，惟日讨国人，使人人自竞，为国御侮之术，此则以军国社会为利器。"② 革命派的"排满"并非是狭隘的民族主义，这种民族主义已经扩展到反对西方列强侵略的立场之上了。由于章太炎赋予民族主义的外延比较广大且能够容括三种社会形态的性质，这种民族主义不仅具有"排外"性，同时也具有了更多的包容性。这样，杨度所担忧的汉族革命成功后出现的满、蒙、回、藏四大民族的复仇现象就可以得到化解。对于满族则因为"满洲之汗，大去宛平，以适黄龙之府，则固当与日本、暹罗同视种人顺化归斯受之而已矣"。蒙古"准回青海，故无怨也"，西藏"吾之视之，必非美国之视黑民若"。回部"以其恨于满洲者，刺骨而修怨及于汉人，奋欲自离，以复突厥花门之迹，犹当降心以听，以为视我之于满洲，而回部之于我可知也。至不得已，而欲举敦煌以西之地以断俄人之右臂者，则虽与为神圣同盟可也。"③ 可见，章太炎的民族主义不仅能够合理解决革命后满、蒙、藏、回的地位问题，同时也以维护国家的利益为准绳。

关于章太炎为何在《〈社会通诠〉商兑》中除辩论甄克思之观点之外，还针对严复的个人治学之道提出了尖锐的批评，他说："抑天下固未知严氏之为人也，少游学于西方，震叠其种，而视黄人为猥贱，若汉若满，则一丘之貉也，故革命、立宪，皆非其所措意者。……至于旧邦历史，特为疏略，辄以小说杂文之见，读故府之秘书，扬迁抑固，无过拾余沫于宋人。……历

① ［英］甄克思：《社会通诠》，严复译，北京：商务印书馆出版，1981 年，第 18-19 页。
② 太炎：《〈社会通诠〉商兑》，载于《民报》1907 年 3 月 6 日，第 12 号。
③ 太炎：《〈社会通诠〉商兑》，载于《民报》1907 年 3 月 6 日，第 12 号。

史成迹，合于彼之条例者，则必成，异于彼之条例者，则必虚；当来方略合于彼之条例者，则必成，异于彼之条例者，则必败。抑不悟所谓条例者，就彼所涉历见闻而归纳之耳。浸假而复谛见亚东之事，则其条例又将有所更易矣。"① 章太炎对严复的批评还牵涉一桩过往的旧事，章太炎本人对于西方社会学的关注也是很早的，他在 1898 年任《昌言报》主笔期间与曾广铨合译了《斯宾塞尔文集》中的《论进境之理》《习俗和风尚》两篇，严复看到他们的译文后，遂于《国闻报》上发表《论译才之难》提出批判。② 其实，章太炎在 1902 年就翻译了日本学者岸本能武太的《社会学》，这比严复译出的《社会通诠》还早一年，所以《民报》同人中也只有章太炎最具回应严复的资格。虽然，章太炎对严复的批评有所夸大，但是却与他办《民报》所秉承的宣扬"国粹"之宗旨相一致，从他的演说可以看出，他说："兄弟这话，并不像做'格致古微'的人，将中国同欧洲的事，牵强附会起来；又不像公羊学派的人，说甚么'三世'就是进化，'九旨'就是进夷狄为中国，去仰攀欧洲最浅最陋的学说。"③ 我们看到，不论是批判严复，还是与康有为的立异，章太炎并非以保守的态度对待西方学说，而是要审慎地考量中国的历史和国情，实现合理化的会通才可能避免对社会认知的偏颇。

三、结语

章太炎在《民报》时期围绕国家主义问题和君宪派的论战之所以如此用力，从思想角度看自然和他的民族主义立场有关，目的是借用《民报》来宣传革命派的排满思想并借助对国家的学理性分析揭示国家的"自性"为假，其根本目的还是恢廓民权。我们不能因此就认为章太炎不爱国，正是在《民报》时期，章太炎提出了著名的口号："是用国粹激动种性，增进爱国的热肠。"④ 章太炎还针对那些欧化主义者进行批判，指出："总说中国人比西洋

---

① 太炎：《〈社会通诠〉商兑》，载于《民报》1907 年 3 月 6 日，第 12 号。
② 关于严复批判的具体内容以及章太炎和他的交往过程，可参考陈永忠著《章太炎与近代学人》，天津：百花文艺出版社，2011 年版，第二章《章太炎与维新派》相关内容。
③ 太炎：《演说录》，载于《民报》1906 年 7 月 25 日，第 6 号。
④ 太炎：《演说录》，载于《民报》1906 年 7 月 25 日，第 6 号。

人所差甚远，所以自甘暴弃，说中国必定灭亡，黄种必定剿绝。因为他不晓得中国的长处，见得别无可爱，就把爱国爱种的心，一日衰薄一日。"① 由此，我们看到，不能因为章太炎对国家进行学理的分析就失之偏颇地认为他提倡人们不去爱国。而在民国初建之后，章太炎一度关注的重点转向政党政治，但是他对国家权力和掌权者的怀疑却是未曾改变的。

第四节　《民报》的传播效力

章太炎在主持《民报》工作的同时，还和一批革命党人在 1906 年 7 月创办了国学振起社，即"国学讲习会"，一共持续五年，直到武昌起义爆发后，他返回上海为止。根据太炎弟子许寿裳的回忆："同班听讲者是朱宗莱、龚宝铨、钱玄同、朱希祖、周树人、周作人、钱家治与我共八人。前四人是由大成再来听讲的，其他同门尚甚众，如黄侃、汪东、马裕藻、沈兼士等，不备举。"② 其他留日学生和旅居东京的人士皆有从旁听太炎讲学者，人数颇多。又据任鸿隽对太炎东京讲学的回忆："听讲的人以浙人、川人为多，浙人中有沈士远、兼士兄弟，马裕藻、马叔平、朱希祖、钱玄同、龚味〈未〉生等；川人中有曾通一、童显汉、陈嗣煌、邓胥功、钟正楸、贺孝齐、李雨田及我与我的兄弟任鸿年等。还有晋人景耀月、景定成，陕人康宝忠，这些人大概是每讲必到的，所以还记得。"③ 章太炎弟子对于《民报》的回忆可以展现那时章太炎在办报与讲学之间的人生剪影，这更能够表明章太炎延续了戊戌时期推行维新的传统——"办学校、创学会、办报纸"三位一体的开展。

---

① 太炎：《演说录》，载于《民报》1906 年 7 月 25 日，第 6 号。
② 许寿裳：《章太炎传》，天津：百花文艺出版社，2009 年，第 62 页。
③ 任鸿隽：《记章太炎先生》，载于陈平原、杜玲玲编《追忆章太炎》，北京：生活·读书·新知三联书店，2009 年，第 211 页。

一、章太炎弟子的回忆

黄侃的回忆：

> 时革命党方撰《民报》于东京，先生至，遂主其事。《民报》之文，诸为先生所撰者，皆深切峻厉，足以兴起人。清室益忌之，然不可奈何。后革命党稍涣散，党之要人或他适，《民报》馆事独委诸先生。日本政府受言于清廷，假事封《民报》馆，禁报不得刊鬻。先生与日本政府讼，数月，卒不得胜，遂退居，教授诸游学者以国学。①

钱玄同的回忆：

> （1）1906 年 10 月 12 日（八月廿五日）

> 购《民报》。《民报》首有章太炎《无神论》一篇，驳耶稣之自相矛盾，极好。次为□□②ノ《道德》，亦佳绝，迥非时流诸人可以言及之也。

> （2）1906 年 11 月 24 日（十月初九日）

> 晚阅《民报》第一期《民族的国民》一篇，汪氏之作。惟媲之章氏则远弗如，然较之松江一般词章新党及《江苏》之口头禅，则不可同年而语也。盖纯遵学理以立说，非空谈之比，当今社会污下至此，是等提倡公论之报，诚不可少也。

> （3）1907 年 3 月 10 日（正月二十六日）

> 《民报》十二号出矣，太炎先生又有《〈社会通诠〉商兑》一篇，驳严氏之说。夫严氏为今世一般人所看重，所译者又为哲理深邃之书，其有颠倒原文，淆乱真意之处，人固难以识别。今以章氏之学识、之卓见，纠而正之，固有功社会不浅也。此外，汪、胡二君驳梁氏文者，亦皆精思伟论。《民报》自太炎来后，固大放异彩，一至于此，真令人佩服。

---

① 黄季刚：《太炎先生行事记》，载于《神州丛报》1913 年第 1 期第 1 版。
② "□□"为原文看不清的字的代替。

（4）1907年5月6日（三月二十四日）

今日《天讨》出矣，因至《民报》社领取。又《民报》第十三号亦出矣，购观，中有太炎之《记印度法学士钵罗罕氏开印度西婆耆王纪念会事》。太炎惓惓友邦，深慨彼此同病相怜，毫无菲薄意，此等度量，自非他人所能测矣。

（5）1908年6月6日（五月初八日）

至太炎处，见太炎正为《四破（惑）论》一篇，破（一）进化、（二）公理、（三）自然、（四）△△①。此文若出，足箝《新世纪》诸獠之口矣!②

汪东的回忆：
汪东的回忆完全按照黄侃的说法，仅作细微字词的删削，兹录如下。

（1）太炎以丙午出狱，东适日本，时革命党方撰《民报》于东京，先生至，遂主其事。《民报》之文，诸为先生所撰述者，皆深切峻厉，足以兴起人，清室益忌之，然不可奈何，后革命党少涣散。党之要人或他适，《民报》事独委诸先生。日本政府受言于清廷，假故封《民报》馆，禁报不得刊售，先生与日本政府讼，数月，卒不得胜，遂退居，教授诸游学者以国学。睹国事愈坏，党人无远略，则大愤，思适印度为浮图，资斧困绝，不能行，寓庐至数月不举火，日以百钱市麦饼以自度，衣被三年不澣，困阨如此，而德操弥厉。其授人以国学也，以谓国不幸衰亡，学术不绝，民犹有所观感，庶几收硕果之效，有复阳之望。③

（2）自《民报》出，同样以浅显条畅的笔调宣传革命，把梁氏驳得体无完肤。精卫的文章尤为当时读者所爱好。至此，情势为之一变。太炎先生主持后，又添了不少阐发佛学的文章，这是他在欢迎会上演说中所揭示的"要用宗教发起信心，增进国民的道德"，归根结底，仍与民族主义是相融合的（演说录载《民报》第六号）。其文虽非尽人能解，

---

① "△△"为原文看不清的字的代替。
② 钱玄同：《钱玄同日记》（上册），杨天石主编，北京：北京大学出版社，2014年，第62-133页。
③ 汪太冲编著《章太炎外纪》，北京：文史出版社，1924年，第13-16页。

但大家觉得学问这样高深的人也讲革命，再配合他在东京讲学，收了不少门人，影响很大的。①

周作人的回忆：

（1）往民报社听讲，听章太炎先生讲《说文》，是一九〇八至九年的事，大约继续了有一年少的光景。这事是由龚未生发起的，太炎当时在东京一面主持同盟会的机关报《民报》，一面办国学讲习会，借神田地方的大成中学定期讲学，在留学界很有影响。②

（2）盖当时民族主义的革命思想的主张是光复旧物，多少是复古思想，这从《国粹学报》开始，后来《民报》也是从这条路上发展。太炎所做的论文除了《中华民国解》，因为反对《新世纪》的主张用万国新语，提倡简化反切，为后来注音字母的始基，有过建设性以外，大抵多是发思古之幽情，追溯汉唐文明之盛。……《民报》上登载过一篇《五朝法律索隐》，力说古法律的几点长处，我们看了很受影响。其一点是贱视商人，说晋朝称为"白铁额人"，大概是额上贴有标志，又说穿鞋是一只白一只黑的。这事在后来写信里还是提起，其时已在三十年后了。③

（3）《民报》的文章虽是古奥，未能通俗，大概在南洋方面难得了解，于宣传不是很适宜，但在东京及中国内地的学生中间，力量也不小，不过当时的人不能够看到这一点罢了。④

许寿裳的回忆：

章先生出狱以后，东渡日本，一面为《民报》撰文，一面为青年讲学，其讲学之地，是在大成中学里一间教室。我和鲁迅极愿往听，而苦与学课时间相冲突，因托龚未生（名宝铨）转达，希望另设一班，蒙先

① 汪东：《同盟会和〈民报〉片断记忆》，载于中国人民大学新闻系编《中国近代报刊史参考资料》（下册·校内用书），1979年，第573页。
② 周作人：《知堂回想录》，香港：三育图书有限公司，1980年，第216页。
③ 周作人：《钱玄同的复古与反复古》，载于高勤丽编《疑古先生——名人笔下的钱玄同·钱玄同笔下的名人》，上海：东方出版中心，1999年，第97-98页。
④ 周作人：《苦茶——周作人回想录》，兰州：敦煌文艺出版社，1995年，第178页。

生慨然允许。地址就在先生的寓所——牛迟区二丁目八番地《民报》社，……自八时至正午，历四小时毫无休息，真所谓"诲人不倦"。①

鲁迅的回忆：

　　一九〇六年六月出狱，即日东渡，到了东京，不久就主持《民报》。我爱看这《民报》，但并非为了先生的文笔古奥，索解为难，或说佛法，谈"俱分进化"，是为了他和主张保皇的梁启超斗争，和"××"的×××斗争，和"以《红楼梦》为成佛之要道"的×××斗争，真是所向披靡，令人神旺。前去听讲也在这时候，先生的音容笑貌，还在目前，而所讲的《说文解字》，却一句也不记得了。②

景梅九的回忆：

　　是岁先生年已四十余矣。群推先生主编《民报》，是为民党惟一机关杂志。初登先生一篇动人文字，题曰：《革命之道德》，借以坚党人之信志，效率极大。而同志喜文学者，均愿亲承训诲（其详在拙著《罪案》中）。爱组织学会，邀先生讲文字。予亦在听讲之列，已阴奉先生为大师。但先生虽以学问独步一世，而对于革命，则以实行为重。曾一度于《民报》秘密会议席上，嗔责能文同志曰："我辈以言语鼓吹革命者，如祭祀之赞礼生，仅傍立而口喊仪节，而看他人跪拜行礼而已。"同人闻之，多为感动，于是弃笔墨而从事于实际革命者，乃接踵发现于内地。汪精卫之北谋杀清贵，粤中同志举义广州，随即激起黄花岗七十二烈士之血潮，皆由先生一言之力也。不知者，乃诬先生与同志发生意见，误矣。③

---

① 许寿裳：《亡友鲁迅印象记》，上海：生活·读书·新知三联书店，1949 年，第 28 页。
② 鲁迅：《关于太炎先生二三事》，载于《鲁迅全集》（第六卷），北京：人民文学出版社，2005 年，第 566 页。
③ 景梅九：《悲忆太炎师》，载于《制言》1936 年第 25 期。

李植（培甫）的回忆：

> 先生尝言，学术在野则盛，在朝则衰，故于私人聚徒讲学之风，唱导甚力。居东京时，执笔《民报》，日不暇给，犹出其余力，为人说故书雅记，因有国学讲习会之举。民报社既闭，始得一意讲说著述。请业者众，亦不问所从来。口讲指画，自午达铺，神气益王；弟子既退，则炳烛写定所著书。如是者三年。①

任鸿隽的回忆：

> 先生虽主《民报》笔政，但其政治主张亦不全与同盟会相合，如在《民报》论说中有《代议然否论》一文，显然与当时革命党中的民权论大有出入。②

以上是章太炎在日本办《民报》和讲学时期诸多弟子的回忆，他们都是历史的亲历者，记述应该比较符合实际，特别是钱玄同在日记中记述的读报感想最为详细，成为了解《民报》传播效果的有力材料。另外，《朱希祖日记》中亦有作者读《民报》的记录，但由于记录极为简略，所以不再录入。为了更加全面了解章太炎在《民报》时期的作为，特增补几位章太炎的故旧之回忆。

二、章太炎故旧的回忆

朱镜宙的记述：

> 《民报》自先生主笔政后，销数日广，日二万份，后至者犹不能得。《新民丛报》《中国新报》不久皆停刊。……先生讲学东京，一日讲《尚书》，汪精卫亦来受业，先生拍手连呼曰，精卫来了，精卫来了，正好，正好。革命党人不可不明历史，精卫应多研究历史。先生且自谓革

---

① 李植：《余杭章先生事略》，载于《制言》1936 年第 25 期。

② 任鸿隽：《记章太炎先生》，载于陈平原、杜玲玲编《追忆章太炎》，北京：生活·读书·新知三联书店，2009 年，第 212 页。

命种子得之历史云。①

曹亚伯的回忆：

> 出狱之日，即渡日本，主《民报》杂志笔政。予知先生善文章，但予致力革命以来，不读旧书，不识《说文》正字，故于巴黎发起《新世纪》周刊后，予与吴稚晖先生主张用文言以代古字，隐以对治太炎先生之汉魏体裁也。②

宋教仁的回忆：

> 至《民报》社访章枚叔，坐谈最久。枚叔言国学讲习会已经成立，发布章程。其科目分预科、本科。预科讲文法、作文、历史；本科讲文史学、制度学、宋明理学、内典学。③

楼思诰④的记载：（1907 年 1 月 14 日通信）

> 枚叔颇为《民报》所欢迎，盖利用其文章，以为金钱主义，销数极旺，亦是好际遇。

> 孙、康两党之势，近已孙胜而康败。月前《民报》开会，到会者二千余人，其宗旨在劝捐，闻甚踊跃。枚叔附孙已明白昭著，其向之附于康派者，亦渐有离心。演说之词，甚为激烈，而条理颇少，恐不足以救国，徒足乱国，奈何！⑤

三、结语

学者陈孟坚在论述《民报》编刊第二时期（第 6 号至第 12 号，即 1906

---

① 朱镜宙：《太炎先生轶事》，载于陈平原、杜玲玲编《追忆章太炎》，北京：生活·读书·新知三联书店，2009 年，第 135 页。
② 曹亚伯：《谈章太炎先生》，载于《制言》1936 年第 25 期。
③ 宋教仁：《我之历史》，湖南省哲学社会科学研究所古代近代史研究室校注，长沙：湖南人民出版社，1980 年，第 249 页。
④ 章太炎与汪康年是姻亲，而楼思诰是汪康年的外甥，当时在东京留学。
⑤ 楼思诰：《致汪康年书》，载于《汪穰卿先生师友手札》，上海：上海古籍出版社，1989 年，第 3966-3969 页。

年7月25日至1907年3月6日）时指出章太炎"这位名士底心力，却似乎大部分放在他所组织的国学振起社上面去了；编务的实际重心，仍然在中山先生所指导的胡、汪等人；那也是实际发散革命思想的光芒台"。陈氏继续在注释中补充："章氏一任'总编辑'即在同一地址搞个每两个月出版一次而内容繁多的'国学振起社讲义'，他对《民报》能献身多少即可想而知。"① 他还透过宋教仁《我之历史》出现的有关章太炎的地方，来分析章太炎的精力被国学振起社分散了。这里我们有必要申辩一番，我们从章太炎弟子的回忆中可以得到以下事实：首先，《民报》停刊之前，章太炎以办刊为首要任务，《民报》影响力扩大，兼以讲学为辅助；其二，"办学、办会、办报"是三位一体的，彼此之间是互相促进的作用，有利于扩大《民报》的传播效果；其三，"学战"的地位绝不低于政治层面的斗争；其四，青年中亦有不喜章太炎文风者。三位一体的办报特点和所谓"学战"是戊戌时期所形成的传统，这里我们首先引述《国学讲习会序》来看国学研究者如何看待"学战"的地位，序言中指出："吾闻处竞争之世，徒恃国学固不足以立国矣，而吾未闻国学不兴而国能自立者也，吾闻有国亡而国学不亡者矣，而吾未闻国学先亡而国仍立者也。故今日国学之无人兴起，即将影响于国家之存灭。"此文批判了世俗之学者中存在的"治学者之劣根性"，"此种劣根性无智愚贤不肖皆含有之，愚不肖者，自不待论，其智者、贤者以国学无所于用，故不治之"。② 序言所谓批判学者之劣根性，亦属于改造国民性的范畴，其本质乃是章太炎所开展的启蒙运动。当然，陈孟坚所述章太炎因为编订国学振起社讲义和讲学的原因而不能将主要精力投入《民报》的办理，这是有失历史事实的。章太炎撰写《〈社会通诠〉商兑》，以及授意汪东撰文反驳康有为的《法国革命史论》这两件事可以佐证，并且他本人在《民报》上所撰写的文章篇数也是最多的，达到68篇。1907年4月，《民报》的临时增刊《天讨》也是在章太炎的策划之下而组合成的一批战斗檄文。1907年7月，章太炎在《民报》第15号刊发《中华民国解》一文，即针对杨度在同一年

---

① 陈孟坚：《〈民报〉与辛亥革命》（上册），台北：正中书局，1986年，第252-253页。

② 太炎：《国学讲习会序》，载于《民报》1906年9月5日，第7号。

《中国新报》上所撰写的《金铁主义说》而进行驳辩。① 而这些文章也并非陈氏所谓的没有散发革命的光芒,鲁迅先生在《关于太炎先生二三事》一文中唯一提到的《民报》中的文章即是该篇,他称赞:"至于今,惟我们的'中华民国'之称,尚系发源于先生的《中华民国解》(最先亦见《民报》)为巨大的记念而已。"② 所以,笔者以为作为社长和总主编的章太炎毫无疑问在民报社是起核心作用的,而胡汉民和汪精卫只能是辅助的作用。客观而言,人的精力毕竟有限,章太炎在举办《民报》之外,同时从事讲学和学术研究,他本人并不避讳两者之间存在的一些时间冲突,可以章氏在《答梦庵》中的文辞为证,他说:"《大乘缘起说》者,无过考证之文,不关宏旨。是时方讨论震旦方言,不皇辍业,仓促应乏,遂以是篇入录。"③ 正是在这样的辛劳之下,章太炎终于在《民报》刊行第19号之前,因为脑疾而卸任主编的职务。章太炎本人极为珍视《民报》作为革命党舆论核心阵地的存在,从他在《民报》被日本当局封禁之后与日本政府的斗争便可以看到,进而"《民报》停业之后,黄兴、宋教仁与章谋,欲将《民报》迁往美国出版,旋因他事所阻,终不果行"④。由此,我们可见章氏弟子在回忆中所述,章太炎在《民报》停刊后,专心于著述和讲学之下,又是多么的无奈。

第五节　《国粹学报》所构建的孔子形象

学术界关注晚清至民国时期的反孔思潮方面,以及从思想史的角度研究

---

① 关于章太炎和杨度之间的论辩,其大致论点可以参看汤志钧编《章太炎年谱长编》(增订本·上册),北京:中华书局,2013年版,第142页。

② 鲁迅:《关于太炎先生二三事》,载于《鲁迅全集》(第六卷),北京:人民文学出版社,2005年,第566页。

③ 太炎:《答梦庵》,载于《民报》1908年6月10日,第21号。

④ 冯自由:《革命逸史》(上),北京:新星出版社,2009年,第52页。

近代人物与政治派别对孔子的评价皆已经比较丰富，[①] 然而，本文写作的视角拟从晚清报刊舆论中的孔子形象出发，对章太炎在《民报》和《国粹学报》中所刻画的孔子形象进行一个总结。

一、近代报刊舆论中的孔子

自康有为在晚清努力将孔子的形象塑造成教主之后，经过君宪派报刊的鼓吹，孔子作为儒教教主的地位在舆论中逐步扩大。正如朱维铮先生所总结的："从康有为到谭嗣同，意见比较一致，都是把马丁·路德式的宗教改革作为自己模拟的对象。康有为提出'建立孔教'，梁启超、谭嗣同都指望康有为成为孔教的路德，正说明他们的追求。"[②] 就君宪派内部而言，对于孔子的认识也存在因人而异、情随境迁之状况。以梁启超为例，从他在所办的报刊中对孔子评价的变化，可以看到孔子从神坛逐步走向了人世间。戊戌变法之前，梁启超在《变法通议》中为了应对世变之亟提出"三保"主张，"变而变者，变之权操诸己，可以保国，可以保种，可以保教。"[③] 他尤其强调保教的重要性，"夫天下无不教而治之民，故天下无无教而立之国"，"今拟仿彼中保国公会之例为保教公会"，"故窃以为，居今日而不以保国保教为事

---

① 相关论文可参考：（1）丁伟志《论近代中国反孔思潮的兴起》，载于《社会科学研究》，1981年第2期；（2）李刚、何成轩《论中国近代的反孔思潮》，载于《孔子研究》，1992年第3期；（3）苏中立《论世纪之交的孔教问题大辩论》，载于《中州学刊》，1996年第2期。学界涉及章太炎对孔子评价的相关论文有：（1）任访秋《简论从批孔到尊孔的章太炎》，载于《中州学刊》，1986年第5期；（2）戴明玺《章太炎与二十世纪初中国思想裂变》，载于《南京社会科学》，2003年第4期；（3）何荣誉《〈訄书〉诸本对孔子评价的变衍》，载于《沈阳师范大学学报》（社会科学版），2010年第3期；（4）李昱《论章太炎评孔子》，载于《孔子研究》，2012年第4期。专著中涉及章太炎、国粹派和革命派评价孔子的有：（1）王汎森著《章太炎的思想：兼论其对儒学思想的冲击》，上海：上海人民出版社，2012年；（2）郑师渠著《晚清国粹派——文化思想研究》，北京：北京师范大学出版社，1997年；（3）［日］岛田虔次著，邓红译《中国思想史研究》，上海：上海古籍出版社，2009年，参见其中第四部《辛亥革命时期的孔子问题》一节。

② 朱维铮：《音调未定的传统》（增订本），杭州：浙江大学出版社，2011年，第375页。

③ 梁启超：《变法通议》，载于《时务报》1896年8月9日，第2册。

者，必其人于危亡之故，讲之未莹，念之未熟也。"① 梁氏沿用了康有为对孔教的说法，指出："中国孔子之教，历数千载，受教之人，号称四百兆，未为少也。"② 从今文经学角度，梁启超对孔子的文化功绩进行评价，他说："孔子之作《春秋》，治天下也，非治一国也，治万世也，非治一时也，故首张'三世'之义。所传闻世，治尚粗粝，则内其国而外诸夏；所闻世，治进升平，则内诸夏而外彝狄；所见世，治致太平，则天下远近大小若一，彝狄进至于爵。"③ 梁启超顺延其师康有为今文经学的路径对孔子和儒教进行了总结，他《西学书目表》后序中说：

> 吾请语学者以经学。一当知孔子之为教主；二当知六经皆孔子所作；三当知孔子以前有旧教（如佛以前之婆罗门）；四当知六经皆孔子改定制度、以治百世之书；五当知七十子后学，皆以传教为事；六当知秦、汉以后，皆行荀卿之学，为孔教之尊派；七当知孔子口说，皆在传记，汉儒治经，皆以经世；八当知东汉古文经，刘歆所伪造；九当知伪经多摭拾旧教遗文；十当知伪经既出，儒者始不以教主待孔子；十一当知训诂名物，为二千年经学之大蠹，其源皆出于刘歆；十二当知宋学末流，束身自好，有乖孔子兼善天下之义。④

戊戌政变后，梁启超流亡日本，1898 年 12 月他又创办了《清议报》，对于儒学和孔教的关系有了新的认识。他在《论支那宗教改革》一文中指出："而自汉以后二千余年，每下愈况，至于今日，而衰萎愈甚。远出西国之下者，由于误六经之精意，失孔教之本旨。贱儒务曲学以阿世，君相托教旨以愚民，遂使二千年来孔子之真面目湮而不见。"这一时期，他已经赋予了孔教更丰富的内容。他认为孔子之教旨应包含以下内容："进化主义非保守主义，平等主义非专制主义，兼善主义非独善主义，强立主义非文弱主义，博

---

① 梁启超：《复友人论保教书》，载于《饮冰室合集》（文集第一册），北京：中华书局，1989 年，第 9-11 页。
② 梁启超：《变法通议》，载于《时务报》1896 年 9 月 27 日，第 6 册。
③ 梁启超：《〈春秋中国彝狄辨〉序》，载于《时务报》1897 年 8 月 18 日，第 36 册。
④ 梁启超：《〈西学书目表〉后序》，载于《饮冰室合集》（文集第一册），北京：中华书局，1989 年，第 128 页。

包主义（亦谓之相容无碍主义）非单狭主义，重魂主义非爱身主义。"① 梁
启超在《新民丛报》时期一度倾向于革命的宣传，其对于孔教的认识也有所
变化，正如他本人所言："此篇与著者数年前之论相反对，所谓我操我矛以
伐我者也。"此时，在梁氏的眼中，孔子已经不是宗教家，而是一个智者，
或者称之为哲学家，他评价道："孔子则不然。其所教者，专在世界国家之
事，伦理道德之原，无迷信，无礼拜，不禁怀疑，不仇外道，孔教所以特异
于群教者在是。质而言之，孔子者，哲学家、经世家、教育家，而非宗教家
也。西人常以孔子与梭格拉底并称，而不以之与释迦、耶稣、摩诃末并称，
诚得其真也。"② 当然，梁启超坚定地肯定孔子的历史功绩，因为"孔子非
自欲以其教专制天下也，末流失真，大趋势于如是，孔子不任咎也。"③ 而维
新派的另一启蒙思想家严复，他在戊戌变法之前对孔教就有清醒的认识，对
于保教之说更是持有异议，他在《有如三保》一文中指出："然天下无论何
教，既明天人相与之际矣，皆必以不杀、不盗、不淫、不妄语、不贪他财为
首事。而吾党试自省此五者，果无犯否，而后更课其精，如是乃为真保教。"
他又从道德角度对维新党人提出要求，"然则累孔教，废孔教，正是我辈。
只须我辈砥节砺行，孔教固不必保而自保矣。"④ 严复反对从神道设教的神秘
角度理解孔教，他认为："孔教之高处，在于不设鬼神，不谈格致，专明人
事，平实易行。"⑤ 从梁启超和严复对于孔子、孔教和认识我们看到，他们都
努力将孔子由神坛拉入人间。日本学者岛田虔次从中国传统学术史的内在逻
辑出发，他认为清朝考证学在不知不觉之间，碰见了两个意外的孔子：第一
个是诸子之一的孔子，第二个是神秘的、具有宗教性人格的孔子。⑥ 在论述

---

① 梁启超：《论支那宗教改革》，载于《清议报》1899 年 6 月 28 日，第 19 册。
② 中国之新民：《保教非所以尊孔论》，载于《新民丛报》1902 年 2 月 22 日，第 2 号。
③ 中国之新民：《论中国学术思想变迁之大势》（续第十二号），载于《新民丛报》
  1902 年 9 月 16 日，第 16 号。
④ 严复：《有如三保》，载于《国闻报汇编》，收入沈云龙主编《近代中国史料丛刊三
  编》（三十三辑），台北：文海出版社，1993 年，第 162-163 页。
⑤ 严复：《保种余义》（下），载于《国闻报汇编》，收入沈云龙主编《近代中国史料
  丛刊三编》（三十三辑），台北：文海出版社，1993 年，第 173 页。
⑥ ［日］岛田虔次：《中国思想史研究》，邓红译，上海：上海古籍出版社，2009 年，
  第 397 页。

章太炎与革命派对于孔子的认识之前，我们有必要先了解晚清时国外人士对孔子、儒教的评论，《大陆报》则对此问题专门作了译介。下面节选一些代表性的观点：

飞哀氏之论评

　　与印度、欧罗巴之学者异，其所论者，皆道德学及政治学。至宇宙原理之学，则讲之者极鲜，故其劝入以道德，皆征之自然之理，盖以日用彝伦为要，而不及鬼神死生之事，固脱宗教家之蹊径者也。①

那顿氏之论评

　　孔子教中，初无所谓创世主者，儒家所谓太极，先于万物阴阳，实与吾辈之所谓神者相似。然彼固未尝以太极为创世主也。②

爱德根氏之论评

　　孔子之道德学，可于支那之教育制度见之。……故孔子之所以为豪杰，不在哲学之幽深，并不在新出机轴，而在其为最诚实最热心且为人最易能、最信服之教育家也。③

雷格氏之论评

　　孔子所教，皆世俗之常道，盖彼所注意者，在人群以内之事，至人群以外之事，则非所问也。故孔子不语怪力乱神，又曰敬鬼神而远之，又曰未知生、焉知死，孔子实非常之伟人也。其把持之坚，罕有及者。特孔子悯人群之紊乱，哀生民之涂炭，而于其所以致此之由，若绝不注意也者，盖在支那一夫数妻之制，尊男卑女之习，实为弊害所由出之源，而首宜改革者也。而孔子绝不言之何也？又孔子有保守之倾向，而无进步之思想，盖期望之星，常耀于其后，而向前途以招之之星则无有，故后人之钦敬，固其德有以致之，然历代帝王所以崇拜之者，意亦

---

①　《淘汰篇》，载于《大陆报》1902年12月，第1期。
②　《淘汰篇》，载于《大陆报》1902年12月，第1期。
③　《淘汰篇》，载于《大陆报》1902年12月，第1期。

保守主义有以使然欤。①

多麻斯氏之论评

孔子之哲学，与柏拉图、亚利斯度多尔、培根、陆克等异。盖支那之圣贤，其于宇宙之神异，天然之秘法，及人类之心性等，研之者鲜。而常于日用彝伦之间，讲求进德修业之法，故于实行上观之，实超绝于古今之哲学，特乏精微深邃之思耳。孔子所短者，在其哲学中绝不合进步发达之分子耳，此不特逊于耶教，并有不及西方哲学之处。又孔子道德上之学说，无一定信仰之宗教，殊少活泼之势，然其法之高尚广大，固有所不可及也。②

孔子极为关心人世间之事，他对中国后世的历史影响极为深远，关键就在于他的思想为统治者所利用，在汉代之后形成儒教。诸多学者都认为作为统治者意识形态的儒学，阻碍了中国人的个性发展并且难以产生进取意识。当然，站在他者的角度来看晚清时的中国，自然可以得出孔子和儒教使中国趋于保守的结论，这种保守的意识导致了近代中国的落后局面。所以在西方强势的国力和学术思想面前，欧化主义者们所掀起的反传统声浪在舆论界可谓长盛不衰。正如美国学者列文森所分析的，他认为："只要一个反传统主义者相信，在强国这一前提条件下，民族主义可以无条件地支持反传统主义，那他就能成了一个民族主义者。但是，当观察到民族主义力图将传统作为一件古董加以保存时，他就不得不重新考虑他的地位。"③ 列文森告诉我们民族主义者在传统和反传统之间并没有分明的界限，这也就增加了人们对于传统认识的复杂性。以晚清革命派人士对于孔子的认识和评价为例，正体现了这一点。日本学者岛田虔次将革命派的孔子形象归为三类：第一类是以孙文为代表，对于作为民族遗产、民族伟人的儒教和孔子，只是充满和普通人一样的敬意。第二类是章太炎，他虽然批判儒术之害和孔子教人追求利禄之

---

① 《淘汰篇》，载于《大陆报》1902 年 12 月，第 1 期。

② 《淘汰篇》，载于《大陆报》1902 年 12 月，第 1 期。

③ [美] 列文森：《儒教中国及其现代命运》，郑大华、任菁译，桂林：广西师范大学出版社，2009 年，第 106 页。

心，但是他针对宗教性孔子形象，现在又建立了一个历史家即学术之父的孔子形象。第三类是辛亥时期无政府主义、社会主义者为代表的反儒教和孔子的趋向。① 革命派在上海的报刊《警钟日报》曾发表刘师培所撰《论孔教与中国政治无涉》一文，认为："近世忧时之士，鉴于中国政治之弊，以为中国之政治，皆受孔教之影响也，而革教之问题以起。自吾观之，孔子者，中国之学术家也，非中国之宗教家也。"② 其观点与上面所举《大陆报》中各国学者的认识相差无几。革命派在巴黎的期刊《新世纪》对孔子的批判最为激烈，其代表就是绝圣所发表的《排孔征言》一文，其中称："呜呼，孔丘砌专制政府之基，以荼毒吾同胞者，二千余年矣。今又凭依其大祀之牌位，以与同胞酬酢。"进而指出："以孔毒之入人深，非用刮骨破疽之术不能庆更生。"③ 在革命派中间，章太炎对孔子的批判最具思想性和学术性，对民国之后批判孔子运动的影响也最为深远。

二、"化圣为凡"的孔子形象

周予同先生在回忆章太炎和康有为之影响时曾这样说道："所以当时的青年界，在学术上是经古文学与经今文学之争，在政治上是革命党与保皇党之争"；章太炎"出发于中国旧有的文化与仅仅注意政治组织之上层的改革，则初无二致"。④ 从周予同先生的论述中，我们可以明晰章太炎在运思如何评价孔子和儒学的时候，必然要以传统今、古文经学之争为立足点，进而又与政治立场密不可分。在康有为眼中，孔子"为教主，为神明圣王，配天地，育万物，无人、无事、无义不围范于孔子大道中，乃所以为生民未有之大成至圣也！"⑤ 与康氏"神道设教"之义正相反，在古文经学将孔子视为史学

① ［日］岛田虔次：《中国思想史研究》，邓红译，上海：上海古籍出版社，2009年，第406-412页。
② 刘光汉：《论孔教与中国政治无涉》，载于《警钟日报》1904年5月4日，第3版。
③ 绝圣：《排孔征言》，载于《新世纪》1908年6月20日，第52期，第4版。
④ 周予同：《康有为与章太炎》，载于朱维铮编《周予同经学史论著选集》，上海：上海人民出版社，1983年，第110页。
⑤ 康有为：《孔子改制考》，北京：中华书局，2012年，第243页。

家（先师）的立场下，① 章太炎对孔子的评价又包含在他对自然和人的思考之中，学者王中江认为章太炎"一贯拒绝'超自然'的绝对和实体的存在，在非唯物论意义上坚持'无神论'"②。受到王中江先生的启发，章太炎所构建的孔子形象可以说是理性化和理智化的，他为"神道设教"的孔子形象而"除魅"。③ 章太炎为孔子"除魅"可以称之"化圣为凡"，其目的为"让人从社会中解放出来，建立起一种适应于政治动员和革命需要的'价值理性'"。④ 章太炎批判孔子，并没有影响他培养新型革命道德之士的目的，而《民报》和《国粹学报》正是他的舆论阵地。

章太炎对于孔子的评价自《客帝论》《今古文辨义》等文开始，经《訄书》初刻、重订两个版本得以继续。他将孔子与诸子进行衡量相较，在政治、学术领域开创了对孔子评价的新气象，直至民国他对孔教仍持批判态度，逐步否定了他在辛亥时期对孔子的批判态度。关于以上方面的研究，本文上一节的注释中已经列出，不再详述，本文仅从章太炎在《民报》《国粹学报》中评价孔子的言论出发进行论述。1906 年 7 月 15 日东京留学生为章太炎开欢迎会，太炎在《演说录》中就明确地提出："所以孔教最大的污点，是使人不脱富贵利禄的思想。自汉武帝专尊孔教以后，这热中于富贵利禄的人，总是日多一日。我们今日想要实行革命，提倡民权，若夹杂一点富贵利禄的心，就象微虫霉菌，可以残害全身，所以孔教是断不可用的。"他还指出："为甚提倡国粹？不是要人尊信孔教，只是要人爱惜我们汉种的历史。"⑤ 孔教亦是儒教之另一别称，自康有为在其所著《孔子改制考》中将为"万世立法"的孔子誉为教主后，孔教一词便在近代舆论中流布开来。章

---

① 详细可参考周予同先生所著《中国经学史讲义》第五章《经学的学派》，参见氏著，朱维铮编校《中国经学史讲义：外二种》，上海：上海人民出版社，2012 年，第 20 页。

② 王中江：《章太炎的近代祛魅与价值理性——从"自然"、"人性"到人的道德"自立"》，载于《中山大学学报》（社会科学版），2013 年第 4 期，第 96 页。

③ 参见 [德] 韦伯著，冯克利译《学术与政治：韦伯的两篇演说》，北京：生活·读书·新知三联书店，2005 年，第 48 页。

④ 王中江：《章太炎的近代祛魅与价值理性——从"自然"、"人性"到人的道德"自立"》，载于《中山大学学报》（社会科学版），2013 年第 4 期，第 97 页。

⑤ 太炎：《演说录》，载于《民报》1906 年 7 月 25 日，第 6 号。

太炎所批判者正是此种儒教，然而，他对孔子的历史功绩也给予了肯定。在《答铁铮》一文中，他站在古文经学的立场视六经为孔子之史学，孔子有保存史迹之功。他说："孔氏之教，本以历史为宗，宗孔氏者，当沙汰其干禄致用之术，惟取前王成迹可以感怀者，流连弗替。《春秋》而上，则有六经，固孔氏历史之学也。《春秋》而下，则有《史记》《汉书》以至历代书志、纪传，亦孔氏历史之学也。"[1] 章太炎又将孔子哲学中所包含的黜鬼神、明人世的因素与他所推崇的佛学信仰联系起来，他称赞孔子道："故佛教得迎机而入，而推表元功，不得不归之孔子。世无孔子，即佛教亦不得盛行。仆尝以时绌时申、哗众取宠为孔子咎；至于破坏鬼神之说，则景仰孔子，当如岱宗北斗。"[2] 可见，章太炎批判孔子、称赞孔子皆是为了革命这一目的而展开的。1906 年 8 月，东京国学讲习会成立，章太炎任主讲人。章氏撰有《论诸子学》，载于《国学讲习会略说》，此文同年刊载于《国粹学报》，改名为《诸子学略说》，一篇文章用两种名称刊发，可见章太炎本人对此文之重视。章太炎在文中首先对孔子和儒家的历史功绩进行肯定，他说："是故孔子博学多能，而教人以忠恕。虽然，有商订历史之孔子，则删定六经是也；有从事教育之孔子，则《论语》、《孝经》是也。"然而他很快便笔锋一转，回到《演说录》中的批判态度，"儒家之病，在以富贵利禄为心"，接着章太炎引述先秦诸子对孔子的批判言论，以达到重新评定孔子的目的。他先引述庄周之言称："鲁国巧伪人孔丘，不耕而食，不织而衣，摇唇鼓舌，擅生是非，以迷天下之主。"进而再引述《墨子·非儒》篇讥孔子："夫饥约，则不辞妄取以活身；赢饱，则伪行以自饰。污邪诈伪，孰大于此？"最后，章太炎道出孔子学术出于老子之说，并称："老子以其权术授之孔子，而征藏故书，亦悉为孔子诈取。孔子之权术，乃有过于老子者。"[3] 章太炎之所以在革命派的报刊中批判孔子、儒教，正是为了说明，欲造就"确固坚厉、重然诺、轻死生"[4] 的革命道德，无法依靠儒教，进而为他所提倡的佛教制造舆论的合

① 太炎：《答铁铮》，载于《民报》1907 年 6 月 8 日，第 14 号。
② 太炎：《答铁铮》，载于《民报》1907 年 6 月 8 日，第 14 号。
③ 章绛：《诸子学略说》，载于《国粹学报》1906 年 9 月 8 日，第 20 期。
④ 太炎：《革命之道德》，载于《民报》1906 年 10 月 8 日，第 8 号。

理性。当然，在《国粹学报》之中，章太炎亦得到另一健将刘师培的声援，刘氏继续发扬他在《警钟日报》之中对孔子评价的立场，又撰写了《论孔子无改制之事》一文，他继续立定古文经学的立场，指明："汉儒以王拟孔子，亦有二因。一则以孔子当正黑统，盖以秦为黑统，不欲汉承秦后，遂夺秦黑统而归之孔子，以为汉承孔子之统也，此一说也。一则以孔子为赤统，孔子为汉制法，《春秋》亦为汉兴而作，因以孔子受命之符，即汉代受命之符，此又一说也。"刘氏辨析前者出于"汉之抑秦"之故，后者因为"汉儒附会其说，欲以歆媚时君，不得已而王孔子"，"故知纬书不足信，则知孔子之不称王，知孔子之不称王，即知孔子之未尝改制，无稽之说，其亦可以息啄矣。"① 刘师培的文章阐明孔子并非改制之王，无疑又使孔子的神圣地位平凡了许多。在章太炎和刘师培之外，《国粹学报》还有一位阐发孔子政治学思想的学者马叙伦。马叙伦在学术上偏向今文经学，他在《孔氏政治学拾微》一文中阐发道："自平东迁，纲纪沦堕，典章放失，诸夏声明，渐以消散。乃生孔圣，笃信好古，悯兹散失，六艺是立。"他还将孔子称为"制法之圣"并沿用司马迁的观点指出："六经者，孔子删诗书，订礼乐，作春秋，传周易。"② 这一时期，马叙伦的学术立场虽然倾向于今文经学，但是，他的排满革命立场与国粹派同人是一致的。

三、结语

《国粹学报》不仅刊发了马叙伦的《孔氏政治学拾微》一文，还刊发了晚清著名今文经学大师廖平的文章《春秋孔子改制本旨三十问题》，这正体现了《国粹学报》会通百家的办刊风格，在学术上可以容纳不同学派以及不同观点。经分析可以发现，《国粹学报》同人整体上对孔子的历史地位和历史贡献还是非常尊重的，学报先后三次在刊物的扉页之后刊印了孔子的插图，还有一期刊印了《唐睿宗孔子赞》。除此之外，邓实还撰写《日儒发起孔子祭典会》一文对日本学界纪念孔子的大会进行了报道，日本学界称赞孔子为："窃以洙泗之流，增澜东海，扶桑之树，扬辉西邦，猗欤盛哉。夫子

---

① 刘光汉：《论孔子无改制之事》，载于《国粹学报》1906 年 12 月 5 日，第 23 期。
② 马叙伦：《孔氏政治学拾微》，载于《国粹学报》1906 年 2 月 13 日，第 13 期。

道侔天地，德并日月，过化存神，功德踰于百王。生荣死哀，声举垂于万代。洵旷古之师表，而亿兆之仪范也。"① 国粹派同人尊重孔子与他们保存国粹的文化观密切相关，即使章太炎重评孔子，其矛头指向的也只是孔教和儒家之病，对于孔子的保存文化与教化之功给予了充分肯定。进而言之，章太炎对于孔子的重新评定，其根源既有晚清学术发展的内在理路，又有政治领域内维新与革命之争的因素，进而上升至宗教与革命信仰的建立问题。章太炎在辛亥前之所以批判孔子和儒教，是因为他认识到，"唯有把佛与老、庄和合，这才是'善权大士'，救时应务的第一良法。"所以，他"看近来世事纷纭，人民涂炭，不造出一种舆论，到底不能拯救世人。"② 在康有为极力鼓吹孔教的时代，孔子在章太炎的宣传中自然黯淡了不少，这多少也是一种应时之需。

第六节　章太炎与《教育今语杂志》

1910 年 3 月，《教育今语杂志》在日本创刊，章太炎是主办者兼主要撰稿人，该刊物作为光复会"通讯机关"，其宗旨在于保存国故，振兴学艺，提倡平民教育，并暗含激发种族革命之义。学界对《教育今语杂志》的创办与发行过程已经介绍得比较详细，③ 本文重点论述《教育今语杂志》中所蕴含的教育观和章太炎道德教育思想的现代性价值。

一、《教育今语杂志》熔德、智、体于一炉的教育观

清末，政府向西方学习举办新式教育，各省的官方教育期刊也纷纷兴办，下列表 1 仅列举了官方举办的具有代表性的直隶、河南两省刊物。

---

① 邓实：《日儒发起孔子祭典会》，载于《国粹学报》1907 年 9 月 27 日，第 33 期。
② 章太炎：《论佛法与宗教、哲学以及现实之关系》，载于马勇编《章太炎讲演集》，石家庄：河北人民出版社，2004 年，第 37-38 页。
③ 学界相关研究有：（1）王磊《〈教育今语杂志〉：中国教育史上的隐秘一页》，载于《教育史研究》2015 年第 4 期；（2）王锐《〈教育今语杂志〉与章太炎的学术实践》，载于《现代中文学刊》2018 年第 1 期。

表1-2 辛亥前十年国人所办代表性教育类期刊一览表①

创办时间	期刊名称	创办者及所在地
1901 年	《教育世界》	罗振玉、王国维等，上海
1905 年	《直隶教育杂志》（《直隶教育官报》）	直隶学务公所图书馆，天津
1907 年	《河南教育官报》	河南学务公所，开封
1909 年	《教育杂志》	商务印书馆，上海
1910 年	《教育今语杂志》	章太炎、陶成章，东京

表1-2 中所列《教育世界》《教育杂志》《教育今语杂志》乃是私人所创办的具有代表性的教育期刊，其中《教育世界》与《教育今语杂志》因为分别有王国维和章太炎两位国学大师的参与，所以更加凸显了两份刊物的价值。1906 年，王国维发表了著名的《论教育之宗旨》一文，在其中他提出要培养能力全面、和谐发展的"完全之人物"，他认为"教育之事亦分为三部：智育、德育（意志）、美育（情育）是也"。②他因此成为我国教育史上首位明确提出培养德、智、体、美四育主张的第一人。章太炎在辛亥革命时期也是特别重视革命者和国人的道德建设，他说："吾于是知道德衰亡，诚亡国灭种之根极也"，而且他还认为现阶段道德培养比智识的传授更加重要，"方今中国之所短者，不在智谋而在贞信，不在权术而在公廉。"③透过对《教育今语杂志》中文章的分析，我们发现教育杂志亦可看作围绕德、智、体三个方面的价值而展开，现以表2形式呈现如下。

---

① 杨建华：《20世纪中国教育期刊史论》，杭州：浙江工商大学出版社，2012年，第22页。

② 王国维：《论教育之宗旨》，载于舒新城编《中国近代教育史资料》，北京：人民教育出版社，1961年，第1008页。

③ 太炎：《革命之道德》，载于《民报》1906年10月8日，第8号。

表1-3　《教育今语杂志》办刊宗旨之体现

教育类型	栏目	文章名称	作者
德育 （教育哲学）	社说	《中国文化的根源和近代学术的发达》	独角
		《论教育的根本要从自国自心发出来》	
		《庚戌会衍说录》（《留学的目的和方法》）	
		《常识与教育》	
智育	中国文字学	《中国文字略说》	浑然
		《说文部首今语解》	
		《论文字的通借》	独角
	中国历史学	《中国政治史略论》	良史
	中国地理学	《中国地理沿革说略》	一龙、 章公
	群经学	《论经的大意》	独角
	诸子学	《论诸子的大概》	独角
	附录	《珠算讲义》	天乐乡人
		《英文丛志》	伯嘉
体育	社说	《中国古代尚武精神的教育》	应戈

注：德育一栏中的前三篇社说同样包含教育哲学的内容，而《常识与教育》一文不仅含有教育哲学内容，同时也有智育的成分。

下面我们通过德育、智育、体育、教育哲学这四种类型对《教育今语杂志》的教育观进行阐述。

（一）德育方面

这一类文章几乎由章太炎一人撰述，可见章氏作为主笔的灵魂性价值。重视德育是章太炎的思想在教育领域内的反映。在《留学的目的和方法》一文中他探讨了学校教育与道德的关系。章氏着重批评了当时的学校教育，他说："兄弟看起来，德育、智育、体育这三句话，原是应该并重"，"不过学校里面的教育，到底与道德不相干。"① 章太炎肯定了传统的书院教育，指出："中国向来教官只是个虚名，实在施教的，还是书院里头的掌教。"他对官方教育的见解独特，认为："不过看中国几千年的历史，在官所教的，总是不好；民间自己所教的，却总是好。"② 因为章太炎担心"今学校为朝廷所设，利禄之途，使人苟媮，何学术之可望？"③ 因为官方教育缺乏培养学生道德根基的土壤，章太炎就将批判的锋芒指向了他们，进而提倡民间教育，其深层次目的还是关注国民的道德和人心问题。章太炎尤其关注学者的道德价值，这是由他的"国性"思想和民间教育立场决定的。所以他首先对学者提出的道德要求就是"用以亲民，不以干禄"④；其次，他认为学者应该对本国文化保持自信心，即在坚持本国文化的主体性基础上实现融通。章太炎则在《论教育的根本要从自国自心发出来》这篇社说中系统地阐明了他的文化观，他既反对欧化主义者，又否定反传统的态度，提倡中西文化的会通。章太炎认为一国之人民应该坚守自己文化的本体，"本国没有学说，自己没有心得，那种国，那种人，教育的方法，只得跟别人走"。他批判西化派"只佩服别国的学说，对着本国的学说，不论精粗美恶，一概不采"。对于修治本国学说的学者中存在的"治了一项，其余各项都以为无足重轻，并且还要诋毁"的现象也很不满意。⑤ 伴随着西学东渐，对于西方所独有之学说，章氏以谦逊之态度认为："别国所有中国所无的学说，在教育一边，本来应该取来补助，断不可学《格致古微》的口吻，说别国的好学说，中国古来都现成有的。要知道凡事不可弃己所长，也不可攘人之善。"⑥ 在章太炎眼中，学者要坚持文化的主体性，那么，教育者自然要保持对本国文化的信心，通过国粹教育激发学生的爱国心，这种爱国心不仅能够引发对种性的认同，更

---

① 独角：《庚戌会衍说录》，载于《教育今语杂志》1910年6月6日，第4期。

② 独角：《庚戌会衍说录》，载于《教育今语杂志》1910年6月6日，第4期。

③ 章炳麟：《与王鹤鸣书》，载于《国粹学报》1910年3月1日，第63期。

④ 章炳麟：《〈国粹学报〉祝辞》，载于《国粹学报》1908年2月21日，第38期。

⑤ 独角：《论教育的根本要从自国自心发出来》，载于《教育今语杂志》1910年5月8日，第3期。

⑥ 独角：《论教育的根本要从自国自心发出来》，载于《教育今语杂志》1910年5月8日，第3期。

能够提升道德水平。

（二）智育方面

通过表 1-3 我们可以看到，教育杂志所关注的主要是传统学术的教育和传播，还包括为适应中西交往的需要而设置的西学知识，这是上述中西会通的文化观在教育领域的反映。在涉及智育的文章中，章太炎撰述的文章依然是主导，章氏所撰的《常识与教育》一文既涵盖教育思辨的成分，又包括不少智育的内容，此文也可以算作他对于智识教育的一个总体性探讨。文中，章氏回顾了古代的教育方法，由先秦时的"六艺"之教，考镜其源流，提出了"惟有书、数两项，是一切学问的本根"。[①] 章太炎注重论理学（逻辑学）的作用，所以他看重小学和算学的基础作用，颇符合近代科学教育的原理。表 1-3 中已经对传统学术教育的内容进行了归类，分为文字、历史、地理、群经和诸子五大门类，各篇章的具体内容这里就不作详细的论述了，下面仅对良史所撰的《中国政治史略论》一文的启蒙价值作简要概说。晚清自严复提出开启民智的主张以来，思想家们便赋予民智以启蒙色彩，良史的这篇政治论文最大价值即是反对君主专制制度，希图通过对民众的启蒙达到"恢廓民权"的目的。良史在追溯中国古代政治起源时指出国家的制度根源于家族制度，他将先秦君主统治百姓的方法归结为"神治"和"人治"两种，他按照进化论的观点将以上两种统治分为五个时代，依次为"天神御宇时代""神人驭世时代""人神致治时代""尚德时代""尚力时代"，[②] 作者认为在历史的发展进程中，孔子的看重"人治"思想，所以良史的批判锋芒正是针对中国古代的"人治"之害。作者针对古代设官分职评述道："政府多添出一个官，百姓反多吃一点亏，照实在情形看来，反不如没官的好了。"作者又指出春秋战国之世，各国霸主"看待百姓，和那奴隶一样，天天把他残杀起来，有反抗的都叫他做大逆不道；又把那灭九族的酷刑，恐吓天下的百姓，使那不敢做大逆不道的事，一味私心，把个好好儿的中国，竟变成了一个鬼蜮豺狼的世界。"[③] 作者的这种通过剖析历史以启发民智的思想与《民

---

① 独角：《常识与教育》，载于《教育今语杂志》1910 年 4 月 9 日，第 2 期。

② 良史：《中国政治史略论》，载于《教育今语杂志》1910 年 3 月 10 日，第 1 期。

③ 良史：《中国政治史略论》，载于《教育今语杂志》1910 年 3 月 10 日，第 1 期。

报》所坚持的"恢廓民权"的理念也是一致的。

晚清乃是中西交通的时代,教育者启迪民智不得不面对中西文化问题。学者也更加注重传统学术的研究和传播,梁启超曾说:"综观此时代之学术思想,实为我民族一切道德、法律、制度、学艺之源泉。"①《教育今语杂志》在章太炎的主导之下,秉承了章氏以往钻研学术的一贯姿态,在会通中西的基础之上,教育杂志以通俗的白话文进行学术研究,进而达至启迪民智的效果,亦可以说是开辟了学术下移民间的一种新尝试。当然,这与陶成章欲将革命教育蕴含于历史之中的初衷是一致的。

（三）体育方面

尚武思潮是清末教育思潮中的一股强劲力量,最早由留学日本的蔡锷、蒋百里等人发表文章加以主张。1906 年,清廷将"尚武"列入教育宗旨;在革命派方面,"尚武"主要表现在暗杀、侠风的激扬等方面,他们站在了清政府的对立面,光复会的会党背景更为暗杀增添了神秘色彩。《教育今语杂志》作为光复会的机关报,内中宣传尚武精神正是站在与清廷对立的立场之上。应戈所撰的这篇《中国古代尚武精神的教育》高度褒扬了中国上古时期的尚武精神,其目的正是为了开民智、鼓民力、新民德,激发汉种的爱国意识。作者称:"自上古而至中古皆是尚武的,从中古下半期起,一至到近古,君主专横,看得天下有如私防一样,初则利用武力,后来则偏重文士,令人看轻了尚武,他就不怕再有人来夺他的天下,这还算什么教育呢? ⋯⋯若要想中国的天下,我们中国人自己去管理,切不可再信那官家兴学,徒误子弟,也不必只说外人的教育真好,要晓得我们中国古时候,教育尚武,也是国民教育。"② 应戈所论虽然是尚武精神,但其内在理路却与主编章太炎批判官学的立场是一致的,作者回归上古是为了寻求解放,实质还是在于启蒙民众强健体魄,反对君主专制制度和激发种族意识。

（四）教育哲学方面

《教育今语杂志》关于教育哲学方面的内容散见于章太炎所撰述的社说

---

① 梁启超:《论中国学术思想变迁之大势》,载于《新民丛报》1902 年 3 月 10 日第 3 号。

② 应戈:《中国古代尚武精神的教育》,载于《教育今语杂志》1911 年 1 月 29 日,第 5-6 期（合刊）。

中，章氏对教育哲学的思考主要集中于教育现实和教育理想之间的辩证关系层面，以此为契机，章太炎与王国维两位国学大师对晚清的教育现状亦有相类似的见解，下面将简要作以比较。

1901年，王国维担任过中国最早的教育刊物《教育世界》的主笔，章太炎与他一样有举办教育刊物的经历。清末，正是中西教育思想激烈碰撞的时期，如何在传统与西方间进行抉择也体现了学者们的思考维度。面对晚清以来教育界普遍偏重西艺、西法而忽视传统人文学科的现状（表现在晚清学制改革、学堂课程设置，以及民国初年学校课程的设置），他们二人都比较注重教育的理想主义一面而抵制功利性的倾向。如何把握学术教育内容的现实与理想，王国维和章太炎都有深刻的见解。王国维在《叔本华之哲学及其教育学说》一文中指出："今若以功用为学问之标准，则经学、文学等之无用亦与哲学等，必当在废斥之列。而大学之所授者，非限于物质的应用的科学不可，坐令国家最高之学府与工场阛阓等，此必非国家振兴学术之意也。"[1] 章太炎曾在《〈国粹学报〉祝辞》中提出求学问的目的在于"学以求是，不以致用"。[2] 在《常识与教育》一文中，他将精深的学问分为两个来源，"一路是晓得了可以有的，一路是晓得了虽没有用，但是应该晓得的。"[3] 由此，我们看到章太炎的"求是"之学，不仅包括有用之学，还包括"无用之学"。在《留学的目的和方法》一文中，章太炎还用极为浅显的语言进一步辨明了学问与致用的关系。他说："但看起来，有几分不对，致用本来不全靠学问，学问也不专为致用。"他进而认为："近来分科越多，理解也越明白，自己为自己求智识的心，比为世界求实用的心，要强几倍。"[4] 民国之后，王国维进一步系统地阐发了著名的学习"有用之学"和"无用之学"之辨，王氏在《〈国学丛刊〉序》中指出："凡学皆无用也，皆

---

[1] 王国维：《叔本华之哲学及其教育学说》，载于《王国维遗书》（第五集），上海：上海古籍书店，1983年，第38页。

[2] 章炳麟：《〈国粹学报〉祝辞》，载于《国粹学报》1908年2月21日，第38期。

[3] 独角：《常识与教育》，载于《教育今语杂志》1910年4月9日，第2期。

[4] 独角：《庚戌会衍说录》，载于《教育今语杂志》1910年6月6日，第4期。

有用也。"① 我们看到，章太炎在学问方面的"求是"观与王国维所提倡的"必视学术为目的，而不视为手段"的价值观是相似的。②

由以上论述可以看到，章、王二人都已经意识到在西方思潮的冲击之下，功利性价值已对中国传统学术和教育产生影响，他们的教育思想都具有超越功利价值的理想主义色彩。另外，章太炎亦同样感受到清末新式校教育中道德价值的缺失，所以他通过办报，为"振兴学艺"而努力，同时也提倡国粹教育并希望以此来培养革命道德，为民族革命服务。

二、章太炎道德教育思想的现代性价值

前文已经述及章太炎对中国的官学教育保有一种独特的批判意识，也就是在道德问题上，章太炎能够对官方教育保持一种疏离，并对学校教育中道德的缺位进行批判。这在今日看来依然有其价值。

西学东渐之后，西式学校教育逐步在中国兴起，特别是在清末新政之后更是大规模建立起来；在这种新旧思潮交替的时代，中西教育理念的碰撞则难以避免。章太炎指出："德育、智育、体育这三句话，原是应该并重。"而现实中，"道德是从感情发生，不从思想发生。学校里面，只有开人思想的路，没有开人感情的路。"他认为："道德是由社会熏染来，不从说话讲解来。"③ 这是章太炎独具见地的教育哲学思想，他的观点就是学校只能传授常识（智识），而道德则必须依靠熏染，例如传统书院中的师徒传习即可实现。章氏关于道德教育的见解亦可以与当代学者的观点相呼应，如学者石元康将"传授及发展自然科学及技术"范畴之外的教育称为"价值教育"，进而认为："中国传统的教育就是一个典型的价值教育"，其目的是希望受教育者"能学到怎么样做一个人，怎么样培养自己的品格"。④ 儒家的理想人格首先

---

① 王国维：《〈国学丛刊〉序》，载于《王国维遗书》（第四集），上海：上海古籍书店，1983 年，第 8 页。

② 王国维：《论近年之学术界》，载于《王国维遗书》（第五集），上海：上海古籍书店，1983 年，第 96—97 页。

③ 独角：《庚戌会衍说录》，载于《教育今语杂志》1910 年 6 月 6 日，第 4 期。

④ 石元康：《从中国文化到现代性：典范转移?》，北京：生活·读书·新知三联书店，2000 年，第 147、152 页。

就是"修身"，是一种道德的自我认同，而西方式的学校教育却不能实现。章太炎的这一观点具有现代性。德国现代著名思想家哈贝马斯在《民主体制中的大学——大学的民主化》一文中也曾指出："大学有责任确保他的毕业生掌握除专业技能之外所必需的品质和态度。"① 哈贝马斯这里所说的品质就包括道德在内，但是，大学能否培养学生的道德，在章太炎看来却依然是个疑问，当然，这也是现代教育研究者所必须解答的问题。英国学者彼得斯在其所著《道德发展与道德教育》一书指出："美德是否以及怎样被教给的讨论是伦理学史上一个长期存在的问题"，他又强调道德教育的内容存在一种差异性，"一方面，是对习惯、传统以及得到恰当教养的强调；另一方面，是对智力训练以及发展批判性的思考与抉择的强调。"② 章太炎所谓的在社会熏习中获得道德，大致就属于对习惯和传统的承继，这正是章氏教育思想所表现出的现代性。下面有必要对章太炎上述教育思想的哲学基础进行简要的介绍。

章太炎何以对清末官方教育乃至对传统的官学表示不满，这是由他的国家观决定的。章氏曾在《民报》中曾刊发《国家论》一文，他从学理上分析"国家之自性，是假有者，非实有者"，经由"个体为真，团体为幻"的论证，得出"村落、军旅、牧群、国家，亦一切虚伪，惟人是真"的结论。③ 章太炎重视个人的价值，这反映在教育领域同样具有现代性。学者秦晓在其《现代性与中国社会转型》一文中指出："在稳定与自由、和谐与多元、民生与民主、国家利益与个人权利、治理的效率与制衡之间，应寻求一种均衡。但前者不能代替后者，因为后者是现代性社会价值体系和制度中的核心和基础。"④ 因此，章太炎在《教育今语杂志》中重提传统书院的价值，并且积极宣传戊戌时期所形成的"办学会"之传统，他指出："学会不受学

① Jürgen Habermas, *Toward a rational society—Student protest, science, and politics*, trans. Jeremy J Shapiro (Boston: Beacon Press, 1987), pp. 3.
② ［英］彼得斯：《道德发展与道德教育》，邬冬星译，杭州：浙江教育出版社，2000年，第41页。
③ 太炎：《国家论》，载于《民报》1907年10月25日，第17号。
④ 秦晓：《当代中国问题：现代化还是现代性》，北京：社会科学文献出版社，2009年，第22页。

部的管辖，也不受提学使的监督，可以把最高的智识灌输进去。"① 章太炎试图在官方学校之外打开一种民间化办学的新局面，民国之后的历史也表明，章太炎在学术教育领域将这种探索很好地开展了下去。

三、结语

通过《教育今语杂志》中的白话文章，我们能够看到章太炎不仅能够用白话文讲述艰涩枯燥的传统学术内容，亦可以清晰、完满地表述他关于中国学术建设的宗旨和态度，并可以实现其学术教育的目的。章太炎并非排斥白话文，他之所以在举办《民报》时期推崇雅致的文风，也是他明白精英阶层的读者群对于文体有着较高的审美取向；而当传播对象为平民阶层时，他相应地自会选择较为通俗的白话文体，这也正是他在文风的雅、俗之间的一种取舍。《教育今语杂志》诞生在清末各种教育大潮之下，刊物中所体现的德、智、体、教育哲学四方面的内容正处于那个时代的潮头，但由于刊行时间较短，其教育和启蒙价值并未能很好地展现；另外，在革命派期刊大都努力制造革命排满舆论和进行革命动员的宣传之大潮下，章太炎等人能够致力于教育之启蒙，亦属难能可贵。民国之后的历史，证明了革命派报刊所进行的政治鼓吹过多，而从事于民众启蒙的努力较少，这正是共和制度在中国实施过程中缺乏民众基础的原因所在。章太炎所提出的学术和教育独立思想颇具现代性价值，他对于传统官学的批判等内容，都值得今日的研究者去反思并作进一步的研究。

---

① 独角：《庚戌会衍说录》，载于《教育今语杂志》1910 年 6 月 6 日，第 4 期。

第二章

章太炎与民国前期的报刊舆论

　　自民国肇建到南京国民政府成立这段时间，学界称之为民国前期。章太炎一度以极大的热情投入到历次的政治斗争之中，民国初年组织政党并创办《大共和日报》，担负起监督政府、恢廓民权和维护共和制度的责任。在随后的二次革命、护国运动、护法运动，以及联省自治运动中，章太炎也积极奔走参与其中，与各路军阀关系密切互动频繁，与孙中山为首的革命党人的关系却不甚合拍，时有政见冲突。章太炎由于性格耿直好发谠论，多为时人所忌，其言论也常为各派军阀所利用，或为革命阵营同志所不满。纵观章太炎发表于各类报刊上的政论、电文，以及报刊对章太炎的报道，章太炎与报刊舆论的关系非常值得探讨，典型报刊如：《民立报》《申报》《大共和日报》《民国日报》等涉及章太炎的报道和文章都值得进一步梳理和研究。从新闻舆论的视角观察章太炎与时代的互动关系，颇能发现史海中钩沉的问题。民国初年章太炎的授勋问题正是因为报刊的报道而凸显，章太炎在民国前期的报刊舆论中之所以能够立于潮头，正是因为他希望在政治上有所作为，不论是民报时期所坚持的"恢廓民权"，还是民国之后的维护共和制度、守护约法，都体现了章太炎对国家和人民的深切热爱之情。

第一节　重新审视章太炎与南京临时政府

　　中华民国南京临时政府存在的时间较短，从孙中山于1912年1月1日在南京就任临时大总统算起，直到他于 1912 年 4 月 1 日解职，或者延长至南京临时政府与参议院北迁，前后存在不过三个多月。本书以这一时期章太炎公开发表的言论为研究对象，将章太炎与南京临时政府的关系总括为两点：一是愿作民党，监督政府；二是建言献策，为民前锋。当时，章氏对政府的监督是以报纸为阵地的，这也表明了民国初建时政治环境的活跃与宽松。

一、愿作民党，监督政府

章太炎在民国初期所做的两件大事要数组建中华民国联合会和筹办《大共和日报》，这正是为了实现他监督政府所做的必要准备。早在 1911 年 12 月 1 日，章太炎在《宣言》中就表达了与南方革命党人不同的意见，如对待孙中山归国后的地位问题，他认为："孙君长于论议，此盖元老之才，不应屈之以任职事。"[1] 章太炎批评南京临时政府，多数情况下也指向同盟会，这是因为"在南京临时政府时代，当然还是同盟会的干部人员握重权，而该会中的一部分成员，妄自骄功，举动暴烈，干部领袖，不能节制，同盟会便为人所诟病"。[2] 章氏本人亦在时论中多次点明对临时政府的不满，在《参议员论》一文中，他批评道："及南京政府既设，一党专制，惟务阿谀，毂转云旋，今又复于清时旧贯。"[3] 在《销弭党争书二》中他更加尖锐地指出："南京政府既成，任用非人，便佞在位，私鬻国产，侵牟万民，无一事足以对天下者。同盟会人，惟是随流附和，未尝以片语相争，海内视同盟会，盖与贵胄世卿相等，起而与之抗者，非独一人之私也。"[4] 当时，临时政府很多政策的制定没有完全依照法定程序，亦有出卖国家主权之嫌。所以，章太炎剖白自己反对同盟会乃是出于公心，虽然可能有意气之争的成分，但并非出于党见和私利。这是符合他的道德原则的。

对于晚清政局之下的政党政治，章太炎自有清晰的认识，1911 年 10 月

---

① 章太炎：《章太炎宣言》，载于《民国报》1911 年 12 月 1 日，第 2 号。

② 李剑农：《戊戌以后三十年中国政治史》，北京：中华书局，1965 年，第 153 页。

③ 章炳麟：《参议员论》，载于钱须弥编《太炎最近文录》，上海：国学书室，1915 年，第 49 页。

④ 章炳麟：《销弭党争书二》，载于钱须弥编《太炎最近文录》，上海：国学书室，1915 年，第 77 页。

他在槟榔屿《光华日报》上刊载的《诛政党》一文中曾尖锐地批评："中国政党，自浮夸奔竞，所志不同，源流亦异，而漫以相比，非妄则夸也。……党人以其便己，变诈乖诡，以合时宜，贪夫殉财，夸者死权，不足责矣。"① 章氏针对党人的"殉财""死权"，联系他在民报时期所提倡的"革命道德"即"知耻、重厚、耿介、必信"。② 正是对于出仕之人道德的重视，所以，章氏在民国建立前后多次表示甘作民党，以示监督政府之责。如在前述《宣言》中，他说："如仆一身之计，则愿处言论机关，以裁制少年浮议。"③ 又在《中华民国联合会第一次大会演说辞》中提出："本会性质，对于政府立于监督补助地位也。"④ 他在《致杭州电文》和中提出："英士志在北伐，炳麟愿作民党，焕卿奔走国事"，⑤ 又在《致汤寿潜电》中提出："仆天性耿介，惟愿处于民党地位。"⑥ 可见，在南京临时政府时期，章太炎正是以报刊为舆论监督之阵地，逐步实现他对政府监督之责的。

　　章太炎致力于监督南京临时政府之责，大致有如下几件事产生过重要影响：反对汉冶萍借款问题，主张临时政府应建都北京问题，却还内务部报律问题。其中，以最后一件影响最大，更值得详细探究。

　　章太炎针对汉冶萍借款一事，表现了他一贯强烈的民族主义情绪。在全国舆论督责之下借款自然未成，当时舆论监督似站在公义的立场上监督政府，借款未成的结果是加剧了南京临时政府的财政困难，进而言之即加速了它的垮台。关于建都问题，章太炎于辛亥革命时期就有所设想，可见其所著《訄书·相宅》一篇，然辛亥革命之后，他先有建都武昌之议，后又倡于燕京。在《致南京参议会论建都书》中章氏提出建都金陵有五害，而"以本部

---

① 章太炎：《诛政党》，载于汤志钧编《章太炎年谱长编》（上册），北京：中华书局，1979年，第353、358页。

② 章炳麟：《革命之道德》，载于《民报》1906年10月8日，第8号。

③ 章太炎：《章太炎宣言》，载于《民国报》1911年12月1日，第2号。

④ 章炳麟：《中华民国联合会第一次大会演说辞》，载于《大共和日报》，1912年1月5日，第2号。

⑤ 章太炎：《致杭州电文》，载于汤志钧编《章太炎政论选集》（下册），北京：中华书局，1977年，第545页。

⑥ 章太炎：《致汤寿潜电》，载于汤志钧编《章太炎政论选集》（下册），北京：中华书局，1977年，第546页。

计，燕京虽偏在北方，以全邦计，燕京则适居中点，东控辽、沈，北制满、回，其力足以相及"。① 在《驳黄兴主张南都电》中，章太炎又从战略角度出发，秉持民族主义立场主张建都北京。这个主张本无可厚非，但在此文中，章氏表露出了对袁世凯的支持，也表露出了他对南京临时政府所颁《临时约法》的反对"金陵法纪未成，参议员非民选议员，所定约法，乃暂时格令耳。"② 这一时期，章氏与同盟会的矛盾日深，又表现出日益支持袁世凯的迹象，这也成为日后革命派报刊攻击他的主要原因。

最后，章太炎针对南京临时政府内务部所颁布之报律，进行了有力的抗争并引起了当时舆论界的共鸣。1912 年 3 月 2 日由内务部发布的三条报律，刊载于 1912 年 3 月 6 日出版的《临时政府公报》上，孙中山于 1912 年 3 月 6 日下令取消报律并刊载此令于 1912 年 3 月 9 日的《临时政府公报》。章太炎发表《却还内务部所定报律议》，同时登载于 1912 年 3 月 7 日的《民立报》与《大共和日报》，可见章太炎在当时舆论界的地位。其实，在 1912 年 3 月 6 日，《申报》就公布了《上海报界上孙大总统电》，内中说道："今杀人行劫之律尚未定，而先定报律，是欲袭满清专制之故智，钳制舆论，报界全体万难承认。"③ 章士钊在《民立报》1912 年 3 月 6 日号中撰写《论报律》一文，作为法学专家，他详细介绍了英、美等共和国家对于言论自由的保护，号召舆论界"以后并灌输真正之自由理想于国民之脑中，使报律两字永不发于国会议员之口。"④ 章太炎所作《却还内务部所定报律议》可能受到上述两文的影响，他认为内务部擅权违法并对其所列三条报律逐一批驳，他还认为"民主国本无报律，观美、法诸国，对于杂志新闻，只以条件从事，无所谓报律者。"且与前清报律相比较，前清之时"未呈报者，尚只罚金，今云

---

① 章太炎：《致南京参议会论建都书》，载于汤志钧编《章太炎政论选集》（下册），北京：中华书局，1977 年，第 562 页。

② 章炳麟：《驳黄兴主张南都电》，载于钱须弥编《太炎最近文录》，上海：国学书室，1915 年，第 32-34 页。

③ 《上海报界上大总统电》，载于《申报》1912 年 3 月 6 日，第 14021 号。

④ 行严：《论报律》，载于《民立报》1912 年 3 月 6 日，第 499 号。

不准发行，是较前清专制之法更重。"① 作为章士钊的义兄，章太炎的文章在声势上可谓起到了相策应的功效，只是从他们的言论看，二人皆推崇西方民主国家对言论自由的保护，但是他们却忽视了这些国家的人民为了争取自由权利而做出的长期斗争。相比之下，南京临时政府已经是十分开明且注重保护舆论自由的了。然此报律事件之缘由，据当时已解职的南京临时政府内务部次长居正回忆，一九一二年三月他已经辞职但尚未交割，见到当时上海言论界颇为庞杂，嘱咐内务部参事林长民制定报例，而林却误听为报律，加之秘书长革命党人张大义执行不当，遂有这番"误会"。今日看来，此事是非曲直已不重要，而当时舆论界对于自身权利之珍视，亦可见一斑，章太炎作为革命元勋自然不会放弃争夺话语权的斗争。当然，这也是与民气桴鼓相应的必然抉择。

这一时期，章太炎所秉持的舆论监督之责，可引用邵力子之评论加以总结，他说："政府之初见或与舆论相牴牾，而最后之结果无不与民同其好恶。汉冶萍草约早由孙总统电令取消（参见昨报公电），而内务部报律无效命令，提交参议院建都北京之议案，今复一一呈于吾人之眼帘，国民净于下，政府从于上，共和国之精神如是，如是。"② 可见，南京临时政府时期，在如章太炎这般言论巨子的引导之下，民气正健，共和精神得以很好地彰显，我们仿佛又看到了《民报》时期章太炎站在舆论潮头的风采。可见，章太炎所代表的统一党乃是反对临时参议院的合法性，推动民选国会早日建立，这也是民国初年舆论所关注的一个焦点。章氏更视统一党乃是"达民隐""伸民气"的言论机关，并表示本党宗旨保有"对于人民之态度"负责。③

二、建言献策，为民前锋

南京临时政府时期，章太炎除以民党身份对政府提出监督之外，他还从

---

① 章炳麟：《却还内务部所定报律议》，载于《大共和日报》1912年3月7日，第64号。

② 力子：《言论届之责任愈重矣》，载于《民立报》1912年3月8日，第501号。

③ 章太炎：《统一党独立宣言书》，载于汤志钧编《章太炎政论选集》（下册），北京：中华书局，1977年，第595页。

各方面对政府建言献策，以殷殷之心、赤诚之情为肇建之民国出谋划策，可谓为民之前锋。在《中华民国联合会第一次大会演说辞》中，他较全面地提出了内政、外交和保存美俗良法的建议。鉴于西方各国实行三权分立之说，章氏认为须增教育、纠察二权且使之独立，"惟学校必当独立，其旁设教育会，专议学务，非与财政相关者，并不令议员容喙，庶几政学分途，不以横舍为献谀之地。"① "纠察院自大总统、议院以至齐民，皆能弹劾，故不宜任大总统随意更换"，章太炎遂不同意孙中山所设计的将考试、监察二权独立的构想，认为"无可独立之理由，故仍宜于内阁之内，设立专局以管辖之。"民生方面，章太炎主张实行平等之国家社会主义，并制定三法以实现均平之意。最后主张："富国必先足民，国民经济，应为发展，金融机关，宜求整理，则统一币制，设立国家银行，实为今日不可缓之事也。"② 这项主张，他后来任东三省筹边使时亦有所构画。外交方面，其申明"主张国际和平，不执侵略政策，此事洵为吾国特有之国家道德，高出于各国者也。但亦不受他国之侵略。为自卫计，自当以适应之法，维持国权。"③ 这正体现了他出于民族主义立场维护国家权利的理念。最后他还对中国应该保存、提倡的八项美俗、良法作了阐释，可谓设想缜密。随后，他在《先综核后统一论》中指出欲令国内统一，必须考虑到各省之民情、风俗的异同，对于清政府之"退官废吏，审知向日利病者，政府固当引为顾问，议院亦当取为师资"。④ 章氏对于政府可谓潜心擘画，虽然一些建议中带有理想的成分，但这正体现了他对于新时代的热情。

辛亥革命爆发之后，同盟会与光复会之间的矛盾就愈发突出。章太炎作为光复会之领袖，首要担负其调解之责，早在 1911 年 11 月 21 日就将自己归

---

① 章太炎：《本社社长复张季直先生书》，载于《大共和日报》1912 年 1 月 6 日，第 3号。

② 章太炎：《中华民国联合会第一次大会演说辞》（上），载于《大共和日报》1912 年1 月 5 日，第 2 号。

③ 章太炎：《中华民国联合会第一次大会演说辞》（下），载于《大共和日报》1912 年1 月 6 日，第 3 号。

④ 章太炎：《先综核后统一论》，载于《大共和日报》1912 年 1 月 11 日，第 8 号。

国后的任务定为"担任调人之职，为联合之谋"。① 此前，他调解了光复会会员李燮和与同盟会成员陈其美之间因争夺地盘而导致的纷争。民国建立之后，章太炎在致临时大总统的上书中指出："据潮州光复会人来言，同盟、光复二会，日益轧轹，……迩者，几有贵族、平民之分矣"；章太炎强忍着陶成章被刺杀之后的悲痛，所能做的就是为昔日的战友争取一些保障，他认为"纵令一二首领，政见稍殊，胥附群伦，岂应自相残贼。"② 孙中山的回电当天就刊载了出来，"两会欣戴宗国，同仇建虏，非只良友，有如昆弟，纵前兹一二首领政见稍殊，初无关于全体。今兹民国新立，虏虏未平，正宜协力同心，以达共同之目的，岂有猜贰而生阋墙？为此驰电传知，应随时由贵都督解释调处。"③ 由此可见，他们之间可以搁置政见的分歧，而以公心、大局为重，他们的友谊可以说一直保持在这个基本的操守之上，正如孙中山在民国初年给蔡元培的复函中说："至于太炎君等，则不过偶于友谊小嫌，决不能与反对民国者作比例。尊隆之道，在所必讲，弟无世俗睚眦之见也。"④ 此外，章太炎还将广东等省出现同盟会人仇杀保皇党的事向孙中山作说明，并请孙中山加以注意，同时给予宽容对待。孙中山同样予以积极回应，这也表现出章太炎不计私怨的博大胸怀。

章太炎本人视保存国粹、接续中夏文化为己任。民国初建，他作为传统学术的绍述者，积极保护硕学文士，力争使华夏文化不绝于禹域。他登报寻找刘师培便是一例，此事也得到了南京临时政府的回应。由此，我们基于民国注重学术和人才这一点，便可以展望后来，实乃国学巨匠之功。

三、南京临时政府时期章太炎政治构想之特征

南京临时政府虽然只存在三个多月，章太炎在这一时期所发表的言论亦

---

① 《启示》，载于《民立报》1911 年 11 月 21 日，第 400 号。
② 章太炎：《章太炎先生致临时大总统书》，载于《大共和日报》1912 年 1 月 28 日，第 25 号。
③ 《国内通电》，载于《临时政府公报》1912 年 1 月 29 日，第 1 号。
④ 孙文：《孙文关于对康有为与章太炎等应分别对待复蔡元培函》，载于中国第二历史档案馆编《中华民国史档案资料汇编》（第二辑），南京：江苏人民出版社，1981 年，第 12 页。

不少，且能够起到督责政府、引导民气的作用，分析之后可发现他在政论中所体现的思想特征包含历史主义、民族主义和平等观这几个方面，当然这些思想特征与他终身所秉持的价值观也是互相辉映的。

历史主义乃是"根据历史的联系和变化发展研究社会和文化现象的观点和方法。……历史主义注重历史现象的不可重复性和特殊性"。① 顺着这样一种文化的研究方法，美国学者汪荣祖认为在章太炎眼中"中西文化有难越的鸿沟，自由借喻是行不通的"，所以，"以他的历史主义眼光来看，不管革命如何剧变，文化传统必须保存。根除文化传统而另创新国是不可能的。"② 章太炎这一思想特征在民国初建时就有多次表露。章氏在自东京返国初发表的《宣言》中就对革命后新政府的法律建设提出了建议，"诸妄主新律者，皆削趾适履之见，虎皮蒙马之形，未知法律本依习惯而生，非可比傅他方成典。"③ 这与章氏本人比较推崇五朝时期法律是相一致的。章太炎屡屡提出中国与英、美、法等国历史沿革不同，制度不可随意仿效，所以中国应该使"其良法美俗，应保存者，则存留之，不能事事更张也"。④ 章氏品评各国政体高下时指出："专制非无良规，共和非无秕政"，鉴于美、法两国议院权力过大和联邦制度的弊害，他认为"政治法律，皆依习惯而成"，所以中国应选择符合自己国情的制度，"君主立宪，本起于英，其后他国效之，形式虽同，中坚自异；民主立宪，起于法，昌于美，中国当继起为第三种，宁能一意刻画，施不可行之术于域中耶?"⑤ 可见，若是创制国体邯郸学步，则只能造成国家和社会的混乱，这是章太炎长期研究东西方政治体制并在日本经历深切体验之后的感悟。

南京临时政府建立之后，南北尚未统一，西方列强不承认南京临时政府

① 蒋永福等：《东西方哲学大辞典》，南昌：江西人民出版社，2000 年，第 444 - 445页。

② 汪荣祖：《章太炎散论》，北京：中华书局，2008 年，第 216 页。

③ 章太炎：《章太炎宣言》，载于《民国报》1911 年 12 月 1 日，第 2 号。

④ 章太炎：《中华民国联合会第一次大会演说辞》（上），载于《大共和日报》1912 年1 月 5 日，第 2 号。

⑤ 章太炎：《〈大共和日报〉发刊辞》，载于《大共和日报》1912 年 1 月 4 日，第 1号。

的合法地位，视袁世凯为实现中国统一的强势人物。章太炎也逐步将袁世凯视为统御国内外时局的关键所在，他希冀袁氏可以让华夏之区"上都奠定，内外康娱，惟望厉精法治，酬报有功，慎固边疆，抚宁南服，以屏中夏于泰山磐石之安，而复一等国之资格。"① 章太炎特别重视中央对边疆地区的治理，他曾在给袁世凯的电文中指出："满洲、新疆、蒙古、青海、西藏，应有特别治法，俟交通便利，人民同化，再行改归一律。"② 章太炎以上主张也体现在统一党的宗旨上："巩固全国之统一，建设中央政府，促进共和政治。"又见其党政纲：（一）团结全国领土，厘正行政区域。……（十一）维持国际和平，保全国家权利。③ 章太炎在民国元年所倡导的维护国土完整、巩固全国统一和保全国家权利免受外国侵害，可以说是辛亥革命之前"排满"的民族主义的延伸，因为民国既然建立，其民族主义的内涵之外延必然要随之而扩大，警惕西方列强的进一步侵略也成为民族主义的新内容。所以，当我们看待章太炎反对定都南京，以及反对汉冶萍借款、华俄道胜银行借款、招商局借款等事件时，就不会狭隘地认为章太炎是出于党派和意气之争了，这是章太炎一生中所秉持的民族主义立场所展现的强硬态度，"九一八事变"后他毅然投入抗日洪流之中，他的民族主义精神可谓一以贯之。

对于民生问题，章太炎认为"光复以来，号称平等，而得志者，惟在巨豪、无赖。人民无告，转甚于前，茹痛含辛，若在囹圄。"④ 而"社会主义，在欧、美尚难实行，奚论中土？"⑤ 他建议仿行国家社会主义，发展民生方策有三项：一、限制田产，二、行累进税，三、限制财产相续。他认为所谓社

---

① 章炳麟：《致袁项城论治术书》，载于钱须弥编《太炎最近文录》，上海：国学书室，1915 年，第 72 页。
② 章炳麟：《致袁项城商榷官制电一》，载于钱须弥编《太炎最近文录》，上海：国学书室，1915 年，第 70 页。
③ 谢彬：《民国政党史》，北京：中华书局，2007 年，第 41-42 页。
④ 章太炎：《统一党独立宣言书》，载于汤志钧编《章太炎政论选集》（下册），北京：中华书局，1977 年，第 595 页。
⑤ 章太炎：《本社社长复张季直先生书》，载于《大共和日报》1912 年 1 月 6 日，第 3 号。

会主义的"土地国有，夺富者之田以与贫民，则大悖乎理"，① 这与《訄书》中主张均田、赞同土地国有相比已经有所改变了，但辛亥后的认知确实很有预见性。所以章太炎的平等观表现在经济地位方面一直就是承认有差别的平等，而不是绝对平等，这是符合人性和社会经济发展规律的。

四、结语

传统观点认为在民国元年，章太炎在与立宪派、旧官僚合作时逐渐被他们利用，并与他们沆瀣一气，共同反对革命党人，这是退步的表现。现在看来，章太炎当时之所以选择与立宪派、旧官僚合作，正是他看清了辛亥革命中这个群体的力量已经不可忽视，若加以联合、利用的话可能成为民国建设的力量。他曾较为客观地指出："资政院、谘议局人，不可称立宪党，立宪党亦与保皇党殊"，甚至于"保皇党始起也，无过康、梁辈数人，本与西太后抗，而非为保其旧君"，"立宪党者，其间亦玉石不齐，与革命党相类。"② 章太炎对于前朝旧人及前政敌可以区别对待并以发展之眼光视之，真可谓气量不凡，当然也是他"任调人之职"的初衷。南京临时政府北迁之后，他察觉到立宪派、旧官僚为"巧言令色足恭者"，他深刻地批评"立宪党、官僚派之害，过于同盟会远矣"。③ 如前文所述，章太炎批评同盟会所主导之南京临时政府，并非是站在立宪派、旧官僚的一边来反对革命党，而是出于监督政府、维护国家权利的公心。章太炎看到了以孙中山为首的南京临时政府毕竟只是过渡时期之政府，无法撑起革命之后的内外局面，这也是他认为袁氏为"一时之雄骏"的原因。然而，不少人只看到这一时期章氏逐步向袁世凯靠拢，而忽略了袁氏当政之后，章太炎依然以报纸为阵地提醒、批评北京政府，并渐渐回归到对革命同志的保护之列。

传统学界认为章太炎政治思想易变，没有恒定之宗旨。其实，在本文的

① 章太炎：《中华民国联合会第一次大会演说辞》（上），载于《大共和日报》1912年1月5日，第2号。
② 章炳麟：《销弭党争书二》，载于钱须弥编《太炎最近文录》，上海：国学书室，1915年，第75-76页。
③ 章太炎：《关于统一党不与他党合并之演说》，载于汤志钧编《章太炎政论选集》（下册），北京：中华书局，1977年，第592页。

行文之中已经指明，南京临时政府虽然存在时间很短，但这一时期章太炎的言论和行为并非没有宏旨可寻，他一生中所秉持的历史主义、民族主义和平等观等思想特征都在这一阶段有所展现，不能不说是一叶知秋了。这就是章太炎思想中变与不变的辩证法。弄清了章太炎与南京临时政府的关系，也就为理解他与北京政府乃至整个中华民国的关系奠定了一个初步探索的基础。

第二节　护法运动时孙中山章太炎的联名电文

民国时期，政治人物刊发的电文常见多人联合署名的现象，联合署名能在舆论和声势上产生更加广泛的影响力。孙中山和章太炎联合署名刊发的电文数通，集中于护法运动时期。罗家伦主编的《革命文献》第七辑《护法史料》收录两通孙中山与章太炎联合署名的电文，将其分别命名为《总理与章炳麟警告对督军团叛变持观望态度省区电》（1917-6-6）与《总理与章炳麟主张对北洋军阀不应妥协致陈炯明电》（1917-6-10）。这两通电文还收录于1981年由中华书局出版的《孙中山全集》之中，由上海人民出版社2017年出版的《章太炎全集·书信集》也同样收录了这两通电文。通过电文联合署名这一新视角进而对电文进行考释，可以增进我们了解孙中山和章太炎的交谊以及章太炎对护法运动的贡献，同时，也可以促进我们重新审视护法运动兴起的原因。

一、孙、章联名电文是护法运动的宣言书

章太炎自1913年"二次革命"爆发后因反对袁世凯被拘禁，他除了收徒讲学之外，密切关注时局，坚持反袁斗争。1916年3月22日，袁世凯被迫取消帝制，南北双方之间的战争遂进入停战阶段，章太炎这时撰写了《对于时局之意见书》。该意见书中指出："帝制取消已匝月，而行事与帝制未起以前相等，非独国人不可欺也，虽外人之觇国者亦目击而得之矣。且人情所患，莫甚于寇邪报复。辛亥之役，贪人酷吏，一切未加诛夷，及统一，而卒受其蹂躏。今南军所称为首恶者，在位泰半如故也。纵令兵挫饷屈，强欲相

从，而不得不戒于前事，然则丈夫固决死耳。"① 章太炎简要回顾了辛亥革命时期革命党人未能对清朝统治阶层及其地方实力派进行犁庭扫穴般的清理所带来的教训，致使革命党人和人民深受其害。因此，他呼吁这次护国军应该借鉴历史经验，抱着必死的决心将反对北洋军阀集团的斗争进行到底。这份《对于时局之意见》撰写于护国运动的尾声阶段，表明了章太炎对于北洋军阀的鲜明立场。章太炎在被袁世凯拘禁的近 3 年时间里，表现出了他所谓的大丈夫的决死精神，与倒行逆施的袁氏集团斗争到底并最终获得自由。因此，这份意见书也开启了他下一个新的革命斗争阶段——护法运动。

自 1916 年 6 月章太炎恢复人身自由，到 1917 年 7 月他与孙中山等人发起护法运动，在这一年左右的时间里，章太炎主要为消灭袁世凯时期的帝制余孽作舆论的宣传而四处奔走，章太炎在 1916 年 6 月之后多次发表演说并多次致书大总统黎元洪，向其阐明不彻底剿除帝制余孽将遗患无穷，建议以雷霆之势廓清余孽势力。1916 年 9 月，张勋和倪嗣冲组织了"各省区联合会"（又称"督军团"），形成了一种非法的势力。当总统府和国务院之间因对德宣战问题导致"府院之争"后，在段祺瑞的授意下，"督军团"则借机公开向总统府施压，倡议解散国会并修改约法。最终，爆发了张勋复辟，孙中山与章太炎不得不再次掀起革命运动以维护民主共和制度。因此，《革命文献》第七辑《护法史料》将前述的孙中山与章太炎联合署名的两通电文作为《护法史料》的开篇，显示了革命党人义正词严的立场，开宗明义向各省督军声明："若脱离民〈国〉，固当为四万万人所摒弃；若脱离总统、政府，亦与叛逆不殊。"② 这个立场正是为了维护《临时约法》法统的目的，表明护法运动是正义的运动，因此，可以说《总理与章炳麟警告对督军团叛变持观望态度省区电》是护法运动的宣言书。

二、对孙、章联名电文的考释

《革命文献》中将孙、章联名的第一通电文命名为《总理与章炳麟警告

① 章太炎：《对于时局之意见》，载于《章太炎全集·太炎文录补编》，上海：上海人民出版社，2017 年，第 533 页。

② 《总理与章炳麟警告对督军团叛变持观望态度省区电》，载于罗家伦主编《革命文献》（第 7 辑），台北："中央"文物供应社，1954 年，第 881-882 页。

对督军团叛变持观望态度省区电》，而《孙中山全集》将此电文命名为《致陆荣廷唐继尧等电》，《章太炎全集》则命名为《与陆荣廷》，该电文的原始出处登载于上海《民国日报》1917年6月8日版，只比电文发出时间晚了两日。《革命文献》中将孙、章联名的第二通电文命名为《总理与章炳麟主张对北洋军阀不应妥协致陈炯明电》，而《孙中山全集》对此电文的命名为《致陈炯明电》，《章太炎全集》则命名为《与陈炯明》，该电文的原始出处有两处，其一为上海《民国日报》1917年6月10日版，其二为上海《中华新报》1917年6月10日版，电文发出时间不详。由上述两通电文命名的不同可以看出，《革命文献》的命名是为了突出孙中山和章太炎护法的决心和坚决的革命态度，而两种"全集"的命名则更趋于中性。两通电文的内容的确表达了孙中山和章太炎积极努力争取革命力量和扩大革命阵营的态度和决心。

在第一则电文内，孙、章两位革命领袖首先向广西、云南及西南各省督军和师长分析了当时北洋军阀发动叛乱后的政治形势，即：自安徽省省长倪嗣冲于1917年5月29日宣告安徽独立之后，相继有奉天、山东、福建、河南、浙江、陕西、直隶、黑龙江八省宣布独立，即革命党人所称的督军团叛乱，因为各省督军和省长皆是由国家元首任命，应当服从国家的法令，所以不得自行宣布中立。电文还回顾历史上袁世凯称帝时，有些省份因为力量薄弱不能与袁氏集团直接抗衡，遂宣称中立，其目的是消极对抗帝制，符合正义原则；而此时的各省宣告中立则是脱离民国、总统和政府，因此，会遭到四亿同胞的摒弃。在电文最后，孙、章呼吁道："巧避作贼之名，以为叛人壅遏义师，是即谋叛各省之屏蔽，不应听其巧诈，回避不攻，使叛人有所荫庇。"① 在第二则电文中，孙、章两位革命领袖谆谆劝导陈炯明不可姑息养奸，应该与叛乱之省份斗争到底。1917年6月8日，陈炯明到达广州后，积极协助督军陈炳焜和省长朱庆澜开展讨逆工作，巩固了广东乃至西南各省境内的安宁。因此，电文首先称赞了陈炯明在广东发起国民大会，造成广东"岭表一振，则全国望风，叛党当自崩沮"的局面。"府院之争"发生以后，

① 《总理与章炳麟警告对督军团叛变持观望态度省区电》，载于罗家伦主编《革命文献》（第7辑），台北："中央文物供应社"，1954年，第882页。

北洋政权则为段祺瑞的皖系所掌握，北洋集团内部出现拥护复辟和推举冯国璋两股势力。电文进而指出，此时的段祺瑞集团内部分裂且难以获得西方承认，于是，寻求黎元洪庇护；黎元洪因被蒙蔽则同意与段祺瑞集团和解，从而损害了他作为国家元首的尊严。当时，黎元洪所倚重的斗争武器只有国会，而国会和大总统分别面临被段祺瑞集团解散和废除的危险。孙中山和章太炎担心国会一旦被解散，总统容易沦为被叛党挟持并用以号令全国的筹码，因此，他们建议陈炯明对外发表宣言拥护国会，而不是拥护总统，这才是护法的根本任务所在。电文还从历史角度分析了1916年西南诸省在护国运动尾声时裁撤军务院而不能将帝制余孽清除干净的教训，另外，对于黎元洪与段祺瑞集团的妥协也进行了批评，称："元首降贼，而人民复靡从之，……适为辜负全国矣。"电文最后为鼓舞士气，号召诸省为保障国会应该与叛徒斗争到底，不达目的誓不罢兵，并与广大人民群众就此立誓为证。另外，孙、章在电文的末尾还提出了护法运动发起后的全国性的指导方针："使叛徒倔强如故，固当出义师而声讨；即叛徒取销独立，亦当以甲兵为大刑。"[1] 这里我们看到，孙中山和章太炎所提出的针对护法运动的全国性指导方针不仅包含对叛徒的军事斗争，还包括对叛徒的后续司法审判和量刑工作。与第二则电文同日刊载于上海《民国日报》的另一则孙、章联合署名的电文对这一指导方针进行了更深入的阐释。该电文是发送给两广巡阅使陆荣廷和广西、广东、云南、贵州、湖南、四川六省的督军和省长们的，矛头直接指向"帝制罪魁"和段祺瑞北洋集团，要求对他们严惩不贷，以保障"共和遗民"。倡导"诸公倡义坤维，有进无退，万不可以府中乱命遽回仗义之师。"电文开列惩治名单包括："伪政府首领徐世昌及各省倡乱督军、省长、护军使辈，以及去岁帝制罪犯，指嗾叛乱之段祺瑞、冯国璋、张勋，身为谋主之梁启超、汤化龙、熊希龄等，有一不诛，兵必不罢。"[2] 后来，护法运动的结果不幸被孙中山和章太炎言中了，南方和西南的军阀最终和北洋军阀如

<hr>

[1] 《总理与章炳麟主张对北洋军阀不应妥协致陈炯明电》，载于罗家伦主编《革命文献》（第7辑），台北："中央文物供应社"，1954年，第882页。
[2] 章太炎：《与陆荣廷》，载于《章太炎全集·书信集》，上海：上海人民出版社，2017年，第828页。

一丘之貉，皆不可以依靠。

三、章太炎对护法运动的贡献

1917 年 7 月初面对张勋发动复辟，孙中山与章太炎等人共同发起护法运动。长期以来，孙中山先生对护法运动的贡献为世人所共睹，而章太炎在护法运动中的功绩却渐趋模糊了。其实，在护法运动爆发前的一年多时间里，章太炎就曾频繁刊发电文和报纸文章力促清除袁世凯帝制余孽，并号召西南诸省与"督军团"进行彻底的军事斗争以保障《临时约法》的权威和共和制度。1917 年 9 月 10 日，孙中山宣布护法军政府成立，章太炎被特别委任为大元帅府秘书长，章太炎为孙中山撰写了《代拟大元帅就职宣言》，号召天下共击破坏共和制度的人，达到"戡定内乱、恢复《约法》、奉迎元首"的目的。① 在此后一年多的时间里，章太炎为护法而奔走，为动员西南军阀出兵北伐足迹遍及广东、云南、贵州、四川、湖北、湖南等省，行程达 1.4 万余里。1919 年，章太炎集合同志组成护法后援会，反对南北议和。1920 年，章太炎身患黄疸，热病大作，严重时几乎送命。1920 年底，他又投身到在各省推行"联省自治"这一新的运动之中。虽然，护法运动的结果是失败了，但是章太炎对护法运动做出的努力和贡献是有目共睹的。正如章太炎曾对"讨逆"做解释时指出："余此次与孙中山来粤，即欲切实结合多数有力者，大起护法之师，扫荡群逆。凡乱法者必诛，违法者必逐，然后真正共和制国家，始得成立。所谓法治精神，人民幸福，庶有实现之一日。"② 章太炎通过这篇对"讨逆"含义进行阐释的文章向人民表达了发动护法运动的历史意义，章太炎后来为护法所做出的努力正是体现了他知行合一的践履精神。

护法运动是发生于旧民主主义革命尾声的一次革命运动，此役受挫之后，孙中山在俄国十月革命和五四运动的影响之下，积极寻求改造革命党的方法，他虽然没有放弃以法治途径解决民国政治的方式，但是找寻新的革命方式解决中国政治问题的想法日渐萌发。章太炎在护法运动之后，也并未沉

---

① 章太炎：《代拟大元帅就职宣言》，载于《章太炎全集·太炎文录补编》，上海：上海人民出版社，2017 年，第 557 页。

② 转引自姜义华：《章炳麟评传》，南京：南京大学出版社，2011 年，第 194 页。

寂，而是选择"联省自治"作为对抗北洋军阀集团破坏《临时约法》和民主共和制度的手段，孙、章两人在政治理念上再次渐行渐远。1920 年 11 月孙中山在广东发动第二次护法运动，虽然二人在很多政治观点上意见相左，但是孙中山对章太炎的政治辅助作用还是很看重的，从 1921 年 10 月 1 日孙中山给章太炎的回信中我们可以看到孙中山充分肯定了章太炎自辛亥革命以来在言论界的重大作用，他希望章太炎可以继续为第二次护法运动提供舆论声势的支持。孙中山在回信中这样说道："上海自民国以来，隐然为政治运动之枢纽；而言论机关林立，消息敏捷，主持清议，易于为功。先生昔在清季，提倡驱胡，灌输学说于国中青年学子，每一言出，海内翕然宗之，光复之功，不在禹下。此时大军出发在即，务望先生筹度国是，发为说论，以正谊之力，遏止伪廷卖国殃民之行动，他日收效之宏，当不让辛亥，而民国食先生之功于无既矣。"① 孙中山所谓的"正谊之力"正体现了孙、章两人的友谊和联合刊发电文所带来的舆论影响力。然而，我们看到，章太炎留在中国近代革命史上的功绩却止步于护法运动，他没有能够将"恢廓民权"的政治眼光向下继续探索，这大概就是鲁迅先生说出章太炎晚年"既离民众，渐入颓唐"的原因，不过这些都是"白圭之玷"，章太炎的革命志向是始终如一的。

第三节　章太炎两次授勋问题探析

　　南京临时政府成立之后，为表彰和抚恤在清末革命过程中表现卓著者，在孙中山与黄兴等革命元勋的积极推动下，法制局拟定稽勋局相关官制草案并经参议员通过；最终，在袁世凯的进一步支持下，临时稽勋局于 1912 年 5 月正式成立，冯自由担任局长，办公地址设在北京东城铁狮子胡同国务院内。临时稽勋局设置审议会，由各省区审议案和专门审议案组成，章太炎担任文字鼓吹审议案和先哲审议案的"名誉审议"。另外，章太炎也是被授予

---

　　① 孙中山：《复章太炎函》，载于《孙中山全集》（第五卷），北京：中华书局，1985年，第 614 页。

勋位者，由于章太炎对被授予的勋位级别表示不满并拒绝接受，进而，引发当时的新闻舆论的关注，遂成为涉及稽勋问题的代表性事件。

一、章太炎的第一次授勋

1912 年 12 月，临时稽勋局推举章太炎为"名誉审议"，并有授予二等勋位之议。据《民立报》的报道，章太炎之所以被授予勋位是"孙武、王庚（揖唐）等因章氏近日反对政府颇烈，故献此策，以为笼络之术"。孙武和王庚在为章太炎请勋的上书中总结了章太炎对革命的功绩，内中称道："此次民国告成，全由于人心之倾向共和，而养成最近之人心，不得不归功于十余年来之言论。至言论之中坚，则当以章炳麟称首。……此其功业，比于孙文、黄兴，殆难相下。"① 对于这个二等勋位，章太炎却并不满意，他在本月 23 日给王庚的信中表示不会接受二等勋位，并认为"中山但有鼓吹而授大勋，吾虽庸懦，鼓吹之功，必贤于中山远矣"。章太炎对自己在革命中的功绩的总结也是侧重于舆论宣传方面，他认为自己所撰写的《驳康有为书》和主持的《民报》对传播革命思想起到巨大的作用，此外，他认为介绍孙中山和学界中人认识以及力主定都北京这些作为都对排满革命和民国肇建起到重大作用，因此，他自信地说道："自谓于民国无负，二等勋必不愿受。"最后在信中，章太炎还列举了包括自己在内的七位具有一等勋位资格的人物事迹，即为："弟则首正大义，截断众流；黄克强百战疮痍，艰难缔造；孙尧卿振威江汉，天下向风；段芝泉首请共和，威加万乘；汪精卫和会南北，转危为安。……蔡孑民，首创光复会；宋遁初运动湖南北，功亦不细。"章太炎解释了自己举荐功勋的标准，即坚持"内举不避亲，外举不避仇"的原则。② 1913 年 5 月 6 日，临时大总统袁世凯发令："章炳麟授以勋二位"，《政府公报》于 5 月 25 日公布。③ 章太炎虽不满意勋位等级，但是勋章他应

---

① 转引自汤志钧编《章太炎年谱长编》（上），北京：中华书局，1979 年，第 434-435 页。

② 章太炎：《与王揖唐》，载于马勇编《章太炎书信集》，石家庄：河北人民出版社，2003 年，第 494-495 页。

③ 《北洋政府公报》1913 年 5 月 25 日，第 377 号。

该还是接受了的，据鲁迅在《关于太炎先生二三事》一文中的记载便可知晓，文内指出："考其生平，以大勋章作扇坠，临总统府之门，大诟袁世凯的包藏祸心者，并世无第二人。"① 那么，当时的北洋政府为何没有授予章太炎一等勋位呢？从当时的稽勋官制和政治环境进行分析，大概可以探寻出一些原因。

据《临时稽勋局官制》所规定，临时稽勋局的职责有五条，分别为：一稽查开国前各处倡义殉难者，一稽查开国前为国尽瘁身亡者，一稽查开国时关于各地方战事宣力著功者，一稽查开国时于军事上建议划策或奔走运动成绩卓著者，一稽查开国前后输赀助公者。② 从上述五条稽勋职责来看，不论倡义、为国尽瘁还是建议划策、奔走运动这些内容，章太炎都参与其中并做出巨大贡献的，理应授予较高的勋位。但是，由于临时稽勋局聘任章太炎担任文字鼓吹审议案和先哲审议案的"名誉审议"，章太炎作为审议者初始之时大约也不好题名自己。章太炎对于"名誉审议"的工作尽职尽责，1913年4月他先后给冯自由写了两封《稽勋意见书》，他将亟待表彰的名单分为死难、横死、生存三类，其中生存者名单包括蔡元培、孙毓筠等17人，并未包括他本人。章太炎的授勋之议只能由他人提出比较合适，1913年5月，《民立报》《新中国报》《新纪元报》《亚细亚报》等都对孙武、胡瑛、孙毓筠、王庚等人联名为章太炎的请勋的事情进行了报道。孙武、王庚等人的联名呈请的确为章太炎的授勋起到了促进作用，其实，早在1912年9月，《中国日报》就曾刊发一篇报道名为《章太炎将授一等勋章之确闻》，内中称："日前孙中山先生晤袁大总统时谈及革命之首功，力称章炳麟鼓吹最先，其功绩不可磨灭。袁大总统亦以为然，将来拟授以一等勋章云。"③ 到1912年12月时，章太炎已经听闻将被授予二等勋位，才有前文所述的那封写给王庚表达强烈不满并将拒绝接受二等勋位的信。自1912年3月10日袁世凯在北京就任临时大总统以来，南北两方的政治形势就发生了变化，稽勋问题也变得复

① 鲁迅《关于太炎先生二三事》，载于《鲁迅全集》（第六卷），北京：人民文学出版社，2005年，第567页。
② 《临时稽勋局官制》，载于《太平洋报》1912年6月9日，第9版。
③ 《章太炎将授一等勋章之确闻》，载于《中国日报》1912年9月6日，第2版。

杂起来，成为各方博弈的战场，南方的革命党与北方的北洋、立宪派等势力都在争夺辛亥革命中的功劳。进一步而言，章太炎在民国初年，组建统一党（后合并至共和党），担任《大共和日报》的社长，以言论监督政府为职志，其耿直之言论多有触碰时忌，为袁世凯政府所忌惮，尤其是1913年3月宋教仁被刺后，章太炎对袁世凯的看法也逐渐发生改观，在1913年7月的《致伯中书》中他提出："项城不去，中国必亡。"① 因此，袁世凯对章太炎的态度是既痛恨又想拉拢，于是，他便听取了孙武、王庚等人的提议，授予章太炎二等勋位，这也可以算作一种折中的态度。1913年5月，章太炎面对被授予的勋位，只能默然接受，这一点从《太炎先生自订年谱》中1913年的记述可以看到，其中这样记载："袁公已下令授余勋二位，冀以歆动。……时辰钟过三分，乃曰：'明日来受勋耳。'遂出。"② 章太炎在自订年谱中并无拒绝接受勋位之语，然而，至1914年1月，章太炎因大闹总统府而被袁世凯幽禁，由袁世凯颁发的这枚勋章的光辉则大大地黯淡了。

二、章太炎的第二次授勋

伴随以孙中山为首的国民党与以袁世凯为首的北洋集团之间矛盾的加剧，尤其是1913年7月孙中山等人发动"二次革命"，以国民党人冯自由为局长的稽勋局地位已经朝不保夕，先是袁世凯任命铨叙局局长徐宝蘅兼管稽勋局，到1914年5月1日，稽勋局被正式裁撤，结束了其历史使命。"二次革命"之后，相继又爆发了护国运动和护法运动，南北政治势力之间的较量，带来了新的流血和牺牲。1916年6月7日，袁世凯死后的第二天，黎元洪就任中华民国大总统。冯自由、徐绍桢、易倩愚等人先后呈请黎元洪恢复稽勋局，以解决抚恤先烈和有功人员的历史遗留问题，同时也为了开展民国成立五年以来死难将士及其后裔的抚恤工作。正是由于政治局势的不断变化，对于"再造共和""法统重光"有功的人员应该进一步给予抚恤和褒奖，

---

① 章太炎：《致伯中书》，载于马勇编《章太炎书信集》，石家庄：河北人民出版社，2003年，第482页。

② 章炳麟：《太炎先生自订年谱》，台北：文海出版社有限公司，1966年，第22-23页。

章太炎的第二次授勋即是在这一历史背景下展开的。1922 年 6 月 11 日，黎元洪恢复大总统职位，1922 年 8 月 29 日黎元洪发布大总统令"晋授章炳麟以勋一位"①，授予章太炎的勋章为"一等大绶嘉禾章"②，章太炎的这次授勋同样引起了新闻舆论的关注，从而再次生出一个插曲。

1922 年 8 月 31 日，国闻通讯社记者访问章太炎时询问北京晋授勋一位之事，章太炎答复道："勋位一事，外间所传吴子玉主勋，含有交换之意味，或亦近似。缘余迩来力主张联省自治，颇与吴所主张者相违，藉此羁縻，不尽无因。余于袁项城时代宋案发生时，亦曾有此事实，此次当即相类。至此事发生动机，以余观之，当在褒奖程璧光一事，因邮程令发表后，老黎曾嘱将西南护法有劳绩者，开一名单。当时余开单曾分两类，一为尚在西南，未承认中央者，一为已下野者，总计近六十人，林葆怿、朱庆澜等俱在其中。现在遗弃其他之数十人，而独发表余一人，可知此事非出老黎之意。惟勋位用意，原系表彰过去劳绩，与现在及将来之主张，绝对无关，更不能有所交换，况现在主张联省自治者，各党各派，均有其人，更不能以羁縻一人为手段，以障主义进行之全体。故此种举动，实甚可哂云云。"③ 章太炎在这次回答记者的提问时，明确言明自己被授予勋一位并非出于当政者的羁縻之心和利益交换的目的，他同时提到第一次授勋时舆论也有相类似的误解，因此，他在此一并进行驳辩。章太炎本来出于公心，最早向黎元洪提出表彰护法运动以来死难的烈士。章太炎在 1922 年 6 月 19 日，给黎元洪发电报，请求表彰程璧光："五年以来，以护法死难者，不可胜记，而推本元功，则以海军总长程璧光为首。……恳请追赠官勋，优恤后裔，以为忠于谋国者劝。"④ 正是章太炎的提议，才使得程璧光被黎元洪授予"勋一位海军上将"，同时，也促使黎元洪关注对护法运动有功绩者的抚恤问题。章太炎之所以被授予勋一位，关键还是因为他在护法运动中的功绩，自 1917 年 7 月以来，在一年多的时间内，他不辞劳苦奔走于西南各派军阀之间，目的就是敦促西南各军向

---

① 《大总统令》，载于《来复报》1922 年第 219 期。
② 《大总统令》，载于《来复报》1922 年第 225 期。
③ 《纪章太炎之谈话》，载于《申报》1922 年 9 月 1 日，第 17789 号，第 13 版。
④ 《章太炎之两皓电》，载于《申报》1922 年 6 月 21 日，第 17717 号，第 13 版。

北出击。1919 年 2 月，章太炎与几位同盟会元老组成护法后援会，继续为护法而奋斗。1920 年，章太炎连得两场大病，严重时几乎送命，可见，章太炎为了维护共和制度做出了巨大牺牲。因此，章太炎也很珍视这次他所获颁的勋一位。据章太炎妻子汤国梨的回忆，1922 年 8 月，黎元洪"派专员到上海授勋，在授勋时，要举行一种仪式，由授勋者备军乐队，吹打欢迎授勋大员，由大员代表政府授以勋章和证书。当时太炎曾吩咐家人去雇了一个军乐队，郑重其事地接受了勋一位的勋章和证书。"①

三、结语

民国初年和护国运动之后的两次稽勋事件，章太炎作为"名誉审议"和倡议抚恤护法有功者参与其中，由于他也是辛亥革命的革命元勋和护法运动的参与者，他对于排满革命、民国创建和"法统重光"都做出了重大贡献，因此，章太炎也是授勋的对象。在稽勋过程中，章太炎保持公心推举抚恤和嘉奖人员名单，但是，各派政治力量为功勋大小而争夺的暗流始终干扰着稽勋的进行；章太炎被授勋之后同样也被新闻舆论所误解和猜忌，但不论是袁世凯当政时期所授予的勋二位，还是黎元洪当政时期所授予的勋一位，这些都是建立在章太炎有功于排满革命、民国创建，以及共和制度和法统的维护之上的，章太炎之所以珍视勋位，正是他和诸多革命先辈极为珍惜光复之后所开创的民主共和制度的内心写照。

---

① 胡觉民：《汤国梨谈章太炎》，载于《辛亥革命七十周年·文史资料纪念专辑》，上海：上海人民出版社，1981 年，第 55 页。

第三章

章太炎逝世之后的新闻舆论与评价问题

1936 年 6 月 14 日，国学大师章太炎逝世，经过争论，1936 年 7 月 1 日国民党政府作出了国葬章太炎的决定。当时的新闻报道为研究章太炎的国葬问题提供了丰富的材料，官方与民间报刊在新闻舆论中共同将章太炎构建为朴学大师的形象。章太炎在民国政学两界的重要影响力是他获得国葬资格的根本原因。章太炎的丧礼虽然完成，但葬礼并未完成，除却抗日战争日益临近的大环境外，还包括其他三大因素：一是章太炎与国民党之间的旧怨促使他长期处于边缘地带，二是章太炎逝世前后其他政要的国葬较多，三是墓地的选址问题。章太炎"国葬令"的通过乃是时人共促的结果，而民国时期未能完成葬礼的结局却暗合章太炎本来之心迹。国学大师章太炎逝世之后，官方报刊和民间报刊对章太炎逝世及国葬的消息进行了报道，国民党中的《中央日报》和民间报刊中的《申报》对逝世情况的报道最为详细，新闻舆论较为一致地称赞章太炎为国学大师或朴学大师，对章太炎晚年的政治作为给予明显的淡化处理。从《制言》杂志中所收录的撰写唁电、挽联、祭文、像赞的作者群体名单中可以看到章太炎在民国政学两界的人脉极为广泛并深具影响力。章太炎逝世前后一些文人借小报对章太炎的品行进行讥讽和诟病，大多新闻报刊能够秉持公允立场对章太炎的一生进行评价。章太炎在学问和事功方面的成就和影响是不可磨灭的，他逝世后各地民众举办的悼念活动足以证明。

章太炎还是"辛亥三杰"之一。"辛亥三杰"是指对辛亥革命做出重大贡献的杰出人士，且人数限定在三人。"辛亥三杰"指代的人物较为广泛，因地域、贡献、性别等因素分为不同组合。其中，孙中山、黄兴、章太炎这一组合在学界出现的频率最为频繁，客观反映了他们三人对辛亥革命所做出的贡献。学界用"辛亥三杰"指代孙中山、黄兴、章太炎三人大约出现在2000年之后，这主要与研究章太炎的学者试图更加公允地评价章太炎在辛亥革命中的贡献有关，另外，这也是后世学者站在革命党的视角所构建的一种结果。

第一节　章太炎国葬问题研究

章太炎于1934年秋由上海同孚路寓所迁居至苏州锦帆路洋房，在好友与弟子的协助下创建章氏国学讲习会，并创办《制言》半月刊作为学术交流平台。章太炎晚年，因气喘日益严重，体力日益虚弱，讲学时不能久立。1936年6月14日，章太炎溘然长逝。经诊断为胆囊炎、疟疾及鼻菌症，且与气喘病并发。鼻菌症可能是今日的鼻咽癌。章太炎逝世之后，其夫人汤国梨女士及子女会同其好友、弟子等在寓所设立章氏治丧事务处，随即通电国内亲友报丧，定于16日大殓。国民党中委丁惟汾由南京赶到苏州，襄助办理丧务，组织治丧事务处，分为总务、文书、布置、会计、招待等五股。根据汤国梨的意思，大殓丧仪，依照旧式，礼堂布置也是旧式。国民党中央党部特拨治丧费三千元，并致电慰问。其他政要及社会名流纷纷前来苏州吊唁，监察院长于右任特派代表监委曾道一于15日由南京前来苏州吊唁，并拟定含殓仪式的过程。[①] 章太炎生前好友纷纷前来吊唁，大家提出要求政府予章太炎以国葬，以表彰生前功绩。继而由张继、居正、李根源、丁惟汾、程潜等人出面，提请国民政府讨论。经丁惟汾和冯玉祥提议，国葬章太炎的提案由国民党中央政治委员会于1936年7月1日晨所召开的第十七次会议通过，当时到会的有林森、叶楚伧、陈公博、朱家骅、陈璧君、张继、邵元冲等二十余人，由时任国民党中政会副主席的蒋介石通过，并交国府褒恤。[②] 关于章太

① 《章太炎氏今日大殓》，载于《申报》1936年6月16日，第22674号，第9版。
② 《章太炎应予国葬》，载于《申报》1936年7月2日，第22690号，第8版。

炎的国葬在全面抗战爆发前未能实现这一问题，虽然时人多认为"期年战幕既揭，国家多故，章之国葬问题，遂被搁浅。"① 但是，这一问题还有诸多值得探讨的方面。

学术界有关民国时期国葬问题的研究成果并不算多，且表现为个人国葬经过的探讨远远多于整体性研究，例如研究者关注较多的是蔡锷、黄兴、孙中山、黎元洪等人的国葬问题，尤其是有关孙中山国葬问题的研究最多。② 从目前学界的研究成果来看，章太炎的国葬问题已经明显被诸多研究者所忽略了。③ 学界对章太炎的国葬问题尚无专门的学术性研究，目前仅有三篇文章记叙了章太炎的逝世及营葬问题。④ "国葬"是民国时期国民党政府重要的礼仪制度，章太炎的国葬过程较为曲折，在民国时期并未完成，其中原委也有待深入研究。本文以当时新闻报刊对章太炎逝世与国葬的报道为依据，兼采时人日记、家属回忆等方面材料，并将国民党政府的国葬制度与章太炎自身心迹进行综合分析，力图阐明章太炎国葬未竟之原因。

一、新闻舆论对章太炎逝世与国葬之报道

章太炎逝世之后，国内新闻报刊纷纷对其逝世和国葬相关消息进行报道，并刊发了大量回忆文章、唁电、挽联等表达哀悼与纪念之情。当时的新

---

① 渊渊：《章太炎国葬问题》，载于《快活林》1946年10月，第36期。

② 相关研究成果有：（1）[日]家近亮子《蒋介石与南京国民政府》，王士花译，社会科学文献出版社2005年，第二章《孙文北京之死及其政治效果》；（2）沙文涛《孙中山逝世与国民党北京治丧活动述论》，载于《中国国家博物馆馆刊》，2012年第6期。

③ 目前有关民国时期国葬问题的整体性研究有：（1）胡滔滔《民国时期的国葬》，载于《湘潮》2009年第3期；（2）张学继《民国时期的国葬制度》，载于《民国春秋》1998年第2期；（3）何秀琴《近90年民国时期国葬研究综述》，载于《社会科学动态》2017年第7期；（4）严昌洪《民国时期丧葬礼俗的改革与演变》，载于《近代史研究》1998年第5期。综合上述前三篇文章的论述，可见民国时期到底有多少人享受了国葬的待遇并无统一的数字，而这三篇文章也的确忽略了章太炎被国民政府授予国葬资格的史实。

④ 具体可以参考：夏里《邵元冲为章太炎丧事奔走》，《民国春秋》2001年第8期，华强《国学大师章太炎逝世前后》，《文史春秋》2013年第4期；章念驰《章太炎营葬始末》，章念驰著《我所知道的祖父章太炎》，上海人民出版社2016年版。

闻舆论可以分为国民党政府与民间两类，国民党政府舆论以国民党党报《中央日报》为代表，兼及各级政府公报等；民间舆论以上海地区的《申报》之报道最为详细和典型，并兼及各类其他民间报刊的报道。各类新闻报刊陆续登载章太炎逝世消息，通过这一系列报道过程，可以看到章太炎作为朴学大师形象的确立。

（一）官方报刊之报道

《中央日报》自章太炎逝世后第二天开始报道与章太炎逝世相关的新闻，截至 1936 年 7 月 10 日，共计刊发与章太炎相关的新闻 2 篇、纪念文章 7 篇、遗墨照片一幅、遗像和临终遗影各一幅、唁电 2 通。这些都表达了对这位国学大师逝世的重视与哀悼。《中央日报》采访了章太炎的弟子汪东，并在报上刊发了题为《汪东谈章得病经过》的报道，详细介绍了章太炎得病前后的生活情况，后又刊发了《章太炎略历》一文，详细介绍了章太炎患病经过及一生行迹。日报先刊发了时任监察院院长于右任的唁电，内中称章太炎"学兼黄顾之长，以明经作人伦师表，以治史树民族精神"。[1] 随后，又刊发了蒋介石给章夫人的唁电，内中称："硕贤遽陨，学术有沦丧之惧。"[2] 这就定下了官方侧重从学术方面对章太炎进行评价的基调。但值得一提的是，1936 年 7 月 1 日由国民党中央政治委员会通过的章氏国葬的命令并未在《中央日报》上公布，原因主要在于章太炎在国民党内及政府部门并未担任职位，此外，国民党内一些元老与章太炎存在旧怨也可能是原因之一。相比当年 5 月去世的胡汉民，因其曾任国民政府立法院院长和中央常务委员会主席，所以《中央日报》频繁报道了有关他国葬的消息，以显重视程度，这也是《中央日报》作为国民党机关报的一种价值选择。

1936 年 7 月 6 日，国民政府《内政公报》颁布了"国葬宿儒章炳麟"的政府命令，其内容为："宿儒章炳麟，性行耿介，学问淹通。早岁以文字提倡民族革命，身遭幽系，义无屈挠。嗣后抗拒帝制，奔走护法，备尝艰险，弥著坚贞。居恒研精经术，抉奥钩玄，究其诣极，有逾往哲。所至以讲学为

---

① 《于院长电唁章夫人》，载于《中央日报》1936 年 6 月 15 日，第 2932 号，第 4 版。
② 《蒋院长电慰章太炎家属》，载于《中央日报》1936 年 6 月 16 日，第 2933 号，第 4 版。

事，岿然儒宗，士林推重。兹闻溘逝，轸惜实深。应即依照国葬法特予国葬。生平事迹存备宣付史馆，用示国家崇礼耆宿之至意。此令。"① 其他层级的国民党政府官报，从中央到地方各级行政机构纷纷对国葬令进行了转载，中央层级包括《行政院公报》、《教育公报》、《交通公报》、《铁道公报》、《检察院公报》、《审计部公报》、《实业部公报》、财政部《财政日刊》等，这些中央政府部门发布的训令乃是依据行政院发布的训令、国民政府文官处发布的公函以及国民政府令。地方政府方面，首先，省级行政单位，例如：山东省政府同样案奉上述三家部门发布了国葬章炳麟的训令，署名是省政府主席韩复榘、民政厅长李树春。② 《江西省政府公报》也同样刊发了国葬章氏的训令，署名是省政府主席熊式辉。③ 局部抗战以来，作为华北特别行政机关的冀察政务委员会也以委员长宋哲元的名义转发了国民政府的国葬令。④ 相应的，各省所属的行政机关同样也转发了章氏的国葬令，如安徽省政府教育厅也印发了国葬训令，让各下属单位一体知照。⑤ 河南省教育厅亦是如此，可见，章太炎晚年的形象也包括教育者这样的角色。一些重要的城市，同样对章太炎的国葬令进行了转达，如青岛市政府发表训令命令各直辖机关一体知照章氏的国葬令。⑥ 由此，我们可以看到政府部门主要通过传达训令的方式将章太炎国葬的命令层层向下传达，除此之外，国民党的机关报《中央周报》《民生周刊》等都对章氏的国葬问题进行了报道，使更多的民众了解到章太炎逝世的相关情况。

（二）民间报刊之报道

上海地区的《申报》、《时报》和《新闻报》对章太炎逝世前后及国葬相关问题报道最为详细，其中又数《申报》的报道最为全面。1936 年章太炎逝世后，《申报》围绕"章太炎逝世"这一主题，刊发报道及纪念性文章共

① 《国民政府命令·国葬宿儒章炳麟》，载于《内政公报》1936 年第 9 卷第 7 期。
② 《本省命令》，载于《山东省政府公报》，1936 年第 405 期。
③ 《公牍》，载于《江西省政府公报》，1936 年第 575 期。
④ 《冀察政务委员会训令》，载于《冀察政务委员会公报》，1936 年第 55 期。
⑤ 杨廉：《褒扬宿儒章炳麟》，载于《安徽教育周刊》，1936 年第 74-75 期（合刊）。
⑥ 《青岛市政府市政训令》，载于《青岛市政府市政公报》，1937 年第 85 期。

计 26 篇之多。① 此外，还有不少其他各类民间报刊都对章氏的逝世进行了报道。前面提及的官方报刊《中央周报》将《章太炎病逝苏州》的消息列入"大事汇述"之中，② 民间报刊也极为重视章太炎逝世的消息，《兴华（周刊）》以《国府明令国葬章炳麟》为题名刊发了国葬训令并作为"本周大事记"，③《田家半月报》则将章太炎逝世的消息列入"国内大事"进行报道，④《时兆月报》更将章太炎逝世的消息与针对国际局势和希特勒、汪精卫的报道一并归入"世界新闻"之中，以突显章氏朴学大师的地位。⑤ 在世界历史上，章太炎逝世后的四天，俄国（苏联）著名文学家高尔基逝世，当时中国的一些报刊将他们两人逝世的消息同时进行报道，《图书展望》1936年第 9 期在"国内外学者消息"中同时对章太炎和高尔基的逝世消息进行了报道，⑥ 随后，该刊在第 10 期"国内外学者消息"中又刊发了《中政会议决国葬章太炎》和《追悼高尔基》的消息。⑦《民智月报》在其刊发的《章太炎逝世》一则消息中称："俄国文豪高尔基与章氏之死，实是世界文坛的大大不幸与损失。"⑧ 从上述的报道可以看到，在部分报刊编辑者的认知里，章太炎作为国学大师的影响力是具有超越国界的价值的。章太炎在中国近代文化界的影响力之广泛，与他在学术领域涉及面宽有较大关系。当时医学界期刊《神州国医学报》在报道章太炎逝世消息时称：章氏"不但为朴学大师，民国伟人，而亦为吾国医界之领导者。"⑨ 民国时期创立于常熟的文学社团"虞社"也在其学报上刊发社讯报道社友章太炎逝世消息进而表示哀悼之情。⑩ 当然，很多民间报刊所撰写的有关章太炎逝世的报道来源就是《申报》和《时报》这样的大报，其他报刊的报道则进一步促进了讯息的传播。

---

① 《〈申报〉索引（1936 年）》，上海：上海书店出版社，2008 年，第 258 页。
② 《章太炎病逝苏州》，载于《中央周报》，1936 年第 420 期。
③ 《国府明令国葬章炳麟》，载于《兴华》，1936 年第 33 卷第 26 期。
④ 《国学大师章太炎逝世》，载于《田家半月报》，1936 年第 3 卷第 13 期。
⑤ 《朴学大师章太炎氏在苏逝世》，载于《时兆月报》，1936 年第 31 卷第 7 期。
⑥ 《图书展望》，1936 年第 1 卷第 9 期。
⑦ 《图书展望》，1936 年第 1 卷第 10 期。
⑧ 《章太炎逝世》，载于《民智月报》，1936 年第 5 卷第 7 期。
⑨ 吴去疾：《章太炎逝世记》，载于《神州国医学报》，1936 年第 4 卷第 12 期。
⑩ 《社讯》，载于《虞社》，1936 年第 222 期。

　　围绕章太炎逝世，在当时报刊所营造的新闻舆论中，不论国民党政府还是民间都较为一致地称章太炎为国学大师或朴学大师，肯定其在近代学术上所做的贡献；但是，对章氏与民国政治之间的关系却明显予以淡化，特别是章氏与北洋政府、南京国民政府之间的关系着墨较少。实际上，章太炎在政学界的影响力并不会因为这种带有倾向性的报道而受到影响，我们从当时各界名流为他撰写的唁电、挽联（挽诗、挽词）和祭文中可以看到他广泛的人脉，以及在政学两界巨大的影响力。[1]

二、章太炎逝世后获得国葬殊荣之过程

　　能够获得国葬殊荣的人必是人中之翘楚，当代学界对国葬含义的界定为：国家为其领导人和有特殊贡献人士逝世，或者在发生特别重大不幸事件和严重自然灾害造成重大伤亡时，以国家名义举行的葬礼。[2] 据前述国葬章太炎命令内容可见，民国政府先是肯定了章氏的品行与学问，进而，在政治领域褒奖了章氏在反满的辛亥革命与反对袁世凯称帝的护国运动之中的历史功绩；在学术领域，则肯定了章氏学问的体大渊深，又有传播广度，晚年堪称一代儒宗。对于逝者，这样的评价可以算作盖棺论定，从葬礼角度，自然需要替尊者讳，这也是中国礼仪的一种传统。如果，仅以此就判断章太炎的国葬是理所当然的，却也不符合实情。这里，章太炎与蒋介石和国民党之间的恩怨也不得不提，追本溯源方可使我们了解章太炎逝世之后所获得的国葬殊荣其实包含了诸多隐情。

　　1926 年 7 月 9 日，广东国民政府任命蒋介石为国民革命军总司令，开始北伐。8 月初，北伐军节节逼近武汉之时，章太炎于 8 月 13 日发表了反对蒋介石的通电，内中称："粤东自蒋中正得政，尊事赤俄，奉鲍罗廷为统监，而外以反对帝国主义为口实，致少年军士受其蛊惑。……其天性阴鸷，反颜

---

[1]　章氏国学讲习会所创办的《制言》在章太炎逝世后开辟了专门的栏目以刊登各界人士为章太炎所撰写的唁电、挽联（挽诗、挽词）、祭文，具体可以参考《制言（半月刊）》第 20、21、22 期，1936 年 7 月、8 月版。当时，各类新闻报刊还刊发了大量有关章太炎的祭文，此处不再列举。

[2]　钱其琛主编：《世界外交大辞典》（上册），北京：世界知识出版社，2005 年，第775 页。

最速，非若孙中山之可以辞解，……蒋中正为赤俄之顺民，奉赤俄之政策，叛国反常，……当知巨憝不除，虽有金汤，危如朝露。"① 章太炎此时因反对苏联、反对赤化而讨蒋，进而反对北伐，自然会引起蒋介石的猜忌，据《蒋介石日记》1926 年 8 月 22 日记事中所载，"阅报见章炳麟讨余文，殊为可笑。测其心意怕与恨也。"② 由此事件可以看到，虽然蒋介石当时忙于军务，但是还是会关注当时的主要报纸的，章太炎的这份通电能够引起蒋介石的注意并记载于日记中，也可见章太炎的文章在当时新闻舆论界的影响力，同时也表明蒋介石比较在意自己的声誉。蒋所谓的章太炎的怕也是实情，章太炎当时比较担心北伐之势迅速席卷长江流域，这样他倡导的联省自治就会付诸东流；而蒋介石所谓的恨应该是指章太炎对当年光复会会长陶成章被刺杀一案的耿耿于怀。阅读蒋介石后续日记，可见他所关心之事在于战争的胜败，报刊舆论对他个人的褒贬逐渐淡出了他的视野。

1927 年 5 月，当时北伐军已经进驻上海，南京国民政府业已成立，5 月 4 日，上海各团体聚集举行纪念"五四"运动的大会，通过十项决议，其中一项为"请国民政府通缉学阀章太炎、张君劢、黄炎培"等，共提名 66 人，章太炎名列榜首。③ 6 月 16 日，国民党上海特别市党部临时执行委员会呈文中央执行委员会，要求通缉"著名学阀"，章炳麟再次被列入榜首。④ 经过政治会议浙江分会通过，以章氏"近年依附军阀，曾充孙传芳高等顾问"为由，因为"章之反革命行为，与众不同，决议收没其财产。"⑤ 1925 年 6 月之后，国民党中央执行委员会全体会议通过决议，确定"以党治国"的原则。1928 年 6 月，国民革命军进入北京，北伐军事结束，依照孙中山的《建国大纲》，国家建设由军政时期进入训政时期。1928 年 10 月 3 日，国民党中央执行委员会常务委员会通过了《训政纲领》，共 6 条，其中前 2 条为：（1）中华民国于训政时期开始，由中国国民党全国代表大会代表国民大会领导国

---

① 《章炳麟通电》，载于《申报》1926 年 8 月 15 日，第 19200 号，第 13 版。

② 美国斯坦福大学胡佛研究所档案馆藏：《蒋介石日记》（手稿本），1926 年 8 月 22 日。

③ 《二十余万人纪念五四》，载于《民国日报》1927 年 5 月 5 日，第 3966 号，第 1 版。

④ 《市党部呈请通缉学阀》，载于《申报》1927 年 6 月 17 日，第 19491 号，第 15 版。

⑤ 《查封章太炎财产》，载于《真光》，1927 年第 26 卷第 5 期。

民行使政权；（2）中国国民党全国代表大会闭会时，以政权付托中国国民党中央执行委员会执行之。① 章太炎对这种"以党治国"的施政方针十分不满，他于 1928 年 11 月 21 日在招商局轮船公司股东会上发表演说时指出，孙中山的三民主义"乃联外主义、党治主义、民不聊生主义"，并批评"以党治国，也不是以党义治国，乃是以党员治国"。② 1928 年 11 月 24 日，上海市国民党特别指导委员会呈请中央按照惩戒反革命条例"通缉反动分子章炳麟"。③ 此后，章太炎深居简出，埋首精研学术，直到 1931 年九一八事变爆发，他才又重新关心国事，为抗日大声疾呼、奔走。

　　章太炎与国民党之间的恩怨也的确影响到了他的国葬问题，据《邵元冲日记》1936 年 6 月 25 日记载，开始蒋介石"对太炎国葬事，犹主从缓。"④ 为何又最终同意了呢？章氏弟子朱希祖在日记中对国民政府国葬其师命令的出台记述颇为详细。1936 年 6 月 22 日，朱希祖分别会晤了张继和汪东，和他们谈到章太炎的国葬事宜，他记载道："闻邵翼如竭力主张国葬，已提议于中央党部，惟闻吴稚晖反对此事，盖与先师有旧怨也。"据 6 月 26 日日记记载，"闻先师国葬事党部会议为吴稚晖以'无功于党'否决，不知先师盖有功于国，故须国葬，不须党葬也。闻邵、张、叶诸公拟移于中央政事会议再议，嘱旭初草一呈文，请求国葬，弟子十人署名其上，而以余为首，马裕藻、钱夏、许寿裳、周作人、沈兼士、汪东、曾道、马宗芗、马宗霍次之，并委分头接洽。"朱希祖 7 月 1 日又记载道："本日政府通过先师国葬。"⑤ 邵元冲的日记对章太炎国葬问题记录也较多，根据邵元冲的记载，章太炎的弟子汪东、马宗霍以及国民党内章太炎的故旧多次与他商讨章太炎的国葬问题。通过上述两人的日记记载，我们看到章太炎的国葬令的通过是颇

① 中央训练团编：《中华民国法规辑要》（影印本·第 1 册），1941 年，第 7 页。
② 《三区党部呈请通缉章太炎》，载于《申报》1928 年 11 月 22 日，第 20003 号，第 14 版。
③ 《市指委会五十八次常会》，载于《申报》1928 年 11 月 25 日，第 20006 号，第 14 版。
④ 王仰清、许映湖标注：《邵元冲日记》，上海：上海人民出版社，1990 年，第 1394 页。
⑤ 朱希祖：《朱希祖日记》（中册），北京：中华书局，2012 年，第 671-674 页。

费周折的，虽然有吴稚晖在国民党中央党部会议上的阻挠，但是章太炎的故友们发挥了重要作用，弟子们的集体署名也起到了补充作用，从而促使国民党中政会的最终通过。由此，我们也可以认为，1931 年局部抗战爆发后，章太炎积极为抗战宣传奔走，而他与蒋介石和国民党的私人恩怨也因为中日两国民族矛盾逐渐凸显而有所转移，正如他在逝世前十日给蒋介石的复信中所说："前被手书，属以共信济艰之义，劝诱国人，抑言之非难，欲其心悦诚服则难。"① "共信济艰"也可以算作章太炎与蒋介石在面对民族危局时的一种共识，没有蒋介石的最终拍板，章太炎的国葬令也的确难以通过。

三、章太炎国葬未竟之原因

章太炎的国葬可谓是只完成了丧礼，葬礼一直未能完成，全面抗战爆发之前，并未能如期营葬于章氏生前遗嘱中所指定的墓地区域，其中曲折也值得关注。

1936 年 7 月 16 日，经丁惟汾和冯玉祥等人讨论，章太炎国葬办法确定如下：一、推丁惟汾、张继、邓家彦三委赴苏，与章夫人商洽；二、国葬经费及治丧费、墓工费、抚恤费、比例额均拟定；三、拟以丁惟汾、汪东、邵元冲、叶楚伧、邓家彦、蒋作宾、张继七人为国葬筹备委员。② 1936 年 8 月初，苏州章宅治丧事务处发布消息称：章夫人汤国梨女士一度赴杭视勘葬地，国葬筹备委员将于九月初在苏开会，讨论丧葬领帖事宜。③ 这与章太炎的嫡孙章念驰的回忆可以互相印证，章念驰在《章太炎营葬始末》一文中指出："当年盛夏，我祖母携我叔父赴杭州，购下了张苍水墓侧一片土地，准备作墓地。"④ 关于国葬的经费问题，由章太炎国葬筹备委员会议决，国葬费暂定为三万元，先拨一万元以资应用。1936 年 10 月 15 日经过中央政治委员会第二十四次会议议决，"准先拨一万元，即在二十五年度国家普通总预算

---

① 章太炎：《与蒋介石》，载于《章太炎全集·书信集（下）》，上海：上海人民出版社，2017 年，第 1264 页。
② 《章太炎国葬办法》，载于《申报》1936 年 7 月 18 日，第 22706 号，第 10 版。
③ 《苏州筹备国葬章太炎》，载于《申报》1936 年 8 月 9 日，第 22728 号，第 10 版。
④ 《章太炎营葬始末》，载于章念驰：《我所知道的祖父章太炎》，上海人民出版社，2016 年，第 151 页。

治丧费项下动支，仍补具概算，依序送核。"① 随后，审计部传达了该训令并遵令照办。1936 年 12 月，章太炎国葬典礼办事处（取代原章太炎国葬筹备委员会）在给中央政治委员会的呈文中称："关于章太炎先生国葬费前经决定为三万元，呈请先拨一万元，并已具领在案。兹墓地已决定在杭州之中台山下，购地兴工，需款孔多，理合呈请核定续拨两万元，即日转函饬拨，以便早日筹备进行。"12 月 4 日，中央政治会议第二十七次会议议决通过了"在二十五年度国家总预算治丧费项下续拨二万元"的请求，12 月 24 日，监察院公布了续拨款项的训令并转饬审计部核定查照。② 经费看来已有保障，但是，墓地的选择又出现了问题。

根据《邵元冲日记》1936 年 11 月 25 日记载，"四时赴中央党部，参加章太炎国葬筹备会，到丁鼎丞、张溥泉、邓孟硕、汪旭初等，当决定由中央常会派王秘书启江赴杭，与省府接洽收购墓地，并推王孚川等任驻杭办事主任。"③ 又据《申报》1936 年 12 月 30 日杭州消息载："章太炎墓地，前曾择定杭市三台山，兹悉该山地处偏僻，进出不便。现已由章夫人暨其公子，另在西湖灵隐及玉泉附近，勘妥两坟地，倾已报告章氏国葬事物所，请派员即日来杭复勘，以便决定一处。一俟日内墓地确定后，预定废历年前，决运杭安葬。"另外，杭州还成立了章氏国葬分事物处，由王廷扬等积极筹备。④ 这里的王廷扬就是邵元冲所说的驻杭办事主任王孚川，时任中国国民党浙江省党部监察委员。1937 年 1 月 25 日，国民政府通过决定，"派朱家骅为故儒章炳麟国葬典礼筹备委员"。⑤ 朱家骅时任浙江省政府主席，由此可见，对于章太炎的国葬问题，国民政府当局从上至下也算是重视的，但是，农历新年之前安葬杭州的设想并没有实现，其原因的确耐人寻味。据《朱希祖日记》1937 年 7 月 14 日记载，"上午至张苍水墓。谒章师母，时先师太炎先生将国

---

① 《本院第七一三号训令》，载于《监察院公报》，1936 年第 105 期。
② 《本院第一〇九一号训令》，载于《监察院公报》，1936 年第 113 期。
③ 王仰清、许映湖标注：《邵元冲日记》，上海：上海人民出版社，1990 年，第 1444 页。
④ 《章太炎墓地另勘》，载于《申报》1936 年 12 月 30 日，22870 号，第 4 版。
⑤ 《第五九六号训令》，载于《行政院公报》，1937 年第 2 卷第 6 期。

葬，卜地张苍水墓东。午后三时章师母来俞庄谈墓事，晚餐后去。"① 从这段记载可见，到 1937 年 7 月 14 日，章太炎国葬墓地的事情依然没有解决，而此日距卢沟桥事变已有一周。据章念驰的记载，"抗日战争的炮火已逼近苏州，敌机常来空袭，为安全计，只得将祖父灵柩移到家中地下室内。"因为战争形势的恶化，"于是决定暂时将祖父灵柩葬于苏州家中后园内。"② 从章太炎逝世到卢沟桥事变爆发后的一周，中间大约有一年零一个月的时间，为何章太炎的国葬典礼始终未能进行呢？仅仅用抗战即将爆发这一外部大环境的变化，似不能完全解释清楚问题。当我们重新审视国民政府时期的《国葬法》、国葬仪式及同时期其他政要的国葬经过，或许能够得到一些启示。

《国葬法》于 1930 年 10 月 7 日以国民政府令公布，共 7 条。本法规定：中华民国国民有殊勋于国家者，身后由中央政府支付经费组织国葬典礼办事处，依据法定仪式，举行国葬。经过 1936 年 7 月 13 日和 1937 年 4 月 23 日两次修订，规定除特殊情形外，国葬均应葬于国葬墓园。1936 年 7 月 13 日国民政府公布了《国葬墓园条例》，全文共十条。规定国葬墓园设于首都郊外，其地点由南京市政府选定，呈由行政院转请国民政府核准备案。凡依《国葬法》举行国葬者，应依本条例之规定，安葬于国葬墓园。但有特殊情形不能安葬于国葬墓园者，经国民政府之核准，得竖立墓碑，以资纪念。③ 章太炎生前遗嘱已经选定杭州西湖畔的张苍水墓旁作为安葬地，所以依据《国葬法》与《墓园管理条例》，章氏的国葬又属于特殊情形，不能安葬于南京的国葬墓园，这就给国葬仪式带来较大的麻烦。国葬仪式 1930 年 10 月 15 日由国民政府公布，共 10 条。内容为：国葬日参加典礼人员，应于国葬日指定时间，齐集灵榇所在地。启灵前，由中央执监委员，国民政府委员，各院部会长官，或代表国葬典礼委员举行移灵公祭典礼。灵车覆盖党旗、国旗，启灵时由国葬所在地要塞鸣礼炮 19 响。灵榇前后行列应按规定依次排列。灵车经过时，军警行举枪礼，军官行举手注目礼，民众一律脱帽致

---

① 朱希祖：《朱希祖日记》（中册），北京：中华书局，2012 年，第 805-806 页。

② 《章太炎营葬始末》，载于章念驰：《我所知道的祖父章太炎》，上海：上海人民出版社，2016 年，第 151 页。

③ 张宪文等主编：《中华民国大辞典》，南京：江苏古籍出版社，2001 年，第 1202 页。

敬。灵榇抵墓地后，由党政要员及亲故家属恭扶灵柩入殡堂，举行安葬典礼。灵榇安葬时，国葬所在地要塞鸣礼炮 101 响，并由航空署派飞机护灵示敬。① 由此，我们看到国葬典礼的过程还是比较繁复的，特别是停灵地与安葬地不在一处，增加了操办上的难度。但是，典礼过程也并不算特别困难，自南京国民政府通过《国葬法》以来至 1937 年全面抗战爆发，已经陆续有几位政要享受了国葬典礼的待遇。1930 年，政府国葬了谭延闿和卢师谛；1935 年，政府国葬了黎元洪；1936 年，政府国葬了唐继尧（补行国葬仪式）、胡汉民、段祺瑞；1937 年抗战爆发前，政府国葬了邵元冲和朱培德。我们看到，在章太炎逝世前后，国民政府需要国葬的要人太多了，论与国民党的关系，章太炎不如胡汉民、邵元冲和朱培德，论与蒋介石的私交，章太炎也不如段祺瑞，所以从这一角度看，章太炎的国葬虽然一直为官方提上日程，但是这位自称"民国遗老"的故儒曾经与国民党之间存有旧怨，无论如何他也不会排在上述几个人的前面。胡汉民逝世的时间与章太炎逝世时间相差仅月余，从明令国葬（1936 年 6 月 17 日）到国葬典礼的完成（1936 年 7 月 13 日），仅用了不到一月，胡汉民的国葬同样属于特殊情形没有安葬于南京墓园，而是返回其故乡广州龙眼洞安葬。由此可见，章太炎的国葬延宕之原因，由上述诸多因素构成，关键因素还是他与国民党的关系以及相对应的地位问题。所以，抗战局势的步步恶化也只能是他国葬典礼未能实现的大背景而已。

四、余论

章太炎的国葬可谓有始而无终，直到中华民国在大陆终结之时，国葬典礼也未能进行，这对于章太炎本身未必是坏事，因为他对于自己的葬礼并无要求国葬之意。1928 年 6 月 3 日，黎元洪在天津去世，章太炎在给李根源的书信中谈到了黎元洪和唐继尧的后人准备请求政府予以国葬的问题，章氏指出："闻黎公子侄尚以饬终之典求之新朝，实太无耻。前数日，蓂赓之子自日本来，亦以其父未予国葬为恨。吾云尊公功在民国，今求何国予葬耶？因

① 张宪文等主编：《中华民国大辞典》，南京：江苏古籍出版社，2001 年，第 1202 页。

厉声责之，彼始感悟。举世滔滔，乃至为子者，亦不知其父所处地位，可叹也。"章太炎之所以说黎元洪的儿子无耻，厉声斥责唐继尧的儿子，原因在于他不承认南京国民政府为民国，而黎元洪、唐继尧都是功在民国，又怎能乞求南京政府予以国葬。章太炎在给李根源的这封信里首先就指明："唯中华民国业已沦亡，公在亦徒取辱，任运而去，未始非幸。"① 其实，早在1927年底，章太炎在给李根源的信中就已经提到他对南京政府的不满，他说："蔡子民辈近欲我往金陵参与教育，张静江求为其父作墓表，皆拒绝之，非尚意气，盖以为拔五色国旗，立青天白日旗，即是背叛中华民国。"② 1931年九一八事变后，日本蚕食华北，扶植伪满洲国，章太炎起而奔走呼吁抗日，当时，南京当局胆怯，通过张继传话，希望章氏可以"安心讲学，勿议时事"，章太炎在给张继的信中说："吾之于人，不念旧恶，但论今日之是，不言往日之非。五年以来，当局恶贯已盈，道路侧目。"他在最后又说："年已耆艾，唯望以中华民国人民之名表吾墓道，乃今亦不可得。"③ 章太炎对国民党当局的不抵抗政策极为不满，同时也对张继代表政府效法"厉王止谤"的行为提出了谴责。虽然，1936年，章太炎与蒋介石互有通信，蒋介石对章太炎是"属以共信济艰之义"，而章氏在复信中也是积极替蒋介石筹划计谋以应对华北危局，④ 但是，章太炎的丧仪还是用五色绸带在棺内结交，这也是他生前对五色国旗的眷恋，也是后人替他表达对南京国民政府的介怀与不满，而根据国葬仪式，灵车还要覆盖党旗，这种潜在的矛盾，或许已注定章氏葬礼道阻且长的命运。通过前文的分析，章太炎的国葬未能完成的原因除抗日战争日益临近的大环境外，章太炎与国民党之间的纠葛造成他在南京国民政府时期的地位较为尴尬，章太炎逝世前后其他政要的国葬较多，以及与

---

① 章太炎：《与李根源·七十三》，载于《章太炎全集·书信集（下）》，上海：上海人民出版社，2017年，第928页。

② 章太炎：《与李根源·六十五》，载于《章太炎全集·书信集（下）》，上海：上海人民出版社，2017年，第922—923页。

③ 章太炎：《与张继》，载于《章太炎全集·书信集（上）》，上海：上海人民出版社，2017年，第587—588页。

④ 章太炎：《与蒋介石》，载于《章太炎全集·书信集（下）》，上海：上海人民出版社，2017年，第1264—1265页。

墓地的选址问题皆阻碍了章氏国葬的完成。抗战胜利后，由于章太炎国葬筹备委员会七位委员大多零落，委员更换，加之内战爆发，物价飞涨等因素，章太炎的国葬令在中华人民共和国成立前也只能是一纸空文。

第二节　章太炎逝世之后相关新闻舆论研究

　　章太炎是中国近代历史上著名的国学大师，号称清学殿军，一生既奔走革命，又热衷讲学，被鲁迅誉为"最有学问的革命家"。章太炎 30 岁之前精研学术，后走出书斋致力于排满革命，宣传民族主义思想，民国时期，参与反袁斗争、护法运动，20 世纪 20 年代为"联省自治"运动而奔走，间有讲学活动。1927 年，南京国民政府建立之后退居书斋，1931 年九一八事变之后，开始为抵抗日本侵略而奔走呼号，他于 1934 年秋由上海同孚路寓所迁居苏州锦帆路洋房，从事国学教育并创办学术期刊《制言》杂志。章太炎晚年，因气喘日益严重，体力日益虚弱，讲学时不能久立。1936 年 6 月 14 日，章太炎溘然长逝。国民党中央政治委员会于 1936 年 7 月 1 日晨所召开的第十七次会议通过了国葬章太炎的提案。目前，学界已经关注到了章太炎的国葬问题，[①] 但是对于章太炎逝世之后新闻舆论的相关报道并未系统地关注和研究，本书正是通过新闻媒体的视角进一步揭示章太炎在新闻报刊和时人眼中的形象，通过时人发表的唁电、挽诗（词）、祭文以及发起的悼念活动来展现这位国学大师和革命思想家在逝世之后依然存在的影响力。需要说明的是本研究所指的章太炎逝世后相关新闻舆论有一个时间界限，即章太炎逝世的 1936 年 6 月 14 日至 1937 年 1 月 1 日之前。

---

①　相关研究有：（1）夏里《邵元冲为章太炎丧事奔走》，《民国春秋》2001 年第 8 期；（2）华强《国学大师章太炎逝世前后》，《文史春秋》2013 年第 4 期；（3）章念驰《章太炎营葬始末》，章念驰著《我所知道的祖父章太炎》，上海人民出版社 2016 年版；（4）王磊《章太炎国葬问题研究》，《理论观察》2020 年第 3 期。前面三篇文章并非学术研究论文，属于介绍性和回忆性的文章。

一、从唁电、挽联看章太炎在政学界之影响力

章太炎逝世之后，各界知名人士与章太炎生前亲朋、弟子等人纷纷通过唁电（包括唁函）、挽联（包括挽诗与挽词）、祭文、像赞等形式向章太炎家属及章氏本人表达哀悼之情，通过对上述哀悼形式的研究可以看到章太炎作为一代国学大师在政界与学界之影响力。

章氏国学讲习会所创立的《制言（半月刊）》杂志，利用这一学术传播平台陆续刊登了各界人士所撰写的唁电、挽联，在杂志前设置这一栏目，很好地彰显了作为该刊物主编的章太炎的声名。可以通过将发电文者和撰写挽联者分为党政要人、知名学者、元老故旧、太炎弟子四个方面，进一步加强对唁电、挽联的研究。

（一）唁电

首先，就政界要人所发唁电而言，几乎囊括了当时国民政府的重量级政要，而各省行政大员方面亦有不少与章氏有交情者也以唁电表达了哀悼之情。蒋介石在其私人唁电中称："接电惊悉太炎先生溘逝，硕贤遽殒，学术有沦丧之惧，痛悼实深，尚望节哀顺变以襄大事。谨此电唁。"蒋氏又以行政院名义发来唁电，内中称："惊闻太炎先生逝世，硕儒积学，天下慈遗，缅念德勋，至深痛悼，惟希顺便节哀。"① 从内容来看，时人唁电多包括两个部分，先是表彰章氏逝世所带来之影响，再就是向亲属表达慰问之情。对章氏逝世造成的损失多从政治、学术两个方面进行表达。谢寿康在唁电中称："太炎先生逝世，国家丧元勋，群彦失师表。"王用宾则称太炎："以党国元老作经学大师，硕果仅存，万流景仰。"② 除蒋介石之外，向章太炎亲属发来唁电的民国党政要人还有：时任国民政府主席林森、时任立法院院长孙科、时任司法院院长居正、时任监察院院长于右任、时任司法行政部部长王用宾、时任铁道部长张嘉璈、时任外交部长张群、时任实业部长吴鼎昌、时任财政部长孔祥熙、时任教育部长王世杰、时任最高法院院长焦易堂、时任军事委员会副委员长冯玉祥、时任中央监察委员会常委的张继、时任中执会和

---

① 《太炎先生唁电》，载于《制言（半月刊）》1936年7月1日，第20期。
② 《太炎先生唁电》，载于《制言（半月刊）》1936年7月1日，第20期。

中政会委员邵元冲、时任国民党中央委员和国防委员熊克武、时任国民政府委员邓家彦、时任国民政府委员马超俊、时任国民政府委员覃振、时任国民政府立法院立法委员陈肇英、时任监察院监察委员杨谱笙、时任军事委员会参谋总长程潜、时任军事委员会委员王伯秋等。向章太炎亲属发来唁电的地方行政（军事）大员有：时任江苏省政府主席陈果夫、时任浙江省政府主席朱家骅、时任安徽省政府主席刘镇华、时任湖北省政府主席杨永泰、时任广西省政府主席黄旭初、时任河南省政府主席商震、时任上海市市长吴铁城、时任天津市市长萧振瀛、时任青岛市市长沈鸿烈、时任滇黔绥靖公署主任龙云、时任西北"剿总"副司令张学良、时任陕西绥靖公署主任的杨虎城、时任冀察政务委员会委员长宋哲元、时任太原绥靖公署主任阎锡山、时任驻日本大使许世英、前驻日本大使蒋作宾等。

向章太炎亲属发来唁电的学界知名人士有：时任北京大学校长蒋梦麟、时任北京大学文学院院长胡适、时任中央大学校长罗家伦及中央大学教务长陈剑翛、时任四川大学校长任鸿隽及四川大学中文系教授李炳英、时任国立河南大学校长王广庆、时任北平朝阳学院院长张知本、时任广州理学海书院副院长钟介民、时任金陵女子大学教授陈中凡、时任私立中国学院国学系讲师柯昌泗、前爱群女校校长袁希濂、前北京女子师范大学校长林素园、教育家黄炎培和沈恩孚、诗人郭竹书、诗人陈陶遗、词人陈配德、历史学家唐祖培等。

当时，发来唁电的民国元老故旧有：李烈钧、蔡元培、柏文蔚、冯自由、黄郛、林森、许崇智、钮永建、吴佩孚、熊希龄、曹亚伯、吴兆麟、唐绍仪、马叙伦、黎元洪之子黎绍基、马其昶之子马根质、共和党前领袖朱清华、青年党领袖李璜及左舜生、慈善家朱庆澜、时任四十五师师长戴民权等。章太炎弟子则有：沈兼士、景耀月、潘重规、但焘、孙至诚、林尹、李崇元、潘芝安、朱宇苍、陈公哲、骆鸿凯（黄侃弟子）、徐继尧、林民先、茅荫熙、平刚、王纶、郑云飞、司庆轩、易君左、刘赜等。

发表唁电的人士与章太炎生前或多或少都有交集，或因为距离悬隔无暇分身，又或因为礼节性致哀等因素而选择发表唁电以表达哀悼之情，而为章太炎撰写挽联、挽诗（词）、祭文、像赞的人士在关系上大多与章太炎更进一步，而又以文化界、学界中人为主。

(二) 挽联

章太炎逝世之后，为他撰写挽联最多的要数生前故旧好友及门下弟子，章氏的生前故旧好友又多是政界学界名流，如：蔡元培、刘禺生、马相伯、李西屏、阎锡山、段祺瑞、李烈钧、冯玉祥、黄旭初、冯自由、熊克武、李根源、钮永建、刘守中、戴季陶、郭椿森、张君劢、邓之诚、张东荪、太虚法师、胡朴安、陈宧、张元济、陈中凡、沈钧业、唐祖培、马宗芗、柳诒徵、欧阳竟无、赵次陇、郭象升、胡宗铎、姬觉弥、费行简、屈守元、南桂馨、朱庆澜、陈训慈、陈陶遗、沈恩孚、张纯一、黄复生、但懋辛、朱和中、孙尧钦、丁中立、尹明德、李春坪、邓孝先、陈啸湖、史廉揆、恽道周、符定一、刘三、汪伯奇、汪仲韦、周道腴、杨沧白、黄念田、王颂余、段云、黄葆铖、徐诵明、孟森、周国亭、刘盼遂、刘铭恕、刘治洲、毛子水、何其巩、徐炳昶、夏宇众、伦明、许凌青、傅铜、高步瀛、彭作桢、邢端、何澄一、汪怡 (女) 等。由此节选的大部分撰写挽联的人物名单可见章太炎生前交游之广，这些人物皆是政学两界的知名人士。太炎弟子中撰写挽联的有：汪东、朱希祖、郑伟业、孙世扬、诸祖耿、但植之、王乘六、马宗霍、马幼渔、朱镜宙、钱玄同、许寿裳、吴承仕、周作人、沈兼士、景耀月、林尹、李镜蓉、王仲荤、陆宗达、潘重规。其中，由马裕藻、许寿裳、吴承仕、周作人、沈兼士、钱玄同联合署名撰写的挽联最为世人称道，该联称："素王之功不在禹下，明德之后必有达人。"① 章太炎在政坛、学界历经风雨数十载，又跨晚清民国，一生传道授业弟子众多，道德学问又为世人所称道，所以章氏真可称为"百代儒宗""儒林师表"。②

相比挽联，为章太炎撰写的挽诗、挽词要少得多，友朋故旧与弟子中非具备文学功底者不能胜任。友朋故旧中撰写挽诗 (词) 的有：陈石遗、李市隐、李春坪、樊廷英、徐耘厹、陈树谷、陈配德；弟子则有：诸祖耿、孙世扬、王乘六、姚奠中、鲁宗鼎、龙榆生；祭文有：但植之、王牛、何晓屦、马根质、缪篆；像赞有：沈觅民、马相伯。上述挽联、挽诗、像赞等仅限于

---

① 《太炎先生挽联》，载于《制言》1936 年 8 月 1 日，第 22 期。

② 《太炎先生挽联》，载于《制言》1936 年 7 月 16 日，第 21 期。

《制言》杂志所辑录，该杂志同时刊发了一些时人所撰写的悼念章太炎的文章，除此之外，当时的其他报刊杂志也刊发了大量悼念章太炎的文章及些许诗作。

由上述所列名单亦可见章氏人脉极为广泛，时人之所以感念他的离世，原因正在于章太炎既有功于民国又有功于学术，正如余为农在挽联里所描述的，"继黄梨洲顾炎武而兴著书自足传千古，与孙中山黄克强并起建国谁能没大勋。"①

《燕京学报》1936年第20期刊发了悼念章太炎的文章，内中有一句话较为形象地概括了章氏的生涯，"故除治学外，喜言革命。"② 许寿裳在《纪念先师章太炎先生》一文中对其师的治学方法和学术领域进行了归纳，他指出："先师学术之大，前无古人，以朴学立根基，以玄学致广大。批判文化，独具慧眼，凡古近政俗之消息，社会都野之情状，华梵圣哲之义谛，东西学人之所说，莫不察其利病，识其流变，观其会通，穷其指归。"③ 因为独具慧眼，融中西学术思想于一炉，会通之后自成一家，成就了章太炎的学术。又就革命功绩而言，时人梦蕉的看法也颇符合章氏本意，他指出："章氏以经师人师之硕望，发挥其保种卫族之微言大义，事必稽古，言皆有物，自较末学新进之以法国革命故事，灌输于人者，较易动听。其后承学之士，以文字鼓吹者，趾踵相接，皆由章氏导其先河，故后之著辛亥开国史者，章氏当占其重要之一页，可断言也。"④ 作者以为章太炎在革命宣传中起到了扭转当时士大夫阶层的作用，推动了国内知识阶层转向革命，这与孙中山依靠会党和海外华侨推动革命可谓相得益彰。

二、章太炎逝世后各地之悼念活动

章太炎逝世之后不少地方都开展了悼念活动，苏州为主祭之地，而从当时的新闻报道、时人记述来看，北平、上海、杭州和成都四地分别举行了相

---

① 《太炎先生挽联》，载于《制言》1936年10月1日，第26期。
② 《悼国学大师章太炎先生》，载于《燕京学报》，1936年第20期。
③ 许寿裳：《纪念先师章太炎先生》，载于《制言》1936年9月16日，第25期。
④ 梦蕉：《悼章太炎先生》，载于《中医新生命》，1936年第21号。

当规模的悼念活动。

四川教育界定于1936年9月27日举行章太炎追悼会，追悼会筹备处所刊发的公启感情诚挚，颇能引起世人共鸣，内中称："凡我邦人君子，气求声应，具有同心，国瘁人亡，能无扼腕。所望念道术分裂之祸，轸哲人萎谢之忧，实然莅临，共申哀悼，庶几九原可作，信吾道之不孤，芳风所被，踵明德而兴起，是则吾侪所蕲向者也。"① 当日上午10时，成都各界人士会聚于四川大学至公堂举行公祭章太炎的活动。参加者有四川大学大部分教职员工和同学，以及华西协合大学、成公中学、成都县中、建国中学、成城中学、省立成都女子中学、大成初中、建本中学、华阳中学等校全体师生，还有政学各界人士，约两千余人。祭奠仪式由四川大学校长任鸿隽担任主祭并与四川省政府法制主任黄墨涵先后报告章太炎事略，最后，由川大教授周岸登先生读祝词。报刊中还刊出了《四川公祭余杭章先生文》以表达四川党政军学各界的哀思。②

杭州的章太炎追悼会由浙江省立图书馆发起，定于1936年11月14日举办，由国民党浙江省党部监察委员王廷扬担任主席，并由王氏报告章太炎略历，章夫人出席并答谢宾客。该馆为了表扬章太炎生前事迹并让人们有生动的观感，特增设章太炎文物展览室，征集太炎的遗像、遗著、遗墨、遗物（如用笔、手杖等）数十种，一百余件。③ 当时，浙江大学校长竺可桢因在苏州演讲未能参加章太炎的追悼会，浙大派出以教务长郑氏为首的代表团参加追悼会。郑教务长作了演说，对章太炎的一生功绩进行了追忆，并对章太炎及其弟子未能与浙大进行合作表示了惋惜之情。作为东南地区的最知名学府之一，郑教务长演说中指出浙大本来计划聘请章太炎振兴文史之学，只因章氏年事已高而作罢，而后又计划请太炎讲学，却遽归道山，实在令人惋

---

① 《四川教育界追悼章太炎》，载于《申报》1936年9月15日，第22765号，第15版。

② 《成都各界在本校公祭章太炎先生》，载于《国立四川大学周刊》，1936年第5卷第3期。

③ 《杭州举行章太炎先生文物展览》，载于《学术世界》，1936年第2卷第3期。

惜。① 这段史实也的确表明章太炎弟子当时主要任教于北平的北大及南京的中大等高校，而对于家乡的浙江大学文史之学并无贡献，这与浙大当时办学宗旨侧重理工科有很大关系。

北平章太炎追悼会由在北平的太炎弟子们发起并操办，钱玄同在日记中较为详细地介绍了筹备追悼会的过程及追悼会当天的情况。钱玄同与朱希祖、马幼渔商量在北平开章太炎追悼会，确定借用孔德学校大礼堂为追悼会场地，钱氏拟定追悼会通启，并由他和马幼渔负责交信差发出。钱玄同还请《世界日报》登载通启四日并托付该报代向天津《大公报》登载通启两日。1936 年 9 月 4 日，章太炎弟子们齐聚孔德学校，大家推举许寿裳为主席，招待员为林尹、孙伏园、陆宗达、李季谷。当日上午十时，许寿裳致开会词，随后，由朱希祖报告章太炎生平大事，次由章太炎三女婿朱镜宙报告章氏之病状及国葬等事，次由钱玄同略述章太炎"文、史、儒、玄"四学之要点，次由蒋梦麟代表来宾演说，十二时散会。当日，追悼会还附设了章太炎遗墨展览，共计 38 件。②

上海市各界追悼章太炎先生大会由上海党政军警各机关团体发起，时间定于 1936 年 7 月 18 日，地点在贵州路湖社。经费分派为：每一机关担任五十元，每一团体担任十元，个人五元。大会筹备处设于市政府第一科。③ 7 月 18 日下午 4 时，上海各界人士举行追悼章太炎大会，吴铁城市长主祭，蔡元培先生献花并演说，祭文由周雍能诵读，黄钧任司仪，李大超任总干事，干事及招待有专人担任。到会代表有潘公展、蔡元培、童行白、杨虎、王晓籁、朱庆澜、汪旭初等五百余人。整个追悼仪式分为以下程式：一、主席团就位，二、全体肃立，三、奏乐，四、向党国旗及总理遗像行最敬礼，五、奏哀乐，六、献花，七、默哀，八、读祭文，九、主席报告，十、演说，十一、家属答礼，十二、奏哀乐，十三、礼成。主席蔡元培与太炎弟子汪东分

---

① 《郑教务长等参加本省章太炎先生追悼会》，载于《国立浙江大学日刊》，1936 年第 64 期。

② 杨天石主编《钱玄同日记》（整理本·下），北京：北京大学出版社，2014 年，第 1218—1220 页。

③ 《党政军警等发起章太炎追悼会》，载于《申报》1936 年 7 月 8 日，第 22696 号，第 11 版。

别演说，介绍章太炎生平事迹与历史贡献。潘公展在代表吴铁城致祭时指出："章氏既开近代思想界之先河，复与革命行动合而为一，应为吾人模范。"① 可谓点睛之笔。与北平、杭州、成都的追悼活动相比，上海的追悼会更具有官方性质，在移居苏州之前，章太炎曾长期居住在上海，这或许也是当地政府的一种刻意安排。

四、结语

1936 年 1 月 1 日，吴稚晖在《东方杂志》第 33 卷第 1 期上发表《回忆蒋竹庄先生之回忆》，为自己在"苏报案"中的"献策"进行辩护。该文末吴稚晖对章太炎极力讽刺，并搜集所谓"章太炎集外文钞"对章太炎曾经撰写的寿文进行讥讽，说章太炎"东倒西歪，一转便转"②。其实，针对以吴稚晖为代表的文人对章太炎的苛责与讥刺，鲁迅在《关于太炎先生二三事》一文中有过驳辩并给予章太炎较为中肯的评价，"并非晚节不终"，称赞章太炎"革命之志，终不屈挠者，并世亦无第二人：这才是先哲的精神，后生的楷范"。他替章太炎驳辩道："近有文侩，勾结小报，竟也作文奚落先生以自鸣得意，真可谓'小人不欲成人之美'，而且'蚍蜉撼大树，可笑不自量'了！"③ 乃至，鲁迅在他去世前撰写的最后的一篇文章《因太炎先生而想起的二三事》中还提到章太炎与吴稚晖曾经的恩怨，鲁迅还为《章氏丛书》中没有收录那些为排满革命和论战而撰写的"攻战的文章"而感到惋惜，当然，鲁迅自己也感受到青年们"憎恶老人的文章"的世态凉薄。④ 通过分析章太炎逝世之后的新闻报刊所刊发的相关文章，可以看到，民间报刊与民众对章太炎的记述大都能够肯定章太炎在政治（思想和实践）和学术两方面的功绩。相比于那些对章太炎曾经的小节吹毛求疵的文章，章太炎逝世后的悼

---

① 《昨开会追悼章太炎》，载于《申报》1936 年 7 月 19 日，第 22707 号，第 12 版。

② 吴稚晖：《回忆蒋竹庄先生之回忆》，载于《东方杂志》1936 年 1 月 1 日，第 33 卷第 1 期，第 36 页。

③ 鲁迅：《关于太炎先生二三事》，载于《鲁迅全集》（第六卷），北京：人民文学出版社，2005 年，第 567 页。

④ 鲁迅：《因太炎先生而想起的二三事》，载于《鲁迅全集》（第六卷），北京：人民文学出版社，2005 年，第 576、578 页。

念文章大都可以秉持公允之笔进行记述，正如李道中所言："论者则好捃摭细故，肆其讥评，以自鸣高。实则蚍蜉之撼，于先生盛业，未能窥其一二，亦何伤于毫发？……夫知人论世，原非尽人可胜其责，况学问事功如先生，尤不容浮妄耳食之徒，摭拾琐闻，轻事訾諆。必也于先生著作，于先生志事，有深湛之了解，透彻之研究，而后准情酌理，不参执着之见，客气之私，则庶几可作盖棺之论定。"① 李道中的见解为我们更加公允地评价历史人物的是非问题提供了参照，面对新闻舆论中的章太炎形象，我们可以更加清晰地感受到他作为一代国学大师和政治思想家的长久魅力。

第三节 孙中山、黄兴、章太炎被誉为"辛亥三杰"的成因探析

针对"辛亥三杰"这个历史性表述，史学界并无专门考证其来源的文章，其原因大概是难度太大，笔者检索了收录民国时期报刊和书籍的文献数据库，包括"晚清民国报刊数据库""爱如生近代报刊数据库""大成故纸堆数据库""抗日战争与近代中日关系文献数据平台"。在上述数据库中以"辛亥三杰"词条进行检索，均未有任何结果。各类数据库的确提供了信息检索的便利，但是，文献数据库的缺陷是很难将所有文献搜集齐全（著作、报刊、档案等），更不可能实现所有内容的全文检索，所以，要通过人力去检索所有文献难度自然太大了。随后，笔者又用"辛亥三杰"这一词条在"读秀学术搜索"、"超星发现系统"和"百度学术"（含百度网页检索）中进行检索，发现"辛亥三杰"这一词组全部出现在当代学者的表述中，这就促使笔者产生了探究"辛亥三杰"到底指谁以及何时产生这种表述的兴趣，进而着重分析孙中山、黄兴、章太炎被誉为"辛亥三杰"的成因。

一、"辛亥三杰"指代颇为广泛

中国人在记述杰出人物的事迹时喜欢使用"某某三杰"的表述方式，中

---

① 李道中：《悼章太炎先生》，载于《文澜学报》，1936年第2卷第2期。

国人在长期的文化传统中之所以钟情于数字"三"，这与中国人对客观世界的认知方式有关，如老子《道德经》中指出：道生一，一生二，二生三，三生万物。因此，"三"这个数字就包含有万物起源之意，从而蕴含了一种吉祥的寓意。史书中最早使用"三杰"典故见于《史记·高祖本纪》，汉高祖刘邦曾称张良、萧何、韩信三人为人杰。后世诗文中常借"三杰"指当世将相或杰出之士。① 通过对学术检索平台的综合分析可以发现，人们使用"某某三杰"这种指代方式大概可以分为五类。第一类，以杰出人物所在地域划分，代表性的指代如："浙江三杰""北京三杰""金陵三杰""越中三杰""西城三杰""桃园三杰"等；第二类，以杰出人物隶属的群体或单位划分，代表性的指代如："义渠三杰""唐门三杰""哈佛三杰""一门三杰"等；第三类，以杰出人物职业划分，代表性的指代如："史官三杰""园艺三杰""阐释学三杰""南方武坛三杰""广东版画三杰""中共秘密战线三杰""互联网三杰"等；第四类，以杰出人物所处时代或重大历史事件划分，代表性的指代如："六朝三杰""文艺复兴三杰""维新三杰"等；第五类，以杰出人物所处的虚拟的空间划分，代表性的指代如："风尘三杰""网络三杰""江湖三杰"等。因此，本文所论述的"辛亥三杰"正是属于第四类，即对辛亥革命做出杰出贡献的三位历史人物。

从字面含义理解，"辛亥三杰"是指对辛亥革命做出重大贡献的杰出人士，且人数限定在三人。通过对上述三大学术检索系统的检索，可以发现文章和著作中出现"辛亥三杰"这一表述的时间全部在 2000 年之后，且在 2010 年之后刊发和出版的居多。通过检索还可以发现，"辛亥三杰"这一表述在使用过程中因为地域不同和贡献侧重点不同而有不同的人物指代。因地域不同所指代的"辛亥三杰"人物各自不同。目前，从学术检索中可以看到绍兴"辛亥三杰"的表述出现频率最多，主要体现在与绍兴历史文化相关的著述和文章中，绍兴"辛亥三杰"是指徐锡麟、秋瑾、陶成章，他们三人不仅属于绍兴地方，也同样是具有全国性影响力的辛亥革命杰出人物。此外，

---

① 范之麟、吴庚舜编《全唐诗典故辞典》，武汉：湖北辞书出版社，1989 年，第 66 页。

地域性的"辛亥三杰"还有四川贡井"辛亥三杰":吴玉章、谢奉琦、雷铁崖;① 福建福鼎"辛亥三杰":周忠魁、朱腾芬、潘雨峰。② 当然,各地应该还有不少属于自己地方的"辛亥三杰"人物组合,只不过三大学术检索系统中并未收录而已。

按照杰出人物对辛亥革命贡献的分工不同,"辛亥三杰"也有不同组合,一个组合是孙中山、黄兴和宋教仁,侧重他们三人在革命党中的影响力,另一个组合是孙中山、黄兴和章太炎,侧重他们各自代表的派别,三人分别代表兴中会、华兴会和光复会。这两种划分见于"百度知道",颇为很多民众所赞同。

因为女性对辛亥革命的特殊贡献,"辛亥三杰"也有指代女性的组合,即尹维峻、尹锐志和秋瑾。③ 除上述所列关于"辛亥三杰"的组合之外,还有一例人物的组合较为少见,在北京瀚海 2012 春季拍卖会上有一组古籍手稿拍品名为"辛亥三杰信札",这里所谓的"辛亥三杰"是指于右任、张默君、费景德,由此可见,只要对辛亥革命做出过较大贡献的历史人物,不论其在全国具有影响力还是在地方具有影响力,皆可以称为"辛亥三杰",地域性的"辛亥三杰"则在表述前加地名作定语,以示其区别。

通过前文的分析,由于文献数据库收录和检索存在的缺陷,并不能确定民国时期是否出现过"辛亥三杰"这样的表述,而通过学术检索系统发现这一表述是在 2000 年之后才陆续出现。如果暂且不考虑"辛亥三杰"这个表述出现的时间问题,而仅考量历史人物对辛亥革命的实际贡献大小,从革命党人的视角,孙中山、黄兴、章太炎和孙中山、黄兴、宋教仁这两组三人组合最能体现"辛亥三杰"所概括的特征,当然,第一组合在学界出现的频率更加频繁。

---

① 胡昭曦:《旭水斋存稿》,成都:四川大学出版社,2012 年,第 283 页。
② 白荣敏:《海上仙都——作家笔下的太姥山》,福州:海峡文艺出版社,2018 年,第 48 页。
③ 董耀奎:《"二战胜利 70 周年"系列图书:保定抗战史话》,北京:新华出版社,2015 年,第 271 页。

二、孙中山、黄兴、章太炎这一"辛亥三杰"组合的形成

学界将孙中山、黄兴、章太炎并称为"辛亥三杰"皆见于研究章太炎的相关著述中，章念驰在其所著的《我的祖父章太炎》一书前言中称："先祖父作为一个'有学问的革命家'，在一百年前的辛亥革命中，被誉为'辛亥三杰'——孙中山、黄兴、章太炎。"① 华强在其所著的《章太炎大传》中这样描述："章太炎与孙中山、黄兴并称'辛亥三杰'。时人公认孙中山是革命家，黄兴是军事家，章太炎是宣传家。"② 林少阳进一步解读了章太炎作为一介书生为何被人誉为"辛亥三杰"，他指出章太炎是"文"之革命家、"文"之革命导师。章太炎的文章既有推动武装起义的作用，又引发一场思想革命。③ 通过华强和林少阳的解读，我们看到学者们认为章太炎对辛亥革命的贡献在宣传革命和民众的思想启蒙方面，这也是他区别于孙中山和黄兴的地方。受到学界的启示和影响，章太炎纪念馆和章太炎故居分别陈列了"辛亥三杰"的雕塑，人物的雕像皆以孙中山居中，黄兴居左，章太炎居右的设计呈现。学界用"辛亥三杰"指代孙中山、黄兴、章太炎三人大约出现的时间在 2000 年之后，这种情况出现的原因大概与研究章太炎的学者试图更加公允地评价章太炎在辛亥革命中的贡献有关。因为 20 世纪的历史对章太炎的评价受到诸多因素的干扰和制约，所以就革命领袖人物对辛亥革命的贡献大小而言，民间历史著作和民众中自然会形成与官方不太一致评价，通过研究可以发现，民国时期，在民间学者中和民间历史著作里就已经出现将章太炎与孙中山、黄兴并称的记载了，后文将详细阐述。

众所周知，在辛亥革命史上孙中山和黄兴作为革命领袖总被并称为"孙黄"，在民国之后的新闻舆论和时人记载中亦常见"孙黄"的称谓，可见，人们对他们两人的革命功绩是充分肯定的。但是，人们对章太炎在辛亥革命中的功绩的认识却是存在分歧的。章太炎对他自己在辛亥革命宣传过程中的

---

① 章念驰：《我的祖父章太炎》，上海：上海人民出版社，2011 年，第 1 页。
② 华强：《章太炎大传》，上海：上海交通大学出版社，2011 年，第 346 页。
③ 林少阳：《鼎革以文：清季革命与章太炎"复古"的新文化运动》，上海：上海人民出版社，2018 年，第 54 页。

作用有过评述，他在《太炎先生自订年谱》中曾记载："国内学子以得《民报》为幸，师禁之，转益珍重，化及全域，江湖耆帅皆愿为先驱。"① 1912年底，政府有"授勋"之议，章太炎对他在辛亥革命中的贡献也是非常自信的，他在给王揖唐的信中表示不会接受二等勋位，并认为"中山但有鼓吹而授大勋，吾虽庸懦，鼓吹之功，必贤于中山远矣"。章太炎将自己与黄兴、孙武、段祺瑞和汪精卫并列，认为这五人的功绩虽然比不上黎元洪，但还是超过孙中山的。② 由章太炎积极争取一等勋位的陈述可以看到，他认为自己对辛亥革命和开创民国的功绩是不比孙中山和黄兴逊色的。但是，章太炎由于性格耿直，长期以来，在革命党内部也积下不少旧怨，民国初年，以监督政府为职志评论时政，逐渐为袁世凯政府所不满。1913 年 5 月，袁世凯下令授予章太炎二等勋位以示笼络人心，但这二等勋位对章太炎来说已成鸡肋。由此可见，在北洋政府看来，章太炎对于辛亥革命和开创民国的功绩并非如章氏自己所认为的那样大。1927 年 4 月南京国民政府建立之后，5 月至 6 月，章太炎被指为第一名学阀遭到国民党上海市党部通缉，章太炎蛰居家中作民国遗民。由于章太炎和国民党的旧怨，加之他对国民政府所持的批判和不合作态度，使得章太炎这位革命元老更加边缘化。1928 年余牧人撰写《党国名人传》一书，内中列举了孙中山、陆皓东、胡汉民等 93 位对国民革命做出贡献的名人，章太炎因为不在国民党内，所以自然不被该书所收录。在民国时期，章太炎对辛亥革命所做出的贡献，因为章太炎个人的原因，并不能获得比较客观的评价，所以国民党政府的话语体系中很难将章太炎的功绩与孙中山、黄兴等而视之，国民党政府的历史书写中未出现将章太炎与孙中山、黄兴并列称为"辛亥三杰"的表述就可以理解了。例如，在由教育总署编审会 1939 年发行的《高中本国史》中并没有记载晚清的排满革命经过，只对狭义的辛亥革发起过程做了交代，除了孙中山之外，黄兴和章太炎的名字并没有出现。③ 与此相类似，由教育部 1945 年审定的《新编高中本国史》在记

---

① 章炳麟：《太炎先生自订年谱》，台北：文海出版社，1966 年，第 11 页。

② 章太炎：《与王揖唐》，载于马勇编《章太炎书信集》，石家庄：河北人民出版社，2003 年，第 494 页。

③ 教育总署编审会编《高中本国史》，教育总署编审会发行，1939 年，第 311-314 页。

述"革命思潮之勃兴与孙中山先生"一节时，提到黄兴等人所组织的华兴会和章太炎等人所组织的光复会是革命团体，指出孙中山与黄兴等谋划集中革命势力，成立中国同盟会于日本之东京。① 很显然，作者主要凸显的是孙中山在辛亥革命中的主导作用，并没有将章太炎的革命宣传功绩与孙中山等视的意思。

但是，在民间学者眼中和民间历史著作里可以看到章太炎与孙中山、黄兴的并列地位。余为农在给章太炎所写的挽联里这样描述："继黄梨洲顾炎武而兴著书自足传千古，与孙中山黄克强并起建国谁能没大勋。"② 在周予同所撰写的《本国史》（出版于 1947 年）中，当讲述现代史部分《孙中山先生和革命运动》一章内容时，分别插入了孙中山、黄兴和章太炎的画像，他们分别代表兴中会、华兴会和光复会，这种安排即表达了作者对革命阵营三位领袖的肯定。③ 周予同在《本国史》中的表述，与章念驰读小学时的记忆是相吻合的。据章太炎的嫡孙章念驰的回忆："我从小就知道爷爷与孙中山、黄兴是并驾齐驱的'辛亥三杰'，直到我念小学，课本里还是这样讲的，还印了他们三个的画像，画的都是一样大的。后来不知怎么的，只剩了孙中山一个人了。"④

中华人民共和国建立后，由于种种原因，学界对辛亥革命的评价有过起落，对历史人物的评价比较看重阶级属性等方面，对章太炎的研究和评价受到诸多限制，未能展现章太炎生平、思想与学术的客观面目。直到 1978 年，李泽厚撰写《章太炎剖析》对章太炎思想研究加以反思，1979 年，汤志钧《章太炎年谱长编》出版，开创了章太炎思想和学术研究的新篇章，学界对章太炎的研究领域和范围逐步扩大，对章太炎的生平、思想与学术等问题的了解更加深入，为更加客观地评价章太炎奠定了基础。21 世纪，学界频繁出现"辛亥三杰"的表述，进而又有研究章太炎的学者将孙中山、黄兴、章太炎并称为"辛亥三杰"的表述重新提出，这是对章太炎在辛亥革命和开创民

① 金兆梓：《新编高中本国史》，上海：中华书局，1945 年，第 198 页。
② 《太炎先生挽联》，载于《制言》1936 年 10 月 1 日，第 26 期。
③ 周予同：《本国史》，上海：开明书店，1948 年，第 2—5 页。
④ 章念驰：《后死之责 祖父章太炎与我》，上海：上海人民出版社，2019 年，第 2 页。

国之中贡献的客观评价，肯定章太炎在革命宣传和民国肇建中的作用，并不逊色于孙中山和黄兴。

三、结语

今天，学界已经认识到对辛亥革命做出贡献的不仅有革命党人，前清的一些官员、起义将领、立宪派也做出了应有的贡献。章太炎曾经也承认黎元洪和段祺瑞的贡献，二次革命爆发前，他也曾在民国初年一度对袁世凯抱有好感。所以，我们今天看到的"辛亥三杰"这个表述，是人们站在革命党的视角所构建出来的一个词组，其实，在章太炎和一些学者看来用"辛亥三杰"指代革命党与北洋政权交恶之前的袁世凯、段祺瑞等人自然也没有什么不妥。当然，有一点可以肯定的是，"辛亥三杰"这一表述之"名"的出现肯定要晚于杰出历史人物对辛亥革命贡献之"实"，不同时间、不同派别、不同喜好的人们对"辛亥三杰"的理解都会有不同，这大概与顾颉刚所概括的"层累地造成的中国古史"的学说有类似之处。当代学者提出孙中山、黄兴、章太炎构成"辛亥三杰"的这一表述，可谓是他们为了恢复历史真实和历史记忆所做的一种努力。

第四章

章太炎的思想与学术

　　康有为首开晚清"尊孔"的孔教改革运动，与其立异者自然是章太炎，笔者从康、章二人学术思想资源的脉络出发，围绕古文经学及今文经学立场的分歧来剖析章太炎贬抑孔子的深层原因。将章太炎对孔子的评价分为政治与学术两个层面，以这个两个层面为纬，辨明章太炎评价孔子的"变"与"不变"；以时间发展顺序的文本分析为经，从而更好地把握章太炎心中的孔子形象。在激进与保守思潮激荡的晚清社会，作为民族主义和国粹主义代表的章太炎，他对孔子的评价可以说很具有代表性，不论是革命派还是维新派都可以看到他们对孔子评价的相似心路。本书将章太炎评价孔子的变化视为其"自贵其心"的一贯心迹，对"忠恕"思想的新解亦可以看作章太炎对孔子和儒学的最终肯定性评价。颜元是明末清初重要的儒学思想家之一，章太炎对他的学术和思想的探讨主要体现在《訄书·颜学》和《检论·正颜》两篇文章中。章太炎之论颜元首先从其思想源流开始，进而阐明他对于颜元"主动"思想的首肯以及颜元思想在知识论方面的缺陷。通过章太炎对颜元的评价可以探寻章太炎评价历史人物的心迹变化和所持标准；并通过章太炎对颜元思维特质之缺陷的揭示来反观导致中国近代思维挫折的原因。

　　二十世纪初，章太炎在西方社会学等学科的影响下，开始反思传统史学并对其表示不满，他在探索文明史建设方面做出了较大的贡献，主要体现在他对中国近代"群学"和氏族史两个方面的研究。国学大师章太炎是中国近代新史学的开创者之一，他在长期的革命和学术实践中形成了较为系统的历史教育思想。章太炎的历史教育思想融合中西方之经验，针对历史教科书的编写，教师的教法和学生的学法，以及历史的功能与价值展开论述。章太炎强调学生学习历史应识大体并且应该以自修为主；此外，章太炎坚持历史的求是与致用的双重价值，他认为历史与培养人才、保存国性和文化复兴皆关系密切，对致用价值的强调表明章太炎与同时代的历史教育者有着相似的心路。《三字经》是我国古代影响力最大的童蒙教育经典之一，后世学者不断对其进行注释、补充和完善。章太炎是近代历史上著名的国学大师，他一生致力于国学教育，《重订〈三字经〉》是他对中国幼儿教育做出的巨大贡献。《重订〈三字经〉》在宋版《三字经》的基础上增订而完成，虽然它在二十世纪传播较为广泛，但是在民国时期的传播效力受到了诸多限制。《重订〈三字经〉》比较贴合章太炎的国学教育理念，其中所蕴含的教育思想与文化复兴之间的关系，直到今天依然值得探讨。

　　章太炎是中国近代历史上对侠客精神阐释最为详细和系统的学者，在晚清革命的背景下，他形成了独特的儒侠观。《民报》时期，章太炎主导并推动了侠行的实践和侠客精神的近代转化，利用革命道德和革命心理来规范侠客的行为。在学理层面，章太炎先后将大独精神、"菩萨行"、"儒行"融入侠行以阐扬侠客精神的价值，进而肯定了侠客在国家建设过程中存在的合理性，厘定侠"在蒿莱明堂之间"，为侠客在民国建立之后的生存开拓了空间，最终完成了他对侠客精神阐释的近代转化。章太炎是中国近代历史上著名的革命型学者，同时也是一位具有深湛哲思的思想家。基于对西方资本主义社会矛盾的批判性认知和东方哲学中有关平等思想的追求，章太炎在清末时期对社会主义思想进行了积极的探索并在《民报》中展开对社会主义思想的宣传。作为传统知识分子，章太炎对社会主义思想的认知虽然很有典型性，但是也充满了个人和时代共同造成的局限性；因此，他不可能真正找到社会革命成功之道。

第一节　"自贵其心"与"忠恕"之道——
章太炎评价孔子问题新探

　　中国近代以来民族危机逐步加剧，伴随着"西学东渐"的潮流，中国传统文明在遭遇西方的各方面挑战之后，特别是在思想、文化层面，则面临着激变与转化并存的局面。随之，儒学与孔教处于中西文明碰撞的潮头，无论是对近代儒学的重新评定还是孔教自身的兴废都离不开对孔子地位的探讨。学者们研究章太炎评价孔子主要以研究《訄书·订孔》《检论·订孔》《论诸子学》等文本为主，在系统、全面梳理文本方面是远远不够的。围绕章太炎在不同阶段为什么对孔子评价不同这一问题，学界从宏观的学理方面的研究是薄弱的。另外，能够将章太炎个人的思想与时代背景和学术流变、思潮相结合来研究也是本文力图开拓的。

一、章太炎评价孔子的两个层面

周予同在《康有为与章太炎》一文中指出："所以当时的青年界，在学术上是经古文学与经今文学之争，在政治上是革命党与保皇党之争"；章太炎"出发于中国旧有的文化与仅仅注意政治组织之上层的改革，则初无二致"。① 在晚清的历史上，有维新党（后称保皇党）与革命党的分立，两派不仅在政治上立异，而且在学术、文化观上也是对立的。但是，若仅就对于孔子的评价而言，两派就要因人而异了。有趣的是在革命派中间，从孙中山、邹容到陈天华对于孔子的评价都倾向于政治和文化的两条线索，即是政治上倾向于激进，文化上倾向于保守，尤以章太炎对孔子和孔教的贬抑最烈。② 正是因为受到周予同和近代思潮史的启发，所以将章太炎对孔子的评价亦分为政治、学术文化两个层面，通过仔细剖析以见其合理之处。

（一）今古文之争的遗绪

传统经学到了晚清逐步走向衰亡，而今古文经学的最后代表就是康有为和章太炎了。今文经学视孔子为后世立法之素王，并视六经为孔子所作。章太炎从古文经学出发，反对将孔子"神道设教"，而中国自汉以后之历史，统治者皆以孔子为护符，将其神圣化；自今文经大师董仲舒提出"罢黜百

---

①　周予同：《康有为与章太炎》，载于朱维铮编《周予同经学史论著选集》，上海：上海人民出版社，1983 年，第 110 页。

②　具体可以参看高瑞泉主编《中国近代社会思潮》中第七章第 2 节《清末变革思潮与文化激进主义的滥觞》，上海：上海人民出版社，2007 年。

家"之后，今文经学即以"经术缘饰政治"，那么持古文经说的章太炎自然就反对"通经致用"。章太炎并不持很深的门户之见，对于今文经学是持比较客观态度的，这在他前期所撰述的文章中是可以见到的，如《客帝论》中将孔子后裔列为素王。这显然是受到了其师俞樾的影响，在他所追述的《自述学术次第》中，他首先点明其师"先师俞君，曩日谈论之暇，颇右公羊"，然后又说他自己"初治左氏，偏重汉师，亦颇傍采公羊"。① 这一看法在他所著的《春秋左传读》中有所体现，他也采纳了公羊学的素王改制之说。在章太炎为其师所撰的《俞先生传》中亦有"然治《春秋》颇右公羊氏，盖得之翔凤云。为学无常师，左右采获，深疾守家法违实录者"。② 由此可见俞樾对今古文经学"左右采获"的治学路径影响到了章太炎，所以这也为章太炎能在初始之时受到康有为的影响埋下了思想的因子。

（二）政治与学术的分立

章太炎在政治领域批判孔子目的是反对孔教的设立，并斥责保皇和尊孔，本质上是借孔子以批判"湛心利禄"之儒生。当然，章太炎对于先秦儒学和汉代之后为统治者"专制护符"的儒学是辨明了的，这些在本文的最后部分再详述。章太炎评价孔子的学术文化资源可以说有两个方面，一是浙东史学派的影响，二是近代诸子学的兴起。浙东史学从黄宗羲、万氏兄弟到章学诚一脉相传，章太炎在章学诚"六经皆史"的基础上提出了"经者古史，史即新经"③ 的新说。他肯定孔子为良史，褒扬其史学地位，否定经学的权威即是否定孔子的神圣地位。章太炎在《答铁铮》一文中明确指出"孔氏之教，本以历史为宗。宗孔氏者，当沙汰其干禄致用之术，惟取前王成迹可以感怀者，流连弗替。春秋而上，则有六经，固孔氏历史之学也；春秋而下，则有《史记》《汉书》，以至历代书志、纪传，亦孔氏历史之学也。若局于《公羊》取义之说，徒以三世、三统大言相扇，而视一切历史为刍狗，则违

---

① 章太炎：《自述学术次第》，载于文明国编《章太炎自述》，北京：人民日报出版社，2011年，第52页。

② 章太炎：《俞先生传》，载于文明国编《章太炎自述》，北京：人民日报出版社，2011年，第135–136页。

③ 章太炎：《读史之利益》，载于马勇编《章太炎讲演集》，石家庄：河北人民出版社，2004年，第196页。

于孔氏远矣!"① 章太炎用诸子思想来平议孔子,这是与近代以来诸子学的复兴相关的。伴随诸子学的兴起,研究诸子学的人越来越多,章太炎也自然在这一潮流之中。他曾在《俞先生传》和《孙诒让传》中推崇其老师和前辈所作的《诸子平议》和《札迻》,并把这两部著作与王念孙的《读书杂志》进行相互品评。章太炎将自己定位为诸子学的最后传人,据朱希祖的回忆曾说道:"先师尝言经史小学传者有人,光昌之期,庶几可待,文章各有造诣,无待传薪,惟示之格律,免入歧途可矣。惟诸子哲理,恐将成广陵散矣。"② 章太炎研究诸子学"从国粹主义的立场出发,宣扬子儒平等,着意发掘先秦非儒学派如老庄、墨家、法家等诸子学说的思想价值;批判、否定了'独尊儒术'的历史传统和康有为建立'孔教'的思想主张。"③ 章太炎评定诸子的文章有《诸子学略说》、《论诸子的大概》、《诸子略说》(《国学讲演录》所辑),以及《国故论衡》中的诸篇。这些文章成为衡量章太炎重新评价孔子的历史地位的重要材料。

二、从《客帝论》到《訄书·独圣》

《客帝论》一文,章太炎发表于 1899 年 5 月,当时章太炎对康有为的"纪孔保皇"还是持声援的态度,尚未走向排满革命之路。他设计出这套以清帝为"客帝"的方案,并以孔子后裔为共主,"欧洲纪年以耶稣,卫藏纪年以释迦,而教皇与达赖剌麻者,皆尝为其共主。震旦之共主,非仲尼之世胄则谁乎?"④ 并称共主为"素王",此亦可见章太炎也曾受到今文经学的影响。当然,章太炎后来在《致陶亚魂、柳亚庐书》中自剖心迹以表达他"纪孔保皇"的那段心路,"陶、柳二子鉴:简阅传闻,知二子昔日,曾以纪孔、

---

① 章太炎:《答铁铮》,载于傅杰编校《章太炎学术史论集》,昆明:云南人民出版社,2007 年,第 113 页。

② 转引自汤志钧编《章太炎年谱长编》(上册),北京:中华书局,1979 年,第 474 页。

③ 张海鹏、李细珠:《中国近代通史》(第五卷),南京:江苏人民出版社,2005 年,第 548 页。

④ 章太炎:《客帝论》,载于汤志钧编《章太炎政论选集》(上册),北京:中华书局,1977 年,第 85 页。

保皇为职志。……二子观之，当知生人智识程度本不相远，初进化时，未有不经纪孔、保皇二关者，以此互印何如？"① 1900 年，庚子之变后，章太炎便在《〈客帝〉匡谬》②篇首公开承认错误，"共和二千七百四十一年，章炳麟曰：余自戊、己违难，与尊清者游，而作《客帝》。饰苟且之心，弃本崇教，其违于形势远矣！"③ 章太炎在《訄书》初刻本《客帝》一文中首次提出了"逐满"的课题。1899 年 12 月章太炎在《今古文辨义》一文中对廖平所持的今文经学立场进行了批驳，在申明古文经学立场时涉及孔子与六经的关系，他论述道："孔子贤于尧、舜，自在性分，非专在制作也。……然则孔子之所以超越千古者，必不在制作可知也。尧、舜、周公适在前，而孔子适承其后，则不得不因其已成者以为学，其后亦不得不据此删刊以为群经。"④ 章太炎视孔子为删定六经的先师，而非作六经圣王。康有为作《新学伪经考》视古文经为刘歆所造之伪经，他将自己所崇奉的今文经大师董仲舒所传之春秋公羊学作为理论基础，"圣制萌芽，新歆遽出，伪左盛行，古文篡乱。于是削移孔子之经而为周公，降孔子之圣王而为先师，公羊之学废，改制之义湮，三世之说微，太平之治，大同之乐，暗而不明，郁而不发。"⑤ 康有为眼中的孔子"为教主，为神明圣王，配天地，育万物，无人、无事、无义不囿范于孔子大道中，乃所以为生民未有之大成至圣也！"⑥ 康有为认为孔子乃续接天命之圣人，使儒学神秘莫测，他说道："盖命为孔子一大义，使人安分循理，迁善去恶"，进而"阶此而观，天命成败，圣人知之，有所不能救，命矣夫"。⑦ 如此"神道设教"之论，章太炎自然不会听之任

---

① 章太炎：《致陶亚魂、柳亚庐书》，载于汤志钧编《章太炎政论选集》（上册），北京：中华书局，1977 年，第 191 页。
② 《訄书》初刻本问世于 1900 年，而下文所涉及的《訄书》重订本则刊行于 1902 年，章太炎将《〈客帝〉匡谬》作为重订本全书之首，《检论》问世于 1915 年。
③ 章太炎：《〈客帝〉匡谬》，载于朱维铮、姜义华编注《章太炎选集》，上海：上海人民出版社，1981 年，第 118 页。
④ 章太炎：《今古文辨义》，载于汤志钧编《章太炎政论选集》（上册），北京：中华书局，1977 年，第 109、110 页。
⑤ 康有为：《孔子改制考》，北京：中华书局，2012 年，第 2 页。
⑥ 康有为：《孔子改制考》，北京：中华书局，2012 年，第 243 页。
⑦ 康有为：《春秋董氏学》，楼宇烈整理，北京：中华书局，1990 年，第 146、147 页。

之，但鉴于孙诒让的建议，为了顾全大局，章太炎没有完成专论性的著作，而撰成《儒术真论》一文，彰显其辩白之意。章太炎在此文中阐明了历史上"真儒"的含义，视"参以灾祥鬼神"者为"俗儒"，"真儒"则如这般认同"仲尼所以凌驾千圣，迈尧、舜轶公旦者，独在以天为不明及无鬼神二事"①。基于"天为不明""无鬼神"两个方面，章太炎从实质上批驳了康有为视孔子续接天命并承继圣统可为教主的立论。一方面，章太炎试图重新复原被康有为修饰过后已经面目全非的儒学真谛；另一方面，顺带揭示出了孔子的历史面相。

　　《独圣》（《訄书》初刻本）一文开篇就针对那些行"五行感生"之说、附会谶纬的陋儒进行批判，"有黄能无薏苡，有六天无感生，知感生帝之谬，而仲尼横于万纪矣"②。仲尼之所以"横于万纪"正在于其"祖述尧舜、宪章文武"，而且孔子"贤于尧舜""乘跞公旦"，原因在于仲尼"绌怪神""然后生民之智，始察于人伦，而不以史巫尸祝为大故，则公旦又逡遁乎后矣！"③ 正是因为孔子的"绌怪神"，才奠定了后世儒学与中国人的重伦理而非宗教的心理基础。章太炎可谓抓住了孔子思想的核心。这里可从侧面反映章太炎驳斥廖平、康有为的观点"四代皆乱世，尧、舜、汤、武之治皆无其事"④，乃是孔子所托之意。

三、《訄书·订孔》抑孔之真相

　　《订孔》（《訄书》重订本）一文，章太炎在开篇及结尾处，皆引日本学者之论述以非难孔子，引远藤隆吉之言则将中国社会历八十世而无进取的原因归咎于孔子，又引白河次郎之语诋儒术为奸雄利器。但是，据我国台湾地

① 章太炎：《儒术真论》，载于汤志钧编《章太炎政论选集》（上册），北京：中华书局，1977 年，第 120 页。

② 章太炎：《独圣》，载于《章太炎全集·訄书》（初刻本），上海：上海人民出版社，1984 年，第 103 页。

③ 章太炎：《独圣》，载于《章太炎全集·訄书》（初刻本），上海：上海人民出版社，1984 年，第 104 页。

④ 章太炎：《今古文辨义》，载于汤志钧编《章太炎政论选集》（上册），北京：中华书局，1977 年，第 108 页。

区学者王汎森的考证,"可以发现章太炎往反孔的方向对远藤氏的愿意作了相当多的夸张与扭曲",又"比对白河的原文,可知是经过他渲染的"①。最终,王汎森则认为,"追寻太炎反孔之最初动机,恐怕不能一味认定那是受外来的影响"②。我们看章太炎在《与柳翼谋书》中对于往昔的回忆,便可窥其心迹,"鄙人少年本治朴学,亦唯专信古文经典,与长素辈为道背驰,其后深恶长素孔教之说,遂至激而诋孔"③。章太炎在政治上激进地诋毁孔子,看似从其古文经学立场出发,而最终归宿于反对康有为建立"孔教"和利用"孔教"行其政治目的,所以可以说这也是二人的政治论争。

章太炎在《订孔》中指出孔子"闻望过情"则得虚誉以获后世尊荣,并降低对孔子删定六经功绩的评价,说道:"六艺者,道、墨所周闻,故墨子称《诗》《书》《春秋》多太史中秘书",又说,"异时老、墨诸公,不降志于删定六艺,而孔氏擅其威。"④ 他又贬斥反映孔子思想的作品"《论语》者晦昧,《三朝记》与诸告饬、通论,多自触击也";章太炎将孔子与孟、荀两位后学相较,称孔子与孟轲比则"博习故事则贤,而知德少歉矣",他极为夸赞荀子"以积伪俟化治身,隆礼合群治天下。不过三代,以绝殊瑰,不贰后王,以綦文理",对于荀子在认识论上的贡献,他赞叹道:"由斯道也,虽百里而民献比肩可也,其视孔氏,长幼断可识矣。"⑤ 章太炎详细分析了孔子"虚誉夺实"的过程,他认为"孟、荀道术皆踊绝孔氏,惟才美弗能与等比,故终身无鲁相之政,三千之化",而"荀卿奄于先师,不用"。⑥ 从章太炎将荀子的地位抬升来看,相比1897年9月撰写的《后圣》一文,已可看

---

① 王汎森:《章太炎的思想:兼论其对儒学思想的冲击》,上海:上海人民出版社,2012年,第175页。

② 王汎森:《章太炎的思想:兼论其对儒学思想的冲击》,上海:上海人民出版社,2012年,第177页。

③ 章太炎:《与柳翼谋书》,载于马勇编《章太炎书信集》,石家庄:河北人民出版社,2003年,第741页。

④ 章太炎:《订孔》,载于汤志钧编《章太炎政论选集》(上册),北京:中华书局,1977年,第179页。

⑤ 章太炎:《订孔》,载于汤志钧编《章太炎政论选集》(上册),北京:中华书局,1977年,第180页。

⑥ 章太炎:《订孔》,载于汤志钧编《章太炎政论选集》(上册),北京:中华书局,1977年,第180页。

到章太炎对孔子评价的心迹变化。如果我们再考察一下《訄书》（重订本）中的其他篇章，依然可以发现章太炎贬低孔子之说的言论，如《儒侠》中说道："今之世，资于孔氏之言者寡也，资之莫若十五儒"，① 言下之意选择孔子之儒还不如其他十五儒呢，当然这是针对十五儒在道德层面的优势而言。无论如何，纵观《订孔》全文，最后章太炎还是保有从历史角度对孔子的评价，他说："虽然，孔氏，古良史也，辅以丘明而次《春秋》，料比百家，若旋机玉斗矣。谈、迁嗣之，后有《七略》。孔子死，名实足以伉者，汉之刘歆。"② 相比较章太炎眼中的"先圣"荀子、刘歆，而被称为"孔氏"的孔子似乎在那段日子里黯淡多了。

四、《论诸子学》夷平孔子与诸子地位

《论诸子学》一文刊行于 1906 年，同年的《国粹学报》易名为《诸子学略说》刊出，一篇文章用两个名字发表，可见章太炎对此文的重视。章太炎诋孔自然要连带上儒学一起批判，从文字上看此篇可谓诋孔尤甚，但是还是停留在道德层面，既有政治道德又有个人私德。相比《订孔》（《訄书》初刻本）中的批评，此文则更加不留情面，他认为"儒家之病，在以富贵利禄为心"，又说："用儒家之道德，故艰苦卓厉者绝无，而冒没奔竞者皆是"，他又将儒家与基督教、伊斯兰教相比照而得出结论："儒术之害，则在淆乱人之思想。"③ 章太炎直接借诸子之言论来批评孔子，引庄子之言批评孔子"摇唇鼓舌，擅生是非"，引墨子之言批评孔子"污邪诈伪"。④ 章太炎鄙夷"孔子之教，惟在趋时"，又称孔子"所谓中庸，实无异于乡愿，……孔子讥

---

① 章太炎：《儒侠》，载于《章太炎全集·訄书》（重订本），上海：上海人民出版社，1984 年，第 141 页。
② 章太炎：《订孔》，载于汤志钧编《章太炎政论选集》（上册），北京：中华书局，1977 年，第 180 页。
③ 章太炎：《论诸子学》，载于朱维铮、姜义华编注《章太炎选集》，上海：上海人民出版社，1981 年，第 363、366 页。
④ 章太炎：《论诸子学》，载于朱维铮、姜义华编注《章太炎选集》，上海：上海人民出版社，1981 年，第 364、365 页

乡愿，而不讥国愿，其湛心利禄，又可知也"。① 更有甚者，章太炎竟认为孔子诈取老子的学术典籍又逼走孔子，遂"孔子之权术，乃有过于老子者"。② 关于此公案③，章太炎在日后有所悔思，"翼谋先生足下：顷于《史地学报》中得见大著，所驳鄙人旧说，如云'孔子窃取老子藏书，恐被发覆'者，乃十数年前狂妄逆诈之论，以有弟兄啼之语，作逢蒙杀羿之谈，妄疑圣哲，乃至于斯。……足下痛与针砭，是吾心也。感谢感谢！"④ 这正反映了章太炎对于学术的执着和"求是"的精神，然章太炎又借孔子诛少正卯这一历史未竟之公案来诋毁孔子，难道在章太炎心中孔子真的就这么"流毒"吗，还是可能存在隐喻呢？

　　首先让我们来剖析一下 1906 年的相关历史背景，这一年光绪帝下诏抬升孔子祭祀的地位，与祭天同列，可见孔子之尊荣已达历史之极。这对康有为来说则是欢欣鼓舞的，加之清政府正式宣布预备仿行立宪，康有为准备在 1907 年元旦将保皇会改组为国民宪政会。章太炎在这样的时局下，又在《民报》上发表了《革命之道德》和《箴新党论》对新党和保皇党人进行批判，同时指明了革命所需的真正道德精神。

　　如果我们稍稍将视角向前回溯一下，章太炎在 1903 年所发表的《驳康有为论革命书》中就对康有为醉心富贵、替满清政府辩护的言论进行了激烈的批判，"夫以一时之富贵，冒万亿不韪而不辞，舞词弄札，眩惑天下，使贱儒元恶为之则已矣"，又说，"种种缪盭，由其高官厚禄之性素已养成，由是引犬羊为同种，奉豭尾为鸿宝"。⑤ 章太炎揭露了清政府尊孔的本质乃是

---

① 章太炎：《论诸子学》，载于朱维铮、姜义华编注《章太炎选集》，上海：上海人民出版社，1981 年，第 365、366 页。

② 章太炎：《论诸子学》，载于朱维铮、姜义华编注《章太炎选集》，上海：上海人民出版社，1981 年，第 369 页。

③ 《章太炎选集》中《论诸子学》一文说明中，朱维铮、姜义华二人认为"对孔子和老子的关系的考察，……都令人想到康有为如何对待廖平，以及戊戌后他对梁启超的自立门户而无可奈何的'近典'"。该文关于此论断颇为赞同其说。

④ 章太炎：《与柳诒徵论学书》，载于傅杰编校：《章太炎学术史论集》，昆明：云南人民出版社，2007 年，第 108 页。

⑤ 章太炎：《驳康有为论革命书》，载于汤志钧编《章太炎政论选集》（上册），北京：中华书局，1977 年，第 194、196 页。

"徒以尊事孔子，奉行儒术，崇饰观听，斯乃不得已而为之，而即以便其南面之术，愚民之计"，① 以此来警醒人们。在《革命之道德》一文中，章太炎用大量事实指责了林旭、杨锐作为戊戌党人的不道德，又指出唐才常辈庚子党人的不道德，原因正是以上诸人"没于利禄、耽于妻子"，② 这不是与章太炎批判孔子及儒术之害如出一辙吗？他又论道："朴学之士多贪，理学之士多诈，文学之士多淫，至外学则并包而有之。所恃既坚，足以动人，亦各因其时尚以取富贵。古之鸿文大儒邈焉，不可得矣。"③ 章太炎将传统为学之士可谓批判了个底朝天，他心目中的"鸿文大儒"可能只有荀子可以堪当重任了。在《箴新党论》中章太炎直接点名批判康有为，谓"新党之萌芽，本非自有为作，挟其竞名死利之心，而有为所为"④。他对于道德的标准正是"确固坚厉，重然诺、轻生死"，⑤ 看来这是将佛教华严宗与儒、侠真精神合为一炉的产物。

所以，我们从以上论述可以看到章太炎正是基于革命"排满"的紧迫形式才提倡"革命之道德"以鼓舞人心，才与康、梁论战，揭露他们的"诈伪、利禄"之心，因此他认清了革命之中"若夹杂一点富贵利禄的心，就像微虫霉菌，可以残害全身，所以孔教是断不可用的"。⑥ 既然，孔教只能败坏革命道德，那只能用佛教来拯救革命道德了，在《答梦庵》（1908年）一文中，章太炎提出了从佛教入手，"人果学佛，蹈汤赴火，必有王学之长，而

① 章太炎：《驳康有为论革命书》，载于汤志钧编《章太炎政论选集》（上册），北京：中华书局，1977年，第195页。

② 章太炎：《革命之道德》，载于朱维铮、姜义华编注《章太炎选集》，上海：上海人民出版社，1981年，第303页。

③ 章太炎：《革命之道德》，载于朱维铮、姜义华编注《章太炎选集》，上海：上海人民出版社，1981年，第305页。

④ 章太炎：《箴新党论》，载于《章太炎全集·太炎文录初编》，上海：上海人民出版社，1985年，第291页。

⑤ 章太炎：《革命之道德》，载于朱维铮、姜义华编注《章太炎选集》，上海：上海人民出版社，1981年，第296页。

⑥ 章太炎：《东京留学生欢迎会演说辞》，载于马勇编《章太炎讲演集》，石家庄：河北人民出版社，2004年，第4页。

放诞诗张之病，庶其获免。作民德者，舍此无他术也。"① 最终方可实现"以勇猛无畏治怯懦心，以头陀净行治浮华心，以惟我独尊治猥贱心，以力戒诳语治诈伪心"。② 至此，我们便可窥见章太炎评价孔子时往往与孔教联系在一起，而且说到孔教，又怎能不与政治联系起来，当然我们不能因此而把目光仅仅停留在对孔子认识的这一浅层次上。连章太炎自己也说："自汉武帝专尊孔教以后，这热衷于富贵利禄的人，总是日多一日"，③ 不正说明章太炎内心很清楚先秦之时的孔子是怎样的吗，这是他所力图恢复的孔子作为一个"非教主"的形象，也是他评价孔子的恒定理念。当我们回到《论诸子学》一文中时，我们同样可以看到如《今古文辨义》中称赞孔子的言论，他说："故孔子删定六经，与太史公、班孟坚辈，初无高下"，又继续肯定"有商订历史之孔子，则删定六经是也。有从事教育之孔子，则《论语》、《孝经》是也。"④ 他讲完儒学之害，又调转笔锋，说道："虽然，孔氏之功则有矣。变禨祥神怪之说而务人事，变畴人世官之学而及平民，此其功亦复绝千古。二千年来，此事已属过去，独其热中竞进在耳。"⑤ 由此，我们看到章太炎对于孔子的评价便是比较客观的了，到了《检论》这里，章太炎对于孔子和儒学皆有了更加深刻的评定，由《訄书》重订本的贬抑转入褒扬。

五、《检论·订孔》是为阐扬儒家"忠恕"之道

章太炎增删《訄书》更名为《检论》是在 1914 年，这是《太炎先生自定年谱》所记。从辛亥革命前后到被袁世凯囚禁于北京，章太炎对中华文化重新进行了反思。其实结合章太炎于 1913 年撰写的《驳建立孔教议》已可

① 章太炎：《答梦庵》，载于汤志钧编《章太炎政论选集》（上册），北京：中华书局，1977 年，第 397 页。
② 章太炎：《答梦庵》，载于汤志钧编《章太炎政论选集》（上册），北京：中华书局，1977 年，第 395 页。
③ 章太炎：《东京留学生欢迎会演说辞》，载于马勇编《章太炎讲演集》，石家庄：河北人民出版社，2004 年，第 4 页。
④ 章太炎：《论诸子学》，载于朱维铮、姜义华编注《章太炎选集》，上海：上海人民出版社，1981 年，第 357、361 页。
⑤ 章太炎：《论诸子学》，载于朱维铮、姜义华编注《章太炎选集》，上海：上海人民出版社，1981 年，第 366 页。

窥见其对孔子进行重新评价的端倪了，他将孔子的历史功绩简明概括为四个方面："制历史、布文籍、振学术、平阶级"，这可以说是他给孔子的一个综合评定；章太炎认为"孟、荀之徒，曷尝不竭情称颂"孔子，孔子可谓"与尧、舜、文、武伯仲，未尝侪之圜丘清庙之伦也"① 这样孔子的地位则超越群伦并圣贤，虽不可为"教主"，亦可以为"先圣"。此时的"先圣"已不再是荀子和刘歆了。《检论·订孔》中章太炎对此前关于诸子的评价颇有悔意，他反思道："上观庄生为《齐物论释》，又以闲暇质定老聃、韩非、惠施诸书，方事改革，负绁东海，独抱持《春秋》。窥识前圣作史本意，卒未知其道术崇庳也。"② 他还感叹道："余其未知羑里、匡人之事。夫不学《春秋》，则不能解辫发，削左衽；不学《易》，则终身不能无大过，而悔吝随之。始玩爻象，重籀《论语》诸书，冏然若有瘳者。"③ 章太炎重新认识了《易传》的历史价值，说道："审度圣人之所忧患，与其《卦》、《序》所次时物变迁，上考皇世而不缪，百世以俟后王群盗而不惑，洋洋美德乎，诚非孟、荀之所逮闻也。"④ 这决然是对孔子删定六经的进一步肯定，⑤ 又将孔子评述为超越孟子和荀子的圣人。我们再看《订孔》（上）中间，已经没有如《论诸子学》中间说孔子"诈取"老子之图籍和排挤老子之说了，另外，相较《訄书》重订本《订孔》中的孟、荀道术超越孔子之说，这里又称赞孔子美德远胜孟、荀了。章太炎将浮屠、老聃、仲尼、庄周称为"东极之圣"，他又赋予儒家"忠恕"思想以新解，称"心能推度曰恕，周以察物曰忠"；

① 章太炎：《驳建立孔教议》，载于汤志钧编《章太炎政论选集》（下册），北京：中华书局，1977 年，第 690 页。
② 章太炎：《订孔》，载于汤志钧编《章太炎政论选集》（上册），北京：中华书局，1977 年，第 184 页。
③ 章太炎：《订孔》，载于汤志钧编《章太炎政论选集》（上册），北京：中华书局，1977 年，第 184、185 页。
④ 章太炎：《订孔》，载于汤志钧编《章太炎政论选集》（上册），北京：中华书局，1977 年，第 185 页。
⑤ 在《检论·订孔》中章太炎说自己在被袁世凯囚禁后，绝食七日，然后对于《春秋》《周易》《论语》都有了新的评价。学者姜义华所著《章炳麟评传》（下册）第十一小节内容论述详细，可参考。

章太炎进而又言："体忠恕者，独有庄周《齐物》之篇，恢恑憰怪，道通为一"，① 由此，我们看到章太炎欲将庄子"齐物"思想引入来阐释儒家"忠恕"思想。② 我们在吴承仕于 1916 年所记述的《菿汉微言》中可进一步窥探章太炎的心迹变化，他述及在日本期间教习《庄子》心得为"间以郭义敷释，多不惬心，旦夕比度，遂有所得。端居深观，而释《齐物》，乃与《瑜伽》《华严》相会，……独有庄生明之，而今始探其妙，千载之秘，睹于一曙。"③ 明显地，章太炎将佛教大乘之旨视为理解庄子"齐物"思想的一把钥匙，乃谓"以佛解庄"，他自己是颇为自得。④《菿汉微言》重申了《检论·订孔》中的说法："癸甲之际，厄于龙泉，始玩爻象，重籀《论语》，明作《易》之忧患，在于生生，……又以庄证孔，而耳顺、绝四之指，居然可明，知其阶位卓绝，诚非功济生民而已。"⑤ 正是基于对传统经典的反思与重新理解，从而更加坚信孔子的历史功绩不可动摇，此正是章太炎所谓"以庄证孔"。最终章太炎给自己的学术心路总结为"自揣平生学术，始则转俗成真，终乃回真向俗。"⑥ 诚如《中国近代通史》评价章太炎"经历了一个由儒而佛，又由佛而儒的转变过程"，⑦ 这正是对他平生学术"回向"的总结。

---

① 章太炎：《订孔》，载于汤志钧编《章太炎政论选集》（上册），北京：中华书局，1977 年，第 185 页。

② 《论语注疏·里仁第四》篇中疏解"忠恕"之道为"忠，谓尽中心也。恕，谓忖己度物也。言夫子之道，唯以忠恕一理，以统天下万事之理，更无他法，故云而已矣"。关于章太炎在《检论·订孔》中辨明"忠恕"新义，学者汪荣祖认为：可以"推度"的是客观的科学之知，可以"察辨"的是人文界事，从而引申出章太炎"以庄释孔"的目的是辨别"忠"为"别相"，"恕"为"总相"。详细内容可参见汪荣祖著《从传统中求变：晚清思想史研究》，南昌：百花洲文艺出版社，2002 年，第 391 页。

③ 章太炎：《菿汉三言》，虞云国校点，上海：上海书店出版社，2011 年，第 71 页。

④ 《齐物论释》一书，章太炎修治于 1910 年，初收入《章氏丛书》初编，1912 年又有重订本刊行。详细内容可参考汤志钧编《章太炎年谱长编》（上册），北京：中华书局，1979 年，第 348 页。

⑤ 章太炎：《菿汉三言》，虞云国校点，上海：上海书店出版社，2011 年，第 71、72 页。

⑥ 章太炎：《菿汉三言》，虞云国校点，上海：上海书店出版社，2011 年，第 72 页。

⑦ 张海鹏、李细珠：《中国近代通史》（第五卷），南京：江苏人民出版社，2005 年，第 613 页。

六、"自贵其心"的心迹变迁

章太炎贬抑孔子，实质上是批判以孔子为开创者的后世儒学以及为后代所缘饰的儒教，儒学作为"集宇宙论、伦理学、政治学于一体的整体性价值系统，汉代以降，儒学作为帝国政治秩序一统独尊的意识形态资源，成为与帝国结构功能连锁的'官学'价值符号系统"。① 儒学依附于帝制这样一种政教合一的结构，才正是章太炎激烈"订孔"的关键，他同时渴望将孔子与专制政治、旧伦理、旧道德剥离开来，而作为民族主义者和国粹主义代表的他对孔子保存文化之功绩自然是态度亲善了。如该文第一部分所述，民国以后很多知识分子和学者在政治和文化上保持了不同的价值态度，亦可以从章太炎评价孔子处窥见其端绪，这也是新旧交替时代传统与现代碰撞之后不可避免的文化现象。从梁启超身上我们同样可以看出与章太炎相类似的心迹，梁氏认为："秦汉而还，孔教统一。夫孔教之良，固也，虽然，必强一国人之思想使出于一途，其害于进化也莫大。""今试读吾中国秦汉以后之历史，其视欧洲中世史何如？吾不敢怨孔教，而不得不深恶痛绝夫缘饰孔教、利用孔教、诬罔孔教者之自贼而贼国民也。"②

由此可见，章太炎与梁启超这两位近代著名学者对于现代社会的迎拒，不仅保持了前瞻性更保持了客观性。所以美国学者本杰明·史华兹认为"他们的民族主义保守性来源于一种信仰，即只有从自己的社会文化传统中汲取力量，中国才能生存和繁荣。——如果中国精神与自己的过去相脱离，它是不会赢得民族尊重的。"③ 最后，我们还要探讨一下章太炎对于孔子评价变化的原因，随着年龄的增加，他在中年之后反省道："中年以后，古文经典笃信如故，至诋孔则绝口不谈，亦由平情覈论，深知孔子之道，非长素辈所能

---

① 高瑞泉主编《中国近代社会思潮》，上海：上海人民出版社，2007年，第208页。
② 葛懋春等编《梁启超哲学思想论文选》，北京：北京大学出版社，1984年，第113页。
③ ［美］本杰明·史华兹：《论五四前后的文化保守主义》，载于《五四：文化的阐释与评价——西方学者论五四》，太原：山西人民出版社，1989年，第159页。

附会也。"① 这句话中包含章太炎在学术和政治两个层面的心迹的变化，前面已经详述，又观章太炎品评历史人物常出现前后不一致，甚至相互抵牾的情况，孔子最为典型，而对于荀子、王阳明、颜元等同样如此。对于这种情况我们可以归结为章太炎对人物的看法是"心随境迁""自贵其心"。所谓"心随境迁"则是因为近代以来中国社会急剧变革，"政治转型和文化转型不能同步完成，致使二者发生了分裂"，从而导致了"中国近代人物自身的复杂性"，所以"梁启超、张君劢、章太炎等人的思想中时代观念和民族观念是相互交叉渗透的。"② 关于"自贵其心"一说，章太炎本人在《答铁铮》一文中有很好的解释，他这样论述："仆于佛学岂无简择，盖以支那德教，虽各殊途，而根原所在，悉归于一，曰依自不依他耳。上自孔子，至于孟、荀，性善性恶，互相阅讼。迄宋世则有程、朱；与程、朱立异者，复有陆、王；与陆、王立异者，复有颜、李。虽虚实不同，拘通异状，而自贵其心，不以鬼神为奥主、一也。"③ 章太炎点明中国道德教化根本就在禅宗"依自不依他"的思想，自孔子以来的思想家对于中国文化中认知的理解便可归结为"自贵其心"，援佛入儒，这也是章太炎本人心迹的真实写照。

七、结语

章太炎贬抑孔子教人"湛心利禄"，笔者认为并非针对孔子本人，而是想借此将历代统治者所依附之"专制护符"拉下神坛，还原一个客观真实的孔子。他这样做"不过是政治革命不可避免的手段，并不是一种信念。"④ 章太炎并非不洞悉孔子之"得君行道"，关键在于"道"，即"所谓

---

① 章太炎：《与柳翼谋》，载于马勇编《章太炎书信集》，石家庄：河北人民出版社，2003 年，第 741 页。

② 郑大华：《民国思想史论》，北京：社会科学文献出版社，2006 年，第 91、92、93 页。

③ 章太炎：《答铁铮》，载于傅杰编校《章太炎学术史论集》，昆明：云南人民出版社，2007 年，第 111 页

④ 汪荣祖：《章太炎对现代性的迎拒与文化多元思想的表述》，载于《中国文化》，2004 年第 21 期，第 108 页。

大臣者，以道事君，不可则止"，① 孔子也曾自述"天下有道则见，无道则隐。邦有道，贫且贱焉，耻也。邦无道，富且贵焉，耻也。"② 孔子言道且重义，称"不义富且贵，于我如浮云"。③ 所以近代对孔子的责难，可以说是一种无奈之举，为了政治的目标，只能以牺牲个人的荣辱了。正如孔子自己所言："天何言哉？四时行焉，百物生焉，天何言哉？"④ 晚年章太炎对于孔子的评价可谓是对《检论·订孔》基础上的延续，1935 年他在孔子诞辰纪念会的讲演中强调"无意、无必、无固、无我"所谓孔子"绝四"之道，又引孔子之言"行己有耻，使于四方，不辱君命，可以为士矣"，"见利思义，见危授命，久要不忘平生之言，亦可以为成人矣"。⑤ 可见此时，章太炎强调孔子之道在于修身；面对日本的入侵，章太炎利用孔子成《春秋》大义在于"内中国外夷狄"为抗日鼓舞人心，此时"尊孔子犹为当务之急"。⑥ 所以，我们看到辛亥革命时期，章太炎贬抑孔子是为了民族主义的"排满"革命服务，晚年尊崇孔子同样也是为了民族主义的"抗日"服务；而在保存国粹、尊重历史方面颂扬孔子更是一以贯之的。所以，对于孔子的评价我们便不得不拨开重重障眼的迷雾，方能看到逐渐清晰的轮廓。然而，我们不能否定章太炎贬抑孔子在中国近代历史上的功绩，他批判正统儒学和儒教无形之中为近代的中国迎接西方政治文明铺平了道路，并为现代学术的到来奠定了基础，同时也促进了晚清乃至民国时期思想解放的潮流。当然，贬抑孔子所埋下的激进的种子，以及所带来的后果并非章太炎当时所能预见，纵然他后来

① 《十三经注疏》整理委员会整理《论语注疏》，北京：北京大学出版社，1999 年，第 152 页。
② 《十三经注疏》整理委员会整理《论语注疏》，北京：北京大学出版社，1999 年，第 104、105 页。
③ 《十三经注疏》整理委员会整理《论语注疏》，北京：北京大学出版社，1999 年，第 91 页。
④ 《十三经注疏》整理委员会整理《论语注疏》，北京：北京大学出版社，1999 年，第 241 页。
⑤ 章太炎：《在孔子诞辰纪念会上的演说》，载于马勇编《章太炎讲演集》，石家庄：河北人民出版社，2004 年，第 250 页。
⑥ 章太炎：《在孔子诞辰纪念会上的演说》，载于马勇编《章太炎讲演集》，石家庄：河北人民出版社，2004 年，第 251 页。

修正了自己的观点。

第二节　论章太炎的"群学"思想及其
对氏族史的研究

章太炎在《訄书·尊史》一文中对于传统史学表现了深深的不满，他说："自唐而降，诸为史者，大氐陈人邪！纪传泛滥，书志则不能言物始，苟务编缀，而无所于期赴。"既然传统历史体裁"不能言物始"，那么出路又在何处呢？章太炎则明显地受到西方社会学说的影响，提出"中夏之典，贵其记事，而文明史不详，故其实难理"，他指出中国史学典籍多以记事为宗，而缺乏关于氏族演化、社会物质成果制作、创造等方面的物质文明史的记载。章太炎对于研究文明史提出了自己的要求："非通于物化，知万物之皆出于几，小大无章，则弗能为文明史"，[①] 即要求作史者，必须明事物变化之理，且须有可依据之章程，方可为之。那么，下面将要论述的章太炎关于"群学"和氏族史的探讨即是在文明史的范畴之下进行的，这一点是必须明确的。

一、西方社会学对章太炎史学观的影响

19 世纪末以来，西方近代哲学和社会学逐步传入中国，然而社会学作为 19 世纪中叶才在西方兴起的一门新兴社会科学，它在传入中国之后，便对传统史学造成了重大冲击。较早将社会学译介到中国的是严复，章太炎作为一名关心时运的学者，对于当时的社会变局和西方的思想学说是保持高度关注的，同时，他自身深受西方社会学的影响，也对社会学引入中国起到很大的作用。章太炎与曾广铨合作将斯宾塞的《社会学原理》节译为《斯宾塞尔文集》，连续刊载于《昌言报》（1898 年）。1902 年，章太炎翻译了日本学者岸本能武太的《社会学》，由上海广智书局出版，此书可算作我国译介最早、

---

① 章太炎：《尊史》，载于徐复注《〈訄书〉详注》，上海：上海古籍出版社，2000 年，第 785 页。

叙述最完整的社会学著作，先于严复的《群学肄言》（1903 年）和《社会通诠》（1904 年）。在《訄书》重订本中有不少涉及历史类问题的文章，便都融入了社会学的观点，如《原学》《订孔》《学变》《序种姓》《方言》《定版籍》《原教》《订礼俗》《尊史》等。章太炎逐步将进化的观点融入自己的学术研究之中。

二、章太炎对于"群学"的探索

自严复于 1895 年初在《原强》一文中将西方社会学译作"群学"之后，章太炎对于"群学"亦有自己独特的看法，章太炎基于先秦学者对于"群"的理解基础之上，结合近代西方自然科学与理论，阐释了自己独到的"群学"思想。古代学者将"群"理解为人的种群或族群，而近代学者将其扩大到整个社会。

章太炎受到荀子关于"群分"思想的影响，荀子关于"群"的思想主要体现在《王制》和《富国》两篇文章中。在《王制》一篇中，荀子先肯定了人类能够合群的积极意义，"力不若牛，走不若马，而牛马为用，何也？曰：人能群，彼不能群也。"随后，他又提出人之所以具备合群的条件则是因为人具备"分"和"义"，"人何以能群？曰：分。分何以能行？曰：义"，故又说："故序四时，裁万物，兼利天下，无它故焉，得之分义也。"最后，荀子归结道："人生不能无群"并且"不可少顷舍礼义"，① 这样就将等级名分、道义总结为人类可以合群的条件。在《富国》一篇中，荀子再三强调"明分"能够使"群"和谐的重要性，他说："群而无分则争"，"争者祸也，救患除祸，则莫若明分使群矣"，又强调，"兼足天下之道在明分"。当然，荀子也顺带指出了离群索居则会导致"不相待则穷"的局面。② 我们知道章太炎一直比较推崇荀子的思想及其文风。在其 1900 年前后所写的《菌说》一文中，章太炎引用《荀子·王制》篇中内容以阐发自己的观点，"是故合

---

① 　方勇、李波译注《荀子》，北京：中华书局，2011 年，第 127 页。
② 　方勇、李波译注《荀子》，北京：中华书局，2011 年，第 138 页。

群明分，则足以御他族之侮；涣志离德，则帅天下而路。"① 可见，在面临严重民族危机的形势下，章太炎赋予"合群"以新意，以达御辱求存之道。随后，在《訄书》中，章太炎则较为明确地阐述了他的"群学"思想。

章太炎在《訄书》中的相关文章中论及"群学"内容时，不仅融入了西方社会学相关思想，同时也反映出他对西方哲学的运用。这也体现了章太炎在治学过程中参证中西的特点。他在《訄书·明群》（初刻本）中就设计出了一幅"合群明分"的社会蓝图，"四民莫不有州居，而今之合群明分者，莫亟于学士，是何也？将以变法为辟公，必使天下之聪敏耳目，相为视听，股肱毕强，相为动宰，则始可以御内侮，是故合群尚已。"② 可见，章太炎眼中的理想社会是由社会精英组成的集团管理的，颇似柏拉图之理想国。在《原变》一文中，章太炎同荀子一样对离群索居之人进行了批判，他认为"合群"符合人类生存进化之理，人只有在"群"中才可以互相竞争，否则就会造成"人迫之使入于幽谷，夭阏天明，令其官骸不得用其智力者，亦萎废而为腒蜼"③ 的退化局面。最后，章太炎从更深层次指出："山林之士，避世离俗以为亢者，……然而其弊，将挈生民以为腒蜼。"④ 再次点明"合群"对于人类的积极意义。

我们从《明独》一文中可以看到章太炎在"群"的基础之上又提出了"独"的理念，在当时可以说是令人耳目一新，能够起到振聋发聩的作用。诚然，"独"的概念在传统儒家早已有之，到了晚明的刘宗周则系统地提出了"慎独"的命题。然而，章太炎在西方政治思想的影响之下，提出了基于个性解放的"独"的思想，毫无疑问地丰富了"群学"的内容，赋予了"群学"新的意义。西方自由主义思想家所提倡的"群己权界"在章太炎这

---

① 章太炎：《菌说》，载于汤志钧编《章太炎政论选集》（上册），北京：中华书局，1977年，第137页。
② 章太炎：《明群》，载于上海人民出版社编《章太炎全集·訄书》（初刻本），上海：上海人民出版社，1984年，第52页。
③ 章太炎：《原变》，载于徐复注《〈訄书〉详注》，上海：上海古籍出版社，2000年，第306页。
④ 章太炎：《原变》，载于徐复注《〈訄书〉详注》，上海：上海古籍出版社，2000年，第309页。

里亦有所回应，以往我们往往过于重视严复的译著《群己权界论》（又名《论自由》）及其所代表的思想，对章太炎相关的思想却有所忽略。

　　章太炎指出清末之时乃是"天地闭，贤人隐之世也"① 这样一个武备废弛、政治颓败的时代，更需要合群之人才。他所理解的"群""独"关系是这样的"大独必群，不群非独也"，可以理解为在维护个人利益的前提下，还要对公众的事务、权益有所参与和贡献。他批判了三类不能称为"独"的人，其一，"卓诡其行，虓然与俗争"者称为"鸷夫"；其二，"厚其泉贝，膏其田园，守之如天府之宝"者称为"啬夫"；其三，"深谿博林，幽间以自乐"者称"旷夫"。② 章太炎进一步阐发"群"与"独"的另一层关系为"大独必群，群必以独成"，那么所谓"群"则是在"独"的基础上完成的，这是一种承认个性张扬前提下的"合群"，即是保证个人的权利边界不可动摇；其四，章太炎又呼吁道："与群而成独，不如独而为群"，③ 这就表明了人类个体在社会中，应该保持独立而超群。以上章太炎阐明了"群"与"独"的辩证关系，可以看出他思想的深刻，这是对君主专制时代自由权利的呼唤和呐喊。章太炎在文章中还联系当时的社会现实，通过表彰杭州的汪曾唯，从而道出了他心中具备"大独"精神的人的特点："至性恫天下，博爱尚同，鞠录以任之，虽贾怨不悔，其群至矣，其可谓独欤？"④ 章太炎表达了对于社会出现具备"大独"精神之人的渴望之情，然而现实之世却是"大群之将涣"且"求独而不可得"，⑤ 所以作者寄希望于未来社会的启蒙和变革。

---

① 章太炎：《明独》，载于《〈訄书〉详注》，上海：上海古籍出版社，2000年，第494页。

② 章太炎：《明独》，载于《〈訄书〉详注》，上海：上海古籍出版社，2000年，第485页。

③ 章太炎：《明独》，载于《〈訄书〉详注》，上海：上海古籍出版社，2000年，第487页。

④ 章太炎：《明独》，载于《〈訄书〉详注》，上海：上海古籍出版社，2000年，第491页。

⑤ 章太炎：《明独》，载于《〈訄书〉详注》，上海：上海古籍出版社，2000年，第494、496页。

在《訄书·尊史》一文中，章太炎在挖掘《世本·作篇》的历史价值时也不忘提出人民"合群"的重要性。上古之民由于居住分散，使得各自的生产经验和技术难以交流，所以往往难以促进技术更新。也就是"此所谓隐匿良道，不以相教，繇民不知群故也"，遂引述《管子》中言为之证明，"夫民别而听之则愚，合而听之则圣"，① 可见"合群"思想在章太炎的观念中是贯之如一的。

在二十世纪初的中国，不同的学者针对中国人"不群之恶性"皆纷纷提出自己的"合群"主张。梁启超在《新民说》一书中针对中国人"不群"列出四种原因："一曰公共观念之缺乏""二曰对外之界说不分明""三曰无规则""四曰忌嫉"，又指出"如傲慢、如执拗、如放荡、如迂愚、如嗜利、如寡情，皆足为合群之大蠹"，② 最终还是要靠提升国民道德来实现。梁启超在《南海康先生传》中的描述可以使我们看到康有为因中国人团体涣散而开列的药方，康有为认为："中国人公德缺乏，团体涣散，将不可以立于大地；欲从而统一之，非择一举国人所同戴而诚服者，则不足以结合其感情，而光大其本性。"③ 于是，康有为扯起了孔教的大旗欲凝聚人心。然而，章太炎却有另一番独到的见解，他认为团结人心在于感情，有两件事情最重要："第一，是用宗教发起信心，增进国民的道德；第二，是用国粹激动种性，增进爱国的热肠。"④ 从宗教角度来提升人群之道德，章太炎与康有为可谓是不谋而合，不同的是，章太炎"要用华严、法相二宗改良旧法"，他提倡国粹，并且"不要人尊信孔教，只是要人爱惜我们汉种的历史"，而这历史包括三项："一是语言文字，二是典章制度，三是人物事迹。"⑤ 以上与康有为的倡

---

① 章太炎：《明独》，载于《〈訄书〉详注》，上海：上海古籍出版社，2000年，第802、803页。

② 梁启超：《新民说》，载于吴松等编校《饮冰室文集点校》，昆明：云南教育出版社，2001年，第594、595、596页。

③ 梁启超：《南海康先生传》，载于《梁启超选集》（下卷），易鑫鼎编，北京：中国文联出版社，2006年，第744页。

④ 章太炎：《东京留学生欢迎会演说辞》，载于马勇编《章太炎讲演集》，石家庄：河北人民出版社，2004年，第3页。

⑤ 章太炎：《东京留学生欢迎会演说辞》，载于马勇编《章太炎讲演集》，石家庄：河北人民出版社，2004年，第5、7页。

导孔教是完全立异的，也显示了他们两人对于国民"合群"问题的不同见解。

三、章太炎重视氏族历史的研究

章太炎重视的氏族历史的研究，是伴随着 20 世纪初民族救亡运动的高涨而兴起的。当时德国民族主义史学传入日本、中国，对国内学者产生了重要影响。先有梁启超撰《新史学》以辨明人种之分，后有陶成章撰《中国民族权力消长史》（1904 年）以及刘师培撰《中国民族志》（1905 年）。而章太炎在《訄书》（手定本，1900 年）中亦有《序种性》《尊史》两篇文章主要阐述姓氏、民族历史的变迁。我们可以这样说，章太炎是近代中国民族史学最早的开创者。

章太炎在《訄书·尊史》一文中引述刘知几《史通》中关于修《氏族志》的内容："几为国史者，宜各撰《氏族志》，列于《百官》之下。"章太炎继刘知几言论之后加按语道："甄别华夷之说，自金、元至今，尤为切要。氏族作志，非以品定清浊，乃以区分种类。斯固非流俗所能知也。"① 可见，章太炎强调给民族作志的目的主要在明确华夷民族之界限，以最终达到"排满"革命之效果。在《尊史》一文中章太炎还在重新审视传统典籍的基础之上，挖掘出以往为学者们所忽略的《世本》一书，他对《世本》中的《帝系》《氏姓》进行分析，褒扬其"贤于《中候·苗兴》无訾程计数矣。夫整齐世系，分北宗望，成而观之，无瑰特。"② 此语乃是称赞《世本》是了解古代帝王世系、名号和古代氏族演变轨迹的绝好材料，并在《春秋左传读·叙录》中称："传非一书，《内传》《国语》《世本》三者，皆《春秋》之传也。"③ 章太炎独具慧眼在近代史上推崇《世本》一书，此书也有待于学术界更进一步深入地研究。

---

① 章太炎：《尊史》，载于徐复注《〈訄书〉详注》，上海：上海古籍出版社，2000 年，第 793 页。
② 章太炎：《尊史》，载于徐复注《〈訄书〉详注》，上海：上海古籍出版社，2000 年，第 787 页。
③ 章太炎：《〈春秋左传读〉叙录》，载于傅杰编校：《章太炎学术史论集》，昆明：云南人民出版社，2007 年，第 164 页。

章太炎之所以撰写《序种姓》，目的乃是为续接顾炎武曾设想之《姓氏书》，旨在考辨华夏本姓和胡虏蕃姓，以严"夷夏之防"。在此文中，章太炎指明了他的民族思想的一个重要方面，即：用血缘的源流代替文化高下作为辨别、区分民族的依据，这显然是与康有为立异的。他指出："夏后兴，母系始绝，……自是女子称姓，男子称氏，氏复远迹其姓以别婚姻。"① 女子称姓，所以别婚姻，使血统不相紊乱，而男子称氏，所以别贵贱。章太炎欲在文字记载的基础之上区分"自然民族"和"历史民族"，他认为《世本·帝系》可以作为最早的氏族志资料，"故有《帝系》《世本》，掌之史官，所以辨章氏族，旁罗爵里，且使椎髻鸟言之族，无敢干纪，以乱大从。"② 章太炎辨明种族历史的目的乃是为了"排满"革命而做理论和舆论之准备的。遂有后来《驳康有为论革命书》中所述："近世种族之辨，以历史民族为界，不以天然民族为界"。③

章太炎在辨明"历史民族"形成过程中，阐述了中国自《世本》记载上古帝王世系及氏姓沿革之后，中国自晋以后直到宋代形成了撰写谱牒之学的传统，原因是"中国故重家族，常自尊贤"，④ 正是中国具有这一传统，所以中国的宗法制"萌芽夏、商间，逮周始定，以适长承祀。"⑤ 章太炎分析了华夏族在发展过程中逐步融合了一大批非五帝后裔的种族，在此过程中，必然伴随着因部族、国家战争而造成的掠夺和奴役他族人民的现象，章太炎以同情的笔调对因为封建宗法制造成的"天有十日，人有十等"的现象进行了挞伐，并对由于掠夺战争引起的"十等之法，隶以下迭相君臣，其名则

---

① 章太炎：《序种姓》，载于徐复注《〈訄书〉详注》，上海：上海古籍出版社，2000年，第221页。

② 章太炎：《序种姓》，载于徐复注《〈訄书〉详注》，上海：上海古籍出版社，2000年，第221页。

③ 章太炎：《驳康有为论革命书》，载于汤志钧编《章太炎政论选集》，北京：中华书局，1977年，第195页。

④ 章太炎：《序种姓》，载于徐复注《〈訄书〉详注》，上海：上海古籍出版社，2000年，第224页。

⑤ 章太炎：《序种姓》，载于徐复注《〈訄书〉详注》，上海：上海古籍出版社，2000年，第255页。

丧，实故在也"① 的局面依然存在表示不平，我们可以看到章太炎渴望社会平等的人文情怀。

四、结语

章太炎于 1907 年 3 月发表《〈社会通诠〉商兑》一文，其中谈到用民族主义改造宗法社会的构想，他先分析了中国自古及今宗法社会之演变，"古者宗法行于大夫、元士，不行于齐民；今者宗法行于村落素人，不行于都人士。"而乡间自成之村落"则有祠堂以相系联，而决事听于族长"，② 随后他又指出："且今之民族主义，非直与宗法社会不相一致，而其力又有足以促宗法社会之镕解者。夫祠堂族长之制，今虽差愈于古，亦差愈于欧洲。要其仆遫之体，褊陋之见，有害于齐一亦明矣。……今外有强敌以乘吾隙，思同德协力以格拒之，推其本原，则曰以四百兆人为一族，而无问其氏姓世系"，未来的社会将发展成为"惟军国社会是务，而宗法社会弃之如脱屣耳矣"的局面，③ 以达"合群"之旨，从而摆脱民族危机，实现国家独立。由此，我们看到横亘在民族和社会之间的关系，不仅有民族主义的兴起，还有传统宗法社会的影响，如何实现民族历史的延续和社会与国家关系的现代转型，章太炎这样的近代学者已经给我们留下了宝贵的思想财富，且有待于我们更进一步地研究和挖掘。

---

① 章太炎：《序种姓》，载于徐复注《〈訄书〉详注》，上海：上海古籍出版社，2000年，第 251 页。
② 章太炎：《〈社会通诠〉商兑》，载于上海人民出版社编《章太炎全集·太炎文录初编》，上海：上海人民出版社，1985 年，第 326 页。
③ 章太炎：《〈社会通诠〉商兑》，载于上海人民出版社编《章太炎全集·太炎文录初编》，上海：上海人民出版社，1985 年，第 333、334 页。

第三节 章太炎与颜元——兼论章太炎对中国 近代思维挫折之回应[①]

学术界对于章太炎和明清时期历史人物关系的研究，比较典型的就是探讨章太炎对于王阳明的评价问题，朱维铮在《求索真文明：晚清学术史论》中有《章太炎与王阳明》一文，又有谢樱宁针对上文所撰的《章太炎与王阳明——兼论太炎思想的两个世界》这篇论文。颜元在章太炎之清代学术史视域中亦占有特殊之地位，正基于此，探讨章太炎对于中国近代思维挫折之认识就自然要以他对颜元的评价为起点。

一、章太炎论颜元思想的源流

颜元字浑然，号习斋、河北博野人。他在明末清初之时是与顾炎武、黄宗羲、王夫之并称的四大儒学思想家之一，但就其思想特点而言，则与顾、黄、王三者异趣。在"天崩地解"的十七世纪，颜元所开创的"颜李学派"成为思想界的一支异军，他把批判的矛头对准宋明理学，强烈地要求回到原始儒学中去寻找救世良方。颜元的思想核心曰"实文、实行、实体、实用"，[②] 遂可以将其思想归入"经世实学"的范畴；另外，颜元在对宋明理学批判的过程中形成了反对著书、讲读、静思等致学、修身之方法论，并用"主动""习行"的哲学与程、朱的"主静""持敬"之说相立异。

章太炎首先认为颜学秉承永嘉学派之遗风。他在《菿汉微言》中说：

---

① 本书所提出的中国近代思维的挫折，是在日本学者岛田虔次先生所著《中国近代思维的挫折》一书基础上引申而来的。岛田先生提出：在中国近代社会来临之前，明代之际中国就出现了庶民（市民）社会和作为其意识反映的近代思想（思维）——阳明学。而笔者所指的近代思维乃是中国人传统的思维方式，为何这种思维方式没能产生西方的逻辑学和近代实验科学。从章太炎对颜元的经验论由赞同到提出批评，我们看到章氏一方面看到了中国缺乏抽象的思辨逻辑，然而另一方面他又和岛田先生一样赞同对于"境由心造"之"身心"的注重。章氏思想看似复杂，其实蕴含了他对于人通向现代性的一种探索。

② 颜元：《习斋四存编》，陈居渊导读，上海：上海古籍出版社，2000年，第85页。

"陈君举、叶正则之徒，上规周礼，以经国利民为志，而躬行亦饬。晚有颜习斋，独以六艺为教，抑亦永嘉遗风，而规模殊隘矣，此又一辈也。"① 其次，颜学返道"地官"，回归原始儒学。章太炎在《訄书·颜学》（重订本）中首发其旨曰："诵数冥坐与致良知者既不可任，故颜元返道于地官。"② 又在《诸子略说》阐述："习斋之意，以为程、朱、陆、王都无甚用处，于是首举《周礼》乡三物以为教，谓《大学》格物之物，即乡三物之物，其学颇见切实。"③《周礼》的成书年代争议颇多，冯友兰认为出自荀子及其弟子，我们这里且视为孔子后学之作。根据余英时对明清儒学的分析，他认为："每一个自觉得到了儒学真传的人，总不免要向古经典上去求根据。"④ 这里，余英时的"回向经典"之说亦可以看作对颜元之学返道地官的阐释。最后，颜学乃是理学余韵。章太炎谓理学即儒学，"吾尝谓理学之名，不甚妥当。……吾谓当正其名曰儒学。……儒家之学，本以修己治人为归宿。当今之世，讲学救国，但当取其可以修己治人，不当取其谈天论性。……若颜习斋，本近于永嘉派，以礼、乐、射、御、书、数为儒家正业，其说是也。"⑤ 章太炎将颜、李之学视为与孔孟之学一脉相承的思想体系，并称赞他们"自贵其心，不以鬼神为奥主"的精神是一致的。⑥ 在《国故论衡·原儒》中章太炎重申了颜、李与朱、陆的立异，"故有理情性、陈王道，而不丽保氏，身不跨马，射不穿札；即与驳者，则以"窳"诟之，以"多艺"匡之。是以类名宰私名也。（疏证）理情性，陈王道，若朱、陆是已。与之驳者，若颜、李是已。"⑦ 所以，无论如何，颜、李之学还是属于理学的范畴。

---

① 章太炎：《菿汉三言》，虞云国点校，上海：上海书店出版社，2011 年，第 47 页。
② 章太炎：《颜学》，载于徐复注《〈訄书〉详注》，上海：上海古籍出版社，2000 年，第 120 页。
③ 章太炎：《章太炎谈诸子》，武汉：华中师范大学出版社，2010 年，第 25 页。
④ 余英时：《中国思想传统的现代诠释》，南京：江苏人民出版社，1995 年，第 216 页。
⑤ 章太炎：《适宜今日之理学》，载于马勇编《章太炎讲演集》，石家庄：河北人民出版社，2004 年，第 186、187、188 页。
⑥ 章太炎：《答铁铮》，载于傅杰编校《章太炎学术史论集》，昆明：云南人民出版社，2008 年，第 111 页。
⑦ 章太炎：《〈国故论衡〉疏证》，庞俊、郭诚永疏证，北京：中华书局，2011 年，第 674、675 页。

二、章太炎对颜元“主动”思想的首肯

前边说到颜元用“主动”“习行”的哲学与程、朱“主静”“持敬”之说相立异，颜元关于这一类的言论是很多的，如钟錂所辑的《颜习斋先生言行录》中记载较多，“礼、乐、射、御、书、数似苦人事，而却物格知至，心存身修而日壮；读讲文字似安逸事，而却耗气竭精，丧志痿体而日病。非真知学者，其孰能辨之！”① 又有发人深省之言谓：“三皇、五帝、三王、周孔，皆教天下以动之圣人也，皆以动造成世道之圣人也。五霸之假，正假其动也，汉、唐袭其动之一二，以造其世也。晋、宋之苟安，佛之空，老之无，周、程、朱、邵之静坐，徒事口笔，总之皆不动也。而人才尽矣，圣道亡矣，乾坤降矣。吾尝言一身动则一身强，一家动则一家强，一国动则一国强，天下动则天下强。”② 章太炎在《訄书·颜学》（重订本）一文中赞赏道：“更事久，用物多，而魂魄强，兵农、水火、钱谷、工虞，无不闲习。辅世则小大可用，不用而气志亦日以奘驵，安用冥求哉？观其折竹为刀，以胜剑客，磬控驰射，中六的也；当明室颠覆，东胡入帝，而不仕宦，盖不忘乎光复者。藉在晚近，则骑帆而动旝也。故曰：‘勇，达德也。’又数数疢心于宋氏之亡，儒生耆老痛催折才士，而不用其尚武，则义之所激已。”③

由于颜元一生言语谨慎，很少涉及现实政治，他对于自己克制极严，自律也非常苛刻，所以我们也极难从与其相关的论著中寻找到颜元反清的只言片语。(其有“七不言”自约，第一便不言“朝廷厉害”）章太炎有自己的看法：“盖亭林、船山但论社会政治，却未及个人体育。不讲体育，不能自理其身，虽有经世之学，亦无可施。习斋有见于此，于礼、乐、射、御、书、数中，特重射、御，身能盘马弯弓，抽矢命中，虽无反抗清室之语，而

① 钟錂：《颜习斋先生言行录》（上卷），载于《颜元集》，北京：中华书局，1987年，第645页。

② 钟錂：《颜习斋先生言行录》（下卷），载于《颜元集》，北京：中华书局，1987年，第669页。

③ 章太炎：《颜学》，载于徐复注《〈訄书〉详注》，上海：上海古籍出版社，2000年，第120页。

微意则可见也。"① 章太炎所说有一定道理，据朱维铮的解释则能看到章太炎的另一番心迹，"他主编《民报》时期，以'说林'为总题，陆续发表过一串学术短论，内有一组关于清代学术史的评论，便拿学者们对待清朝统治者的实际态度，作为检验他们优劣和影响的标准。"② 颜元出生于崇祯八年（1635 年），相较"清初三老"年龄较小，另则出身寒微，与当道之仇恨不如"清初三老"之深。

今观颜、李师徒之言行，无不具备豪杰之真精神、儒侠之真性情。其言论中便充塞着满腔的豪爽之气，《习斋记余》中有言："儒运之降也久矣，尧、舜之道，周、孔之学，微独习之、行之也无人，三事、三物之言，并不挂齿舌。汉、宋以来，徒见训诂章句，静敬语录与帖括家，列朝堂，从庙庭，知郡邑；塞天下庠序里塾中，白面书生微特无经天、纬地之略，礼、乐、兵、农之才，率柔脆如妇人女子，求一腔豪爽倜傥之气亦无之。"③ 颜元论圣贤之道、豪杰之士说道："学须一件做成，便有用，便是圣贤一流。试观虞廷五臣，只各专一事终身不改，便是圣；孔门诸贤，各专一事，不必多长，便是贤；汉室三杰，各专一事，未尝兼摄，亦便是豪杰。"④ 章太炎对于颜氏的侠气也赞赏不已，称其"然外饬九容、九思，持之一跬步而不敢堕《曲礼》，自记言行，不欺晦冥，斯所以异于荆轲也。"⑤ 章太炎指出颜元异于荆轲，乃是点名颜元并非战国时代的那种侠士，而是具有儒者风范的侠客。从《訄书》中诸篇，如《儒侠》《儒兵》《经武》中，我们可以看到章太炎对于尚武精神在近代社会的呼唤，他希图以侠的气概来改变民族的颓弱之风。正如他所倡导的原始儒家精神，同样体现了他的淑世情怀，以及对豪杰之士的尊崇。正如章太炎在《儒行要旨》中所言："《儒行》讲解明白，养成习惯，六国任侠之风，两汉高尚之行，不难见之于今。……细读《儒

---

① 章太炎著：《章太炎谈诸子》，武汉：华中师范大学出版社，2010 年，第 25 页。
② 朱维铮著：《走出中世纪》，上海：复旦大学出版社，2009 年，第 340 页。
③ 钟錂：《习斋记余》，载于《颜元集》，北京：中华书局，1987 年，第 398、399 页。
④ 钟錂：《颜习斋先生言行录》（下卷），载于《颜元集》，北京：中华书局，1987 年，第 667 页。
⑤ 章太炎：《正颜》，载于上海人民出版社编《章太炎全集·检论》，上海：上海人民出版社，1984 年，第 469 页。

行》一篇，艰苦奋厉之行，不外高隐、任侠二种。"① 所以，若从内心轨迹来看章太炎眼中的颜元就是"形性内刚，孚尹旁达，体验驵而志齐肃，三代之英，罗马之彦，不远矣!"②

颜元在《存学编》中提出了"体用不二"的命题也是为了给他的经世致用作铺垫的，"无用之体，不惟无真用，并非真体也。"③ 他又批判佛学、道学，"释氏、宋儒，有伏而无作，有体而无用。不能作之伏，非伏也；无所用之体，非体也。"④ 颜元认为知识、学问、理论必须有实用价值，它们来源于实践又用于指导实践；否则知识、学问就没有价值，理论就没有真理性可言。所以，佛教和理学这些空疏学问无补于世，皆是"镜花水月"。然而，章太炎对于学问和致用的关系，与颜元所论可谓是异中有同。章太炎最常为人所引用的就是这句："学在求是，不以致用。用在亲民，不以干禄。"⑤ 在其讲演中更好地辨明了二者的关系，他讲"一个人要兼擅'经义'（学问）'治事'（办事）两者，是不容易的。……以前子路说过：'有民人焉，有社稷焉，何必读书，然后为学？'所以，我认为讲到实用，学问不过占三分之一的力量三分之二的力量是靠自己的练习。子路的话，并未说错，不过略嫌过分一些罢了。"⑥ 学者们对于章太炎的"求是"与"致用"的关系也有不少的研究，具有代表性的是陈平原，他将章太炎论学的大旨综括为以下三句："治世必须借重学术，求学不必求致用，求是之学为无用之用。"⑦

假如，章太炎仅仅是个传统的乾嘉考据学家，只讲求"求是"；而颜元

① 章太炎：《儒行要旨》，载于马勇编《章太炎讲演集》，石家庄：河北人民出版社，2004年，第119、121页。

② 章太炎：《颜学》，载于徐复注《〈訄书〉详注》，上海：上海古籍出版社，2000年，第120页。

③ 颜元：《存学编》，载于《颜元集》，北京：中华书局，1987年，第70页。

④ 颜元：《朱子语类评》，载于《颜元集》，北京：中华书局，1987年，第284页。

⑤ 冯天瑜、黄长义：《晚清经世实学》，上海：上海社会科学院出版社，2002年，第528页。

⑥ 章太炎：《"经义"与"治事"》，载于马勇编《章太炎讲演集》，石家庄：河北人民出版社，2004年，第116页。

⑦ 陈平原：《中国现代学术之建立：以章太炎、胡适之为中心》，北京：北京大学出版社，2010年，第56页。

若仅仅向"致用"一方面发展，与学问之事绝缘。那么，问题就显得很明朗了，但是他们却都承袭了向"通人"发展的传统并志向，他们的行为也并不能如他们的文字中所表示的那般直白、明确。然而，在章太炎看来，颜元"主动"的思想虽然在推崇实践方面有很大的积极意义，但是从知识论角度来看却缺乏对事物的抽象化认识。由此可见，章太炎在评价人物时的客观以及思虑的缜密。

三、章太炎从知识论角度对颜元的批评

章太炎从逻辑学和思维的角度，根据数学推理，将自己对于直接经验知识与抽象知识（包括理论知识）的关系梳理了一番。批评颜元"独恨其学在物，物物习之，而概念抽象之用少。……故曰滞于有形，而概念抽象之用少也。"① 可见，章太炎将"有形"等同于"物器"，指代直接经验知识，将"有形"的反面等同于抽象概念，指代间接知识（包括理论知识）。章太炎充分肯定了所谓西方哲学和中国玄学、理学、佛学的价值，以"求是"之学待之。章太炎在《颜学》中还谈到中国学术自战国之后逐渐走向抽象，而"三事""三物"的习行之学便也不能适应客观的环境了。可能用梁启超的话来理解便可以解释颜元"复古"是为了"求解放"吧。章太炎撇开"传统的思想总侧重于实践哲学"的维度，"以更多的心力，在'纯粹'哲学上，努力以求；传统中国哲学家缺少的不是热烈地改造世界的气魄，而是冷静地解释世界的精明。在这点上，梁启超形容章太炎是一个'条理缜密'的人。"②

章太炎在《颜学》中批评颜元思想中的反对著书和讲读，他说："非书者不可用，无良书则不可用。今不课其良不良，而课其讲读不讲读，即有良书，当一切废置邪？良书废，而务水火工虞，十世以后将各持一端以为教。……则道术自此裂矣。"③ 其实，这一点章太炎是对颜元有误会的，正如

① 章太炎：《颜学》，载于徐复注《〈訄书〉详注》，上海：上海古籍出版社，2000年，第124—126页。
② 孙万国：《也谈章太炎与王阳明》，载于章念驰编选《章太炎生平与思想研究文选》，杭州：浙江人民出版社，1986年，第332页。
③ 章太炎：《颜学》，载于徐复注《〈訄书〉详注》，上海：上海古籍出版社，2000年，第125、126页。

颜元所言："使为学为教，用力于讲读者一二，加功于习行者八九，则生民幸甚，吾道幸甚！仆受诸儒生成复载之恩，非敢入室操戈也。但以人之岁月精神有限，诵说中度一日，便习行中错一日；纸墨上多一分，便身世上少一分。"① 反对读书乃属颜元过激之言，其实他是强调人这一生应以习行为主要，辅之以讲读；关于著书，颜元虽反对，但到其弟子李塨这里亦有所修正，章太炎也正是基于书籍可以保存文化、延续传统这一价值而言的，故良书不可废。换一个思考的角度，章太炎借职业划分来阐述"求是"与"致用"的关系，按照他的看法，"讲读"和"习行"完全可以成为两种职业选择。在章太炎看来这两个方面结合得比较好的人也就是顾炎武（章太炎指的是"经义"和"治事"两方面，可比照"讲读"和"习行"），颜元则是"致用"太多，"求是"远远不足。

我们这里可以借用章太炎分析王阳明的"学术"与"事功"不两至的因由来反观颜元。他这样分析道："途说之士羡王守仁。夫学术与事功不两至，鬼谷明纵横，老聃言南面之术，期于用世，身则退藏于密。何者？人之材力有量，思深则业厌也。守仁之学至浅薄，故得分志于戎事，无足羡者。"② 此同样可以解释颜元生平注重实践多，而学术、思虑浅，从而忽略抽象之用。这也是颜元"主动"思想的另一侧面，章太炎认为颜元注重实践知识的背后，相应地就是缺乏抽象思维，因为牵涉到与荀子的思维进行比较的问题，所以有必要在下一章中详细地分析。

四、章太炎对颜元之评价及其对中国近代思维挫折的反观

章太炎将颜元与墨子相比较，称颜元"苦形为艺，以纾民难；其至孝恻怆，至奔走保塞，求亡父丘墓以归；讲室列弦匏弓矢，肄乐而与众为教，斯所以异于墨子也。"③ 与墨子相较，虽有不同，但颜元具备了墨家苦形劳神以

---

① 颜元：《存学编》，载于《颜元集》，北京：中华书局，1987 年，第 42 页。

② 章太炎：《说林》，载于傅杰编校《章太炎学术史论集》，昆明：云南人民出版社，2007 年，第 382 页。

③ 章太炎：《颜学》，载于徐复注《〈訄书〉详注》，上海：上海古籍出版社，2000 年，第 120 页。

忧天下的品性，怎能不令人钦佩。章太炎将戴震与颜元媲美，遂有"叔世有大儒二人：一曰颜元，再曰戴震。颜氏明三物出于司徒之官，举必循礼，与荀卿相似；戴君道性善，为孟轲之徒，持术虽异，悉推本于晚周大师，近校宋儒为得真。"① 最终，太炎的目的是用荀子的思想来论证颜元的不足。他说："虽然，自荀卿以后，颜氏则可谓大儒矣。"② 这个评价可以说是很高的了，因为章太炎尊崇荀子为"后圣""先师"，所以称颜元为荀子之后大儒，可见章太炎对于颜元的肯定。如前所述，颜元和荀子都注重礼对于人性的作用，除此之外，更为重要的则是荀子和颜元都是注重经验、提倡践行的思想家，这也与章太炎前期的思想相合。

那么颜元比荀子的不足在哪里呢？在《颜学》最后的按语中章太炎引用《荀子·解蔽》篇中整段的内容便可揭示。看似是对颜元忽视抽象知识的一个解读；其实章太炎所谓"颜氏谓非，全屏此功，亦视思仁之道太轻矣，斯其不逮荀子者也"，③ 从深层次上表明荀子所称之"治心之道"，正是颜元所反对并忽视的。所谓"治心之道"，亦可称之"思仁之道"，其目的在于"体认天理"或者修养身心、增进道德。浅层次来说，"闲居静思"也是认识事物及规律的方法，这也表明章太炎已看到颜元仅仅"主动""习行"思想的狭隘，或者正是这种"主动"思想才使颜元难以体认到抽象概念的重要。然而荀子却认识到了，所以"其不逮荀子者也"。我们还可以从《菿汉微言》中看到章太炎对这一认识的继续发挥。"颜、李之流，以宴坐寂静为忌，云古圣不为是。宁知无意无我，动止皆定，固与修习者殊。……《管子》称'一言之解，上察于天，下极于地，蟠满九州，何谓解之？在于心安。……心以臧心，心之中又有心焉。'……宋氏诸英尚不尽晓管义，何况颜、李皮相之士乎？……由是言之，圣人者，真俗相融用而常寂，斯岂颜、李得籍

---

① 章太炎：《说林》，载于傅杰编校《章太炎学术史论集》，昆明：云南人民出版社，2007年，第383页。

② 章太炎：《颜学》，载于徐复注《〈訄书〉详注》，上海：上海古籍出版社，2000年，第130页。

③ 章太炎：《颜学》，载于徐复注《〈訄书〉详注》，上海：上海古籍出版社，2000年，第130页。

口?"① 太炎这里明显是批评颜元忽视"寂定"的修习之道，明显地带有禅宗的味道了，从而不可能达到管子所谓的"心安"。

章太炎在《检论·正颜》一文里降低了《訄书·颜学》中对颜元的评价，视颜元"会在平世，则可以任少学父师。虽然，不校崇庳，谓其贤于程、陆，适胜游徼之盗求职矣。……非有佗也，亦无总揽之用则然。虽然，苟上不忘宗国，而下可备一官，其志可隐也。"②《訄书·颜学》之所以对颜元评价较高，我们若把《颜学》放入《訄书》所载之学术史中，综合其前一篇《王学》来看，王阳明和颜元之学术正是自孔子之后学术之两脉，一脉为子思、孟子，一脉为荀子。而后世荀子一脉不彰，思孟学派扩大，自宋以后理学继之。结合《中国通史》略例（1902 年）我们看到，章太炎有感于先秦学术传统的消亡，而以修中国学术志，并以振兴中国学术为旨趣。颜元返道地官或与章太炎这一思想暗合，此其一也。章太炎力挺荀学，而颜元之经验论、践行思想亦与荀子相合，章太炎前期思想中所推崇之经验主义则表现为对于颜元的肯定，符合情理，此其二也。到了《检论·正颜》这里，他对颜元的评价前后出现的差别，究其原因应该缘于他个人哲学思想认识的变化。1906 年从上海西牢出狱之后，章太炎的思想明显地受到佛教唯识宗的影响。之前他特别注意西方的经验论，特别推崇中国的经验论（如颜元），这与他的古文经学和朴学的重证据、材料本是一脉相通的，而从他出狱之后东渡日本到被袁世凯囚禁，这段时期，他写的《四惑论》、《五无论》、《建立宗教论》以及《齐物论释》和《菿汉微言》等文章或著作中可以看出他受佛学的影响之深。章太炎日益注重"心"之体悟与证验作用的转变，注重经验知识的颜元自然失去了以往在章太炎心目中的光辉形象。

在《颜学》中章太炎引用颜元学琴之例，乃是为了说明颜元只注重感性思维而忽略理性思维；颜元之所以强调实践，也是因为他重视经验知识，忽视抽象概念。根据英国保守主义政治哲学家奥克肖特对知识的两种分类，即技术性知识和实践性知识，笔者分别用图示表示：

---

① 章太炎：《菿汉三言》，虞云国点校，上海：上海书店出版社，2011 年，第 48 页。
② 章太炎：《正颜》，载于上海人民出版社编《章太炎全集·检论》，上海：上海人民出版社，1984 年，第 469、470、472 页。

章太炎→技术性知识（概念抽象）→求是→推崇西方哲学、玄学、理学、佛学皆有其意义→近代社会（西学传入）；颜元→实践性知识（经验知识）→致用→斥理学、佛、老为无用→传统社会（明、清之季）

由此，我们看章太炎和颜元的知识论分别属于两个层次，这也是由人的思维所决定的由浅入深的两个层次。自中国近代以来，中国传统知识分子得以反观西学、比照中西，近代的中国为何以落后的面貌登上世界舞台成为知识分子苦苦求索的核心问题之一。章太炎通过对颜元思维特质的解构，向我们揭示了中国近代科技落后的原因在于思维方式的缺陷，即缺乏西方从笛卡尔到培根所形成的建立在理性哲学思维之上的实验科学探究传统，这正是他作为"条理缜密"的思想者的深度。所以，我们看到章氏对于中国近代思维挫折的这种解读是很具有现代性和前瞻性的。

五、结语

章太炎对于历史人物的评价前后变化较大，或者前贬后尊、或者前抑后扬，除了庄子之外，其他人物皆然。在该文第一部分中已经引述的章太炎在《答铁铮》中的话，"上自孔子，至于孟荀，性善性恶，互相阅讼。迄宋世则有程朱。与程朱立异者，复有陆王。与陆王立异者，复有颜李。虽虚实不同，拘通异状，而自贵其心，不以鬼神为奥主，一也。"① 章太炎所秉持的禅宗的"依自不依他""自贵其心"的心迹，可以视为他评价历史人物的一个内在原则。我们今天来看章太炎品评历史人物，于清一代除涉及政治倾向外；其他则凭各色人物的生命体验以及与章太炎本人生命体验的辉映几何，于此，便可以很容易理解章太炎所持的标准。比如关于对颜元评价，"儒侠"精神，重视实践和经验而忽略抽象知识，这些都成了章太炎评价他的标准。所以，章太炎评价历史人物，可谓既有饱含"生命质感"的真情表露，又不乏冷静的哲学思考，这便是章太炎。

---

① 章太炎：《答铁铮》，载于傅杰编校《章太炎学术史论集》，昆明：云南人民出版社，2008年，第111页。

第四节　章太炎童蒙教育思想研究——
以《重订〈三字经〉》为中心

　　章太炎本人较为重视国学教育（有学者称"国粹"教育），他对普通国民的教育问题也有所思考，1928 年章太炎对中国传统童蒙读物《三字经》进行的改订则表明他对幼儿教育的重视。学术界关注较多的是章太炎在国学教育领域内的贡献，然而对这位国学大师曾经在幼儿教育方面所做的努力却有所忽略。

一、为适应时代变迁而重订《三字经》

　　《三字经》相传为宋代王应麟所作，书中将中国悠久的历史文化和传统的美德巧妙地融为一体，说古喻今、寓教于乐，对后世产生了极大影响，成为中国古代蒙学的最杰出代表。后世学者不断对《三字经》进行注释和解读，最著名的要数清代的两位学者王相和贺兴思，他们二人分别撰有《三字经训诂》和《三字经注解备要》，是进一步了解《三字经》的重要工具书。民国十七年（1928 年）著名的国学大师章太炎重新编订了《三字经》，以《重订〈三字经〉》之名刊行于世，这个版本的《三字经》在二十世纪流传较为广泛。

　　章太炎针对民国时期学校教育中出现的现象指出："观今学校诸生，几并五经题名、历朝次第而不能举，而大学生有不知周公者，"① 所以，他决定借助《三字经》已有的影响力，进行修订，使之成为中国传统文化教育的普及读物。民国建立之后，教育体制发生巨大变革之一的表现就是废除了传统的读经教育，新文化运动之后，中国传统文化再一次受到西学的冲击，中国固有的学说被赋予旧的含义而遭到趋新之士的摒弃。在这种社会氛围之下，章太炎作为中国传统文化的保存与整理者已经认识到革新教育思想的必要，

---

　　① 章太炎：《重订〈三字经〉》，载于《章太炎全集》，上海：上海人民出版社，2015年，第 405 页。

《重订〈三字经〉》应运而生。趋新之士或许会有疑问，章太炎在《重订〈三字经〉》中为何还保留"三纲者、君臣义、父子亲、夫妇顺"这种反映传统社会纲常伦理的表述呢？其实这里牵涉到名和实的问题。民国之后，君主制已不复存在，章氏深知共和乃是世界潮流，但是，又不能忽视中国传统政治制度的后续影响力。章太炎曾经就君臣之义这个问题做过详细的论述，他指出："世有无君臣之国，未有无上下之国。""名曰上下，其实何以别于君臣？故名举之，其义不可行于今也；实举之，其义未尝废于今也。"① 由此，我们可以看到，章太炎晚年最为担心的就是教育界的学风与社会人心问题，他称当时乃是"事变已亟，国无纪纲"，致力于教育者应该"挽颓风，厉薄俗"。② 这种拯救学风的思想同样也暗含在章氏《重订〈三字经〉》的教育理念之中。

二、《重订〈三字经〉》的教育思想

《三字经》自宋版之后经过后人不断完善，到清代出现了 1140 字和 1170 字两个版本。其内容皆包括六个方面，首先从"人之初"到"不知义"，言明教育和后天学习对儿童成才的重要性；其次从"为人子"到"次见闻"，阐述孝悌的重要；第三从"知某数"到"人所同"，介绍一系列中国传统文化中的概念和常识，即为见闻，其中指明封建伦常的重要性；第四从"凡训蒙"到"及老庄"，学问须由小学精通之后才可进入经学和诸子的学习；第五从"经子通"到"若亲目"，历数各朝代兴衰，全在二十四史之中；第六从"口而诵"到"宜勉力"，阐明勤学的重要性；最终实现"上致君，下泽民"的教育目标。

章太炎的《重订〈三字经〉》共计 532 句、1596 字，比原著增加了三分之一，更定了百分之三四，其目的是适应时代变迁而进行教育理念和内容的革新。在第一部分中，章太炎将宋代窦燕山教子的案例改为荀淑教子，荀淑字季和，东汉时颍川郡（今河南）人，为人品德高尚，学问渊博，不慕富

---

① 章太炎：《白井新太郎〈社会极致论〉书后》，载于《章太炎全集·太炎文录补编》（下），上海：上海人民出版社，2017 年，第 828 页。

② 李恭：《章先生之教育目标论》，载于《制言》1937 年 8 月 1 日，第 46 期。

贵，敢于反抗权恶势力，受到当时士人的推崇，他的八个儿子皆受其父影响，以文化见长，成为后世影响力很大的名门望族。相比之下，窦燕山的五个儿子却是因为考取功名而显于后世，章太炎之所将其案例更定，原因就是他更注重人的道德品行的培养而非追求功名。在第二部分中，章太炎继续沿用了黄香扇枕温衾和孔融让梨的典故，原因正是孝亲悌长是人生当务之急的大事，应该在学习知识之前就养成这种素养。在第三部分中，章太炎增加了较多中国古代与地理、纪年等相关的基本常识，可谓改动较大。宋版《三字经》中列举了三才、三光、三纲、四时、四方、五行、五常、六谷、六畜、七情、八音、九族、十义，这些都是中国传统文化中的基本常识，章太炎在其基础上进行了增补。他首先增补了一系列地理名词，包括黄道、赤道及中华的地理分布和地形，还补充了四渎、五岳两个地理概念。补充地方最大一级行政区划称行省，下面含括四民以及方技和堪舆等职业。引入植物和动物的概念，总括生物界。在七情之外，章太炎增补了不同的感官可以感受到的现象名词，包括：五色、五味、五臭、五音、四声；在九族之外，他还增补了五伦、三党、五服三个有关伦理亲族和丧服的名词。在第四部分中，章太炎依然按照宋版《三字经》学习古代经典的逻辑顺序并加以阐发，适当做了一些调整。在古代，学习经学的基础是先进行小学的训练（音韵、训诂、文字），涉猎经学之后再学诸子。章太炎将古代的六艺之教补充了进来，称："礼乐射，御书数。古六艺，今不具。惟书学，人共遵。既识字，讲《说文》"，① 章太炎比较推崇许慎所撰的《说文解字》，他在讲授文字学时即以此书为蓝本，所以，在这里他又强调《说文》在识字过程中的重要价值。章太炎在介绍四书、六经乃至十三经时，与宋版大致无差，只是略作修订。在第五部分中，章太炎在宋版《三字经》总结的各代历史史实的基础上仅对元明清三朝的描述性史实进行了微调，并将《清史》加入二十四史之中，增补为二十五史。随后，章太炎还增补了读史之法，他认为中国史书种类比较丰富，可以先从《史记》、《汉书》、《后汉书》和《三国志》入手，以此可以与经学互相印证，再参考《资治通鉴》就可以起到事半功倍的效果。章太炎

---

① 章太炎：《重订〈三字经〉》，载于《章太炎全集》，上海：上海人民出版社，2015年，第410页。

最后还强调，学者应该兼通别家，不仅要通史学，还要对经学、道学、文学等方面无所不窥，这样才可以达到"翼圣教，振民风"的效果。① 在最后一部分中，章太炎对宋版《三字经》中所列举的勤学之士绝大部分都作了保留，唯独将八十二岁才高中状元的梁颢换成了他自己最为欣赏的荀子，章太炎曾经称赞荀子"学过孔子"且"道术踔绝孔氏"，② 可见，他对于荀子的敬仰之情，换掉梁颢也是因为梁氏白首为功名的事例已经不合时宜。另外，章太炎还增加了一位神童刘晏的事例，刘晏八岁时献颂唐玄宗而才华显露，被授予秘书省正字一职，章氏以此激发儿童向学的志趣。章太炎最后将宋版《三字经》中有关勤学目的的表述"幼而学，壮而行，上致君，下泽民"修改为"幼习业，壮致身，上匡国，下利民"。③ 这就彻底将封建时代读书的目的论"为君致仕"改造成为国家为人民的现代含义了。

　　由上述章太炎在重订《三字经》过程中所体现出的理念可以归纳出章太炎的童蒙教育思想。首先，在教育目的方面，将封建时代儿童读书主要为了取得功名的功利性目标改造为造福国家便利人民的目的，使为学的目标更符合现代国家发展的需要。其次，注重中华传统文化中所蕴含的文化常识的教育，尤其强调传统伦理和礼节的重要性。第三，在学问方面，章太炎重视中国传统的经史教育，尤其注重历史教育的方法。最后，章太炎认为勤学对于少年儿童的成长非常重要，是他们成才的必由之路。勤奋刻苦是一种积极的学习姿态，章氏将这种学习态度与当时的学风关联起来。章太炎曾于1924年撰写了一篇《救学弊论》，指出当时学校学风颓败且学者已经"失其勇气，离其淳朴"，他在文末强调学习儒家经典《论语》、《孝经》和《三字经》的价值要胜于学校只注重"耳学"的教育，章太炎的教育思想的最终目标就是"守其国性"。④

---

① 章太炎：《重订〈三字经〉》，载于《章太炎全集》，上海：上海人民出版社，2015年，第417页

② 章太炎：《订孔》，载于《章太炎全集·訄书》（重订本），上海：上海人民出版社，2014年，第133页。

③ 章太炎：《重订〈三字经〉》，载于《章太炎全集》，上海：上海人民出版社，2015年，第419页。

④ 章炳麟：《救学弊论》，载于《华国月刊》1924年8月15日，第1卷第12期。

中国古代的教育是依据四部分类法从经史子集四个方面进行教育。尤其注重经史的教育，章太炎依然恪守这样的传统，宋版《三字经》中重点介绍了传统经学典籍的学术特征和中国历史的发展脉络，并且选取具有代表性的诸子著作进行介绍。章太炎在此基础上又增加了典型性的文学家，使得四部分类在《三字经》中得以完整地呈现。章氏还增加了道学方面（义理之学）的代表性学者，体现了他对于学术无所不窥、兼采众家的治学方法。章太炎注重中华文化常识的教育，可谓由来已久，辛亥革命时期他在日本所创办的《教育今语》杂志就较为提倡常识教育，他曾指出："教育的第一步，就是使人有常识"。① 这种对于传统文化常识教育的重视，正是基于章氏对中国文化传统的珍视和对历史教育的重视，因为在他看来国粹可以激发爱国之心，可以起到增强民族凝聚力的作用。② 中国古代社会重视读书，这是在儒家文化熏陶之下追求致仕与学问统一的一种理想人格，所以就形成了一种勤奋刻苦的求学精神。古代儿童刻苦学习的案例也非常之多，其中也不乏神童，当然也有不少富于家庭教育经验的家族出现，但是他们的教育理念中还保留了较多功名利禄的思想。章太炎将那些通过培养科考成功的子弟而留名后世的人删除了，取而代之的是那些比较注重名节而又教子有方的人物。这是章太炎一直注重道德教育的体现，他曾经在《革命道德说》一文中提出了"知耻、重厚、耿介、必信"四条道德准则以勉励革命同志，③ 此标准亦可以运用于各类人才的选拔。

三、《重订〈三字经〉》的传播效力问题

民间有一种说法指出《重订〈三字经〉》是近一个世纪以来《三字经》最流行的版本，这种说法还有待商榷。但是章太炎所改订的《三字经》在民国时期的确传播比较广泛。首先，有较多的报刊登载了《重订〈三字经〉》的全文，还有一些刊物发表了介绍与评论性的文章。目前，能够见到的登载《重订〈三字经〉》的期刊有《立兴杂志》（1933 年）《时闻旬报》（1933

---

① 独角：《常识与教育》，载于《教育今语杂志》1910 年 4 月 9 日，第 2 期。
② 太炎：《演说录》，载于《民报》1906 年 7 月 25 日，第 6 号。
③ 太炎：《革命之道德》，载于《民报》1906 年 10 月 8 日，第 8 号。

年)《青鹤》（1934 年）《平民月刊》（1936 年）。对章太炎的《重订〈三字经〉》进行介绍的有章太炎的弟子徐澐秋，他撰写了《太炎师〈重订三字经〉跋》一文，刊载于《苏中校刊》（1933 年），此外，《制言》杂志在章太炎逝世后，以遗著的形式刊发了章氏撰写的《重订〈三字经〉题辞》并刊载了《重订〈三字经〉》的广告。此外，还有两篇评论性文章，《文社月刊》在 1933 年刊发文章对章氏所改订的《三字经》进行了增补，该刊指出章氏在列举九流时依然按照宋版举出五子，所以该社决定将九流全部列举，删除"古九流"到"及老庄"八句，更改为：首儒家，孟荀扬，次法家，申韩商，道家流，老与庄，兼爱说，墨翟倡，苏张辈，尚纵横，公孙龙，名学彰，杂家书，兼众长，吕览蕞，淮南详，两邹子，明阴阳，氾胜书，课农商，今遗书，多佚亡。作者还指出民间有署名鸡晨的人认为章太炎《重订〈三字经〉》中所称的二十二行省应该更定为二十八行省，简化为三言句为：省廿八，又二区。① 程渲对章太炎改订的版本进行了批判，他指出："今新出之本，于原书命意结构，全未理会，五之下六之上，则忽言十，忽言四五，则次序凌乱。十之下四五之上，忽参以赤道黄道云云，则行文失系。经史子后，虽可增以集部，而贾董韩柳云云，终嫌挂碍，原书不言集部，殆有见于此也。"② 程渲批评章太炎上述两处增补在行文上顺序混乱，没能保持宋版原文的行文结构，在保持与宋版原文宗旨一致的前提下，他在宋版《三字经》基础上进行删节，改订为四百二十句。上述两篇文章是时人对章太炎《重订〈三字经〉》内容的反馈，从另一角度也表明章氏重订本的影响力。

　　关于《重订〈三字经〉》的刻印与发行问题，目前能够了解到的单行刻印本有：1933 年汉文正楷印书局刻本、1934 年成都渭南严氏刻本和成都双流黄氏济忠堂精校刊本（时间不详），三者中又以成都双流黄氏刻本质量最佳。《重订〈三字经〉》最早的发行本，由山西书局出版社在 1935 年 4 月儿童节出版。可见，《重订〈三字经〉》是依靠三种方式进行传播的，即是报刊登载、书局印刻和出版社发行。虽然，《重订〈三字经〉》曾风行一时，但是其传播却也受到诸多限制。首先，"五四"新文化运动之后，提倡白话文取

---

① 《补〈重订三字经〉》，载于《文社月刊》1933 年第 3 期。

② 程渲：《重订〈三字经〉自序》，载于《国艺》1940 年第 2 卷第 2 期。

得了成功，从根本上改变了书面语言；《重订〈三字经〉》出版的年代，城镇学校教育已经是主流，课本已由教育行政部门审定，传统蒙学课本不可能成为学校的教科书，只能成为课余读物。其次，上世纪二十年代后期，军阀混战、社会动荡不安、交通条件也较为落后，章氏所著的《重订〈三字经〉》则很难大批进入农村私塾，尤其是交通不便的山区。所以，在上述地区，《重订〈三字经〉》能否取代宋版《三字经》还很难说。①

四、结语

章太炎作为国学大师能够改订《三字经》这样的童蒙教育著作，一方面体现了《三字经》这部教育经典的价值，另一方面也反映了章氏本人对幼儿教育的重视。从《重订〈三字经〉》的内容来看，章太炎依然沿用了宋版《三字经》通俗押韵的语言风格，便于儿童诵读；另外，章氏基本保持了宋版原文的行文结构和逻辑，只是对具体内容进行增删和修订，可谓是锦上添花，顺应时代的变化需要。从《重订〈三字经〉》的教育思想来看，章氏对该部经典的修订与其国学教育思想保持了一致。章太炎曾在《治国学的方法》一文中提出治国学的五项内容，即：辨书籍底真伪、通小学、明地理、知古今人情变迁、辨文学应用。② 我们看到，章太炎针对《三字经》内容的增订正是从上述五项内容的后四个方面展开的。一直以来，章太炎对中国近代的学校教育能否培养出杰出人才持怀疑态度，所以他特别强调自学和自修，他对《三字经》的改订正是为了补偏救弊。在学术界疑古之风兴盛的氛围下，他继续肯定《三字经》在传统经史教育方面的价值，并对其进行增补和完善，使《重订〈三字经〉》在经史子集四个领域皆得以全面呈现。章太炎充分肯定《三字经》所弘扬的中国古代立志勤学的良好风气，他的《重订〈三字经〉》更是推崇人在儿童时期就应该具备向学和勤学的基本认知，所举的勤学案例则成为人们由知到行过程中的精神动力。章太炎将求学的目的更改为"上匡国，下利民"，这是他在修订《三字经》时的点睛之笔，也是

① 《〈重订三字经〉未能通行的遗憾》，载于《澳门日报》2016年1月7日。
② 章太炎：《治国学的方法》，载于桑兵等编《国学的历史》，北京：国家图书馆出版社，2010年，第181-187页。

最具现代性价值的地方。章太炎对儒家文化中含有的醉心功名利禄的思想一直持批判态度，所以，他在《重订〈三字经〉》中希望营造一个较为纯粹的学习目的，从而使传统学术、文化常识、传统伦理和礼仪可以得到更好的创新性传承与发扬。现在看来，《重订〈三字经〉》在二十世纪的影响力到底如何已不甚重要，重要的是其中所蕴含的教育思想与文化复兴之间的关系，直到今天依然值得探讨。

第五节　章太炎历史教育思想述论

章太炎作为清代学术正统派的殿军人物，他深受中国传统的经史教育之影响，成为中国近代历史上传统经学的批判和革新者，他继承并发展了章学诚"六经皆史"的思想，以此为契机开创了经学研究的新局面。与对待经学的态度相类似，章太炎既是传统史学的批判者，也是新史学的开创者之一。学界对章太炎的史学思想、史学理论方面探讨较多，近来有学者从文化自信的角度论述了章太炎的历史教育思想，虽然涉及章氏历史教育思想的价值和史学教育方法，但是论述不系统，不能展现章太炎一生的历史教育思想的全貌。① 目前，学界对作为学科的历史教育学的研究逐步深入，这就为全面探讨章太炎历史教育思想提供了新的契机。

当代学者将"历史教育学"的性质定义为："基于历史学知识和方法，以养成公民智识和健全人格为目标的人文历史教育。"② 依照这个定义我们可以推断出历史教育思想的含义大致是：历史教育者（学者）利用历史知识和方法，在进行教育（包含教学）的过程中所形成的思想观念，这些思想经过沉淀与归纳也可能成为历史教育理论。当然，历史教育思想明显区别于历史学者在研究历史过程中所形成的编纂历史的思想与理论，历史教育的受众可以分为广大民众和学生两大类。中国近代历史上的学者对"历史教育学"概

---

① 贺国强、魏中林：《文化自信与章太炎的教育思想》，载于《高教探索》2020 年第 6 期。

② 赵亚夫：《中学历史教育学》，北京：北京师范大学出版社，2019 年，第 14 页。

念的探索处于起步阶段，与当代学者对"历史教育学"的定义有一定差距，但是，像章太炎、梁启超等学者已经较早地开始了对历史教育问题的探索，他们的历史教育思想具有鲜明的近代特征。

一、新史学与章太炎历史教育思想的近代性

梁启超在 1901 年的《清议报》上刊发了《中国史叙论》一文，进而又在 1902 年的《新民丛报》上刊发了《新史学》一文，在清末的中国掀起了"史学革命"的潮流，章太炎同样参与到这场"史学革命"的潮流当中，并做出了应有的贡献。

章太炎比较赞赏梁启超在上述文章中对中国传统史学的得失进行评判，他也在《訄书》重订本中撰写了一系列历史评论类文章，阐述了他对传统史学的评判和对新史学的探索。在《哀焚书》一文中，章太炎曾开宗明义地指出：在近代各国建立民族国家的过程中，区别不同种族需要三项因素，"言语、风俗、历史"三者缺一不可。[①] 章太炎在建构其民族主义思想时特别重视中国的历史资源和史学建设。1902 年，章太炎曾计划撰写一部《中国通史》，虽然由于诸多原因未能完成，却给后世留下了关于史学建设的宝贵遗产。在《訄书》重订本中，章太炎撰有《尊史》《哀清史》等历史评论类文章，并附有《中国通史略例》和《中国通史目录》两篇文章，展示了章太炎具有近代意义的史学构想。章太炎对中西方的史学进行比较之后指出，中国传统史学长于具体记述，短于抽象原理的探讨，因为治史的主要任务在于掌握历史发展的客观规律，了解社会政法盛衰变化的原因，因此，他主张学习新思想、新理论，"治哲理，以祛逐末之陋"。章太炎还指出中国传统史学与西方史学各有其现代价值，"西方作史，多分时代；中国则惟书志为贵"。以时代划分，优点是脉络清晰，适宜于编写教科书；而书志分类法则利于记述某类事物的发展变化，可用于专门的学术著作，二者是可以相互补充

---

① 章太炎：《哀焚书》，载于《章太炎全集·訄书》（重订本），上海：上海人民出版社，2014 年，第 328 页。

的。① 由于受到进化论思想和西方近代社会学的影响，《訄书》重订本中的很多文章可谓是融中西思想于一炉，在史学探索方面他更注重社会史、文明史和政治制度史的研究，章太炎试图建立的近代民族主义史学同时也建构了中国自身的近代性。

如果章太炎、梁启超等学者探讨新史学的目的仅止于书斋内的纯粹研究，那么，则不存在所谓历史教育思想。他们推动新史学建设的目的乃是要引导方来、教育国民。1902年章太炎在给梁启超的信中言明修纂通史必须注意两个方面的问题，其一，利用典志"发明社会政治进化衰微之原理"，其二，利用纪传"鼓舞民气、启导方来"。② 章太炎的这种鼓舞民气的理念与梁启超倡导的新史学的精神颇为一致，梁启超认为："史学者，学问之最博大而最切要者也，国民之明镜也，爱国心之源泉也。"梁启超还强调历史"求有益于群治"，"将以述一民族之运动、变迁、进化、堕落，而明其原因结果也"。③ 由此可见，章太炎和梁启超所倡导的新史学具有很强的经世致用的目的，将传统史学转化为与国民、民族密切相关的一种新学问，使新史学具有了教育国民的近代价值。

二、辛亥革命前章太炎的历史教育思想

辛亥革命前章太炎的史学思想和教育实践与民族革命密切相连，有学者称章太炎为国粹派史学大师，④ 还有研究者将章太炎的教育思想归纳为"国粹"教育思想。⑤ 的确，章太炎强调提倡国粹就是"要人爱惜我们汉种的历史"，这个历史主要由语言文字、典章制度、人物事迹三个部分构成，他提

① 章太炎：《中国通史略例》，载于《章太炎全集·訄书》（重订本），上海：上海人民出版社，2014年，第333-334页。

② 章太炎：《章太炎来简》，载于《章太炎全集·书信集》，上海：上海人民出版社，2014年，第61页。

③ 梁启超《新史学》，载于《饮冰室合集》（文集第一册），北京：中华书局，1989年，第1、27页。

④ 胡逢祥、张文建：《中国近代史学思潮与流派》，上海：华东师范大学出版社，1991年，第298页。

⑤ 郭军：《章太炎"国粹"教育思想探析》，西北师范大学硕士论文，2016年。

倡国粹的目的"是用国粹激动种性，增进爱国的热肠"。① 章太炎所倡导的历史教育具有求是和致用的双重目标，致用正体现在培养民众爱国爱种之心上面。

章太炎在辛亥革命前的教育实践主要是在东京创办国学讲习会以培养国学人才，而他的教育思想则主要体现于他所创办的《教育今语杂志》，该杂志是章太炎1910年3月在东京创办的白话文教育类专门杂志，章太炎的历史教育思想亦体现于此杂志之中，主要包括三个方面。

（一）历史教科书的编写

章太炎非常重视常识的教育，认为教育的第一步就是使人有常识。他将常识分为"晓得了可以有用的"和"晓得了虽没有用，但是应该晓得的"两类。所以，历史知识也应该包括这样两类，且涵盖本国的历史（中国史）和别国的历史（世界史），才能称之为历史常识。章太炎认为清末历史教科书的编写水平很低，仅有夏曾佑编写的《最新中国历史教科书》还算好。章太炎梳理了历史常识的条理，认为除了纪传体记录人物事迹之外，还应该包括：第一是制度的变迁，第二是形势的变迁，第三是生计的变迁，第四是礼俗的变迁，第五是学术的变迁，第六是文辞的变迁，这六类内容是由志和杂传两种体例记述的。章太炎指出编写教科书时应以历年人物事迹作为经，以上述六类内容为纬，这样可以提纲挈领线索明晰；在内容所占的比例上，历年人物事迹占四分之一，六类内容占四分之三。在编写方法上，参考传统史书中的书、志两种体例而进行。因为受到进化论思想的影响，章太炎指出每一代的人所需要掌握的常识是不断增进的，所以，历史常识也同样需要增进，那么，历史教科书的编写也是需要不断随时代变迁而增进。章太炎还特别指出，普及常识还是要靠全国几十个独到精微的学者，利用简明的道理和深入浅出的方式传授给民众。所以，历史教科书的编写应该遵循简约原则，方便学生易懂易学。②

（二）教师的教法与学生的学法

教师的教法与学生的学法可谓是一体两面、相反相成，章太炎针对历史

---

① 太炎：《演说录》，载于《民报》1906年7月25日，第6号。

② 独角：《社说》，载于《教育今语杂志》1910年4月9日，第2期。

教师指出："凡是当教习的朋友，总要自己的知识，十倍于教科书，才可以补书上的不及。"教师要博学深思是至今未变的教育传统，因此，章太炎强调历史教师应该系统阅读中华史学名著前四史，即《史记》《汉书》《后汉书》《三国志》。又因为后世的正史较为烦碎，所以像《通鉴辑览》这类当时通行的通史类著作也是必须看过的。此外，历史教师对于诸如《日知录》等经典的学术类专著也应该有选择地涉猎。① 教师的教法自然应该与历史教科书所遵循的简约原则相类似，达到一种"自己想得非常难，叫后生学得非常易"的状态，就可以使历史常识明白晓畅地传播了。②

在学生学的这个层面，章太炎已经认识到中小学历史教育的目的乃是"晓得大概""不是要真成就史学家"，③ 这也是他面向大众进行历史教育宣传的目的。由于比较推崇中国传统书院和学会的教育价值，章太炎更加重视师生之间的互相熏陶和教学相长，学生应该多下苦功"求智慧"，最终还要有自己的心得。④ 到了晚年，章太炎才较为系统地论述了学习历史的方法，这一时期，他所认为的学习历史应该坚持自修的思想已经初步萌发。

（三）历史的价值

对学习者而言，历史的价值即表现为历史教育的价值。在文化观上，章太炎坚持等视中西方文化的态度，他认为中国近代学问的发达主要表现在：语言文字学、历史学和哲理三个方面。他充分肯定中国历史的地位，指出："中国历史的发达，原是世界第一，岂是他国所能及的。"他还认为历史最大的用处是"看了历史，就发出许多爱国心来"。这与他在《民报》时期所提倡的用国粹激发爱国心的认识可谓一脉相承，此外，章太炎还指出历史还有致用的价值，那就是可以作为办事的参考，不过得依靠人们根据形势变迁而灵活运用。⑤ 与梁启超猛烈抨击中国传统史学不同，章太炎则充分肯定传统史学中的合理成分，发掘其现代价值。针对那种认为中国历史如同帝王家

① 独角：《社说》，载于《教育今语杂志》1910年3月10日，第1期。
② 独角：《社说》，载于《教育今语杂志》1910年4月9日，第2期。
③ 独角：《社说》，载于《教育今语杂志》1910年4月9日，第2期。
④ 独角：《庚戌会衍说录》，载于《教育今语杂志》1910年6月6日，第4期。
⑤ 独角：《社说》，载于《教育今语杂志》1910年3月10日，第1期。

谱，不太精彩，或认为中国历史只记载战争道理阐释不够的情况，章太炎反驳道：因为中国没有基督教这种宗教，所以不能用耶稣基督诞辰的公元纪年，于是历史记载只能按照帝王朝代排序。因此，把历史"看成家谱"比西方"鬼谱"要好。章太炎继续论述道：中国最好的史书，像《春秋》《史记》《汉书》，内容中涉及学术、文章、风俗、政治，并非用家谱可以描述的。章太炎也承认汉代以后中国的史学渐渐差了，但是史书所记载的内容也不止战争，还有政治的得失、人物的高下。针对过去和现在之间的因果联系问题，章太炎指出这正是历史可以通古今之变的价值。针对有人说中国历史不合科学这一点，章太炎驳辩道：西方近代史书的编写体例与中国不同，西方只有纪事本末一种体例，容易阐明统系、性质等概念，中国却有纪传、编年、纪事本末、典章制度四种体例，此外更小的体例还有很多，科条繁杂，难以理清，更不容易整理。章太炎还列举唐代刘知几所著的《史通》对各朝代的史书体例和编纂方法进行评述，非常精密，这样不可多得的史学理论著作的问世，又怎能说中国的历史不符合科学。[1] 章太炎借鉴章学诚的"六经皆史"之说，他认为"经就是古人的史，史就是后世的经"。章太炎意在强调中国古代经典不可以废绝，读经的价值正是在于"使人增长历史的知识，用意在开通人"，同时，也可以教人修身，养成道德。[2] 经典与历史皆从人们的感情出发，无疑表明了经典与历史的重要性。

三、章太炎晚年的历史教育思想

章太炎的晚年应该从 1916 年 6 月到 1936 年 6 月逝世，是为其人生的最后二十年。在这段时光里，章太炎为国事而奔走；反对新文化运动，护持传统文化；进行国学研究和国学教育。[3] 章太炎晚年的历史教育思想日臻于成熟，面对专门的国学（涵盖史学）教育和民众的历史普及，章太炎在五四运动之后更加集中地探讨了历史教育问题。

---

[1] 独角：《社说》，《教育今语杂志》1910 年 3 月 10 日，第 1 期。

[2] 独角：《论经的大意》，《教育今语杂志》1910 年 4 月 9 日，第 2 期。

[3] 王玉华：《多元视野与传统的合理化：章太炎思想的阐释》，上海：上海人民出版社，2018 年，第 616-618 页。

（一）历史的教法与学法

1. 学习历史应识大体

民国之后，章太炎对学校教育中各学科教科书的编订依然持不满态度，1920 年 11 月他在演讲中强调：“做教师的宜在教科书外指导学生，学生也要自己多方参考，务必要求得学问的大体。”求得学问的大体成为章太炎教育思想的总括，这是因为学校教育（中小学）科目很多，不能专精一门，学习历史也应该知道大体。章太炎指出中国古代正史约有三千多卷，不可能要求人们全读，像《资治通鉴》、《通典》和《文献通考》合起来不过八百多卷，是能够读完而且是不得不读的。具体而言，史书里的五行、天文等类可以不读，而兵制、官制、食制、地理等重要门类，应该熟读详考。所以，学习历史的途径就是识大体，不必考究繁琐。① 章太炎还强调，就是研究历史，也应该先从提纲挈领出发。② 可以说，识大体成为学习历史首要的门径。

2. 历史之学宜自修

章太炎认为历史（史志）是当时的切要之学，他有鉴于此，系统地阐述了历史的教法与学法，他认为：“历史之学宜自修，不适于讲授。”因此，“历史一科之教员应专讲解史志之条例及其中深奥的地方，其余易解之处统由学生去自修。盖研究学问有二法：一、有必须讲解者，如史学之条例是也。二、有必须自修者，则史志之全文是也。”章太炎认为学习历史所应遵守的规则及方法应该讲解，而对于历史文本还得依靠学习者自修（阅读并理解）。章太炎针对社会上出现诸如《史学通论》《史学研究法》这样的指导性著作指出：不能因为有了这些书就不看史书了，理论方法类的著作仅可以作为参考和辅助。③ 在 1933 年 3 月名为《历史之重要》的这篇演讲中，章太炎进一步阐释了历史作为学科为何不适宜讲解的原因，他指出：“大约学问之事，书多而文义浅露者，宜各自阅览。书少而文义深奥者宜教师讲解。历

① 章太炎：《研究中国文学的途径》，载于马勇编《章太炎讲演集》，石家庄：河北人民出版社，2004 年，第 76-77 页。
② 《章太炎底旧学新评》，载于《民国日报》1920 年 10 月 31 日，第 1709 号，第 6 版。
③ 章太炎：《论今日切要之学》，载于章念驰编订《章太炎演讲集》，上海：上海人民出版社，2011 年，第 301 页。

史非科学之比，科学非讲解一步，即不能进一步。历史不然，运用之妙在乎读者各自心领神会而已。"章太炎进一步阐述道：中国的正史有二十四部，约三千卷，仅《资治通鉴》就有六百卷，如果要讲完《资治通鉴》就需要不止五年时间，更遑论讲完全部正史了。但是，如果学习者自修，最多四年就可以阅读完全部正史。章太炎认为要弥补因为历史不适宜在学校讲授所带来的"史学浸衰"的局面，历史教学必须采用道尔顿制，才能够对师生皆有益处。① 同年5月，章太炎在演讲中再次表达了他对道尔顿制的赞赏，他指出："外国道尔顿制，即是学生自习之法，国人虽知其制而行者盖寡，余谓此制施之史学，厥效最伟。"其实，章太炎之所以倡导学生自修，还有一个原因是对当时历史教师的水平并不满意，他认为当时的历史教师读书太少，仅粗略诵读一遍《纲鉴易知录》便可称为良师，实在荒唐。② 因此，对学生来说，提倡道尔顿制可以弥补教师之不足，同样也可以促进教师加强自我学习。

1934年2月，章太炎在章氏国学讲习会发表题为《略论读史之法》的演讲，这是他最后一次较为系统地阐述自己对如何学习历史的看法。首先，他再次重申了读史应该"先明史之大体"；其次，他认为学史之人在读完二十四史之后，应该有一个整体性的比较，明了各部史书之间的优劣；最后，章太炎指出读史有两大忌讳，第一，"妄论古人之是非"，第二，"借古事以论今事，所谓借题发挥者"。③ 章太炎列举了前人对二十四部史书的评价观点，综合比较后形成他自己的评价，目的也是抛砖引玉，提供给学习者作为参考，鼓励人们形成自己独到的议论和评价，最终，各取所需有所收获。

（二）历史的功用与价值

1919年3月，章太炎曾论述了学问的两种类型，指出："学有求是、致用二途。求是之学，但期精诣确当，不论适用与否。此在承平之世，所当竭

---

① 章太炎：《历史之重要》，载于章念驰编订《章太炎演讲集》，上海：上海人民出版社2011年，第349页。

② 章太炎：《关于史学的演讲》，载于马勇编《章太炎讲演集》，石家庄：河北人民出版社，2004年，第170页。

③ 章太炎：《略论读史之法》，载于《制言》1939年6月25日，第53期。

力，乱世虽当有其人，而不必望其多也。致用之学，为乱世所当预储。"将学问分为求是与致用两种类型，章太炎的这种思想在清末就已经萌发和形成，与他的国粹思想是密不可分的，语言文字和历史成为章太炎保存国性不灭的两大根本所在。① 章太炎晚年坚持历史的求是与致用的双重价值，1931年"九一八"事变后中国面临日本侵华的民族危机，历史致用的价值在乱世中则更加明显。于是，到1932年3月，章太炎在燕京大学演讲时直接明确称今日切要之学的历史，包括两条道路：求是和致用。②

1. 普修历史之学以致用

首要在培养实用人才。1919年在重庆的演讲中，章太炎全面观察了近代以来中国历史人物在政治方面的得失，指出民国以来的六七年"所见国中人物，皆暴起一时，小成即堕"，原因正是不修习历史所致，造成诸多性格弊端，如："胸襟浅陋""小智自私，小器自满，悖逆形便，而不知违反人情而不顾"。因此，当时国家没有可以长久依赖的政治人物。章太炎还认为晚清的曾国藩、胡林翼、左宗棠、张之洞因为储备了历史知识皆算得人才，相比之下，袁世凯则不具备此种才能。仅举例还不够，章太炎在演讲的后半部分阐明了为何依靠历史可以"涉世应变"。他指出晚清排满革命的思想的兴起就是依靠历史资源发掘而来。他认为"历史知识，譬如稻米面麦，其味不如珍馐，时当荒歉，则亟宜储蓄矣。"章太炎强调历史的致用性，其目的是通过学界中人造成"普修历史之学"的教育氛围，最终在全国可以达到"激发远志，以成大业"的目的。③ 为了通晓易懂，章太炎作了一个比喻，将历史与做事的关系比喻成棋谱与下棋的关系，做事之前读史可以克服妄行之弊。所以，"若熟悉历史，据之以致用，亦无往而不利也"。④

---

① 章太炎：《对重庆学界的演说》，载于马勇编《章太炎讲演集》，石家庄：河北人民出版社，2004年，第74页。
② 章太炎：《论今日切要之学》，载于章念驰编订《章太炎演讲集》，上海：上海人民出版社，2011年，第300页。
③ 章太炎：《对重庆学界的演说》，载于马勇编《章太炎讲演集》，石家庄：河北人民出版社，2004年，第73-74页。
④ 章太炎：《论今日切要之学》，载于章念驰编订《章太炎演讲集》，上海：上海人民出版社，2011年，第302页。

其次，在于发扬志趣和保存国性。五四运动爆发前，章太炎在对重庆学界的那篇演说里重提清末革命中以保存国性相号召的旧事，表明他对中国兴起的新文化运动以及教育界存在的问题很不满意。针对当时的史学，章太炎认为存在五种弊病，即"取文舍事，详上古略近代，详域外略内政，详文化略政治，以及疑古太甚"。对于疑古思潮的兴起，章太炎进行了评述，"古事致疑，本为学者态度，然若以一二疏漏而遽认为伪造，欲学者群束书不观，则未免太过耳。"章太炎的意思很明确，古史可以质疑考订，但不要吹毛求疵，二十四史不可不看。针对教育界，章太炎指出"保存国性"和"发扬志趣"是教育的根本，但是，辛亥革命以来的学校教育并不能贯彻这两种目标。至于如何达到上述两种目标，章太炎认为"要点则重在读史"。原因在于，"无史之国，每易沦亡。国家之建立也愈远，史乘所载，其足以激发志趣，影响国民性之势力，至为伟大。"最后，章太炎言明治史时需去除弊端，史学的价值才能够得以彰显，国民志趣不至堕落，国性不至沦亡，全国教育才有希望。①

最后，学习历史还有一层更深的目的，就是激发国民的爱国心，章太炎认为："若一国之历史衰，可占其民族之爱国心亦必衰。"因为国家的历史就像家庭的家谱，家庭不看家谱不明世族则不能兴盛，国民不明了国家的史志，国家也难以兴盛，所以"历史上之陈迹即为爱国心之源泉"。1932 年 3月，在燕京大学的演讲中，章太炎举出当时一些国人盛唱"弃了东三省"的例子，就是为了表明不明史志才会导致提出这种论调。② 因此，从另一角度，章太炎还认为："读史之效，在发扬祖德，巩固国本，不读史，则不知前人创业之艰难，后人守成之不易，爱国之心何由而起？"③ 可见，民族危机迫使章太炎重新拾起辛亥时期用国粹激发爱国心的主张，这是他始终未变的心迹。

---

① 章太炎：《在金陵教育改进社演讲劝治史学并论史学利弊》，载于章念驰编订《章太炎演讲集》，上海：上海人民出版社，2011 年，第 281-284 页。

② 章太炎：《论今日切要之学》，载于章念驰编订《章太炎演讲集》，上海：上海人民出版社，2011 年，第 302-303 页。

③ 章太炎：《论读经有利而无弊》，载于章念驰编订《章太炎演讲集》，上海：上海人民出版社，2011 年，第 407 页。

2. 读史以促进文化复兴

新文化运动兴起之后，章太炎曾就东西方文化之优劣做过评述，在《救学弊论》一文中他指出："中国人治之节，吾所固有者已至文，物用则比于远西为野。"意为中国精神文明较为发达，物质文明较西方逊色，因此"今之学子慕远西物用之美，太半已不能处田野。"章太炎担心的是国性至此而灭亡，只有"守其国性"才能使中国文化得以延续。① 章太炎还就那时的青年有过评论，指出青年有三个弱点，其中，就包括虚慕文明，即"虚慕那物质上的文明"。② 在新文化运动中，"全盘西化"思潮获得很多拥趸，对中国传统文化进行抨击的声音非常猛烈。在这种历史背景下，章太炎先是提出历史乃"今日切要之学"，随后，又论述了读史与文化复兴的关系。1932 年秋，章太炎在苏州作了题为《读史与文化复兴之关系》的演讲，面对"国事日棘"的形势，章太炎指出国家无史之害。他举例印度因为没有历史记载，"至今印人不能追念其前代政化"，西域三十六国同样因为没有历史，致其人种"茫无可考"。他进而阐述道："国家之安危强弱，原无一定，而为国民者首须认清我为何种民族，对于本国文化，相与尊重而发扬之，则虽一时不幸而至山河易色，终必有复兴之一日，设国民鄙夷史乘，蔑弃本国文化，则真迷失本性，万劫不复矣！"③ 章太炎之所以坚信读史可以保存国性并可以促进文化复兴，原因即在于他所持的"文化多元论"之认知，"文化即各个相异，各有其特性，惟有相互尊重，而不能也不必要求甲文化臣服于乙文化"。④ 这个论述是汪荣祖教授对章太炎文化观的归纳，更有助于我们理解章太炎努力"保存国性"和促进文化复兴的合理性。当然，因为坚持经史的统一性，章太炎晚年倡导读经教育，他认为读经的益处在"修己"和"治人"两个方

---

① 章太炎：《救学弊论》，载于《章太炎全集·太炎文录续编》，上海：上海人民出版社 2014 年，第 92-93 页。

② 章太炎：《在四川演讲之一——说今日青年之弱点》，载于章念驰编订《章太炎演讲集》，上海：上海人民出版社，2011 年，第 180 页。

③ 章太炎：《读史与文化复兴之关系》，载于马勇编《章太炎讲演集》，石家庄：河北人民出版社，2004 年，第 107、110 页。

④ 汪荣祖：《从传统中求变：晚清思想史研究》，南昌：百花洲文艺出版社，2002 年，第 383 页。

面，与读史一样，读经同样可以达到"保持国性"的效果。①

四、结语

前文述及章太炎的历史教育思想及教科书的编写，教师的教法和学生的学法，历史（教育）的价值与功用等方面。章太炎强调学习历史应识大体，学生应该以自修为主；此外，章太炎坚持历史的求是与致用的双重价值，在致用的一面，他认为历史与培养人才、保存国性和文化复兴皆关系密切，这正是历史的功用与价值的体现。章太炎的历史教育思想在近代历史上并不孤独，通过检索 20 世纪 30 年代的报刊可以看到，那个阶段研究历史教育的文章普遍与现实联系密切，大多与民族问题或抗战关联，历史与教育，历史教育的价值，民族复兴，历史教育革新等主题成为学者最为关注的方向。1939年，苏沉简在《论历史教育》一文中，指出学历史有三种目标：（一）学术的——完全是客观研究；（二）应用的——我们可以说历史是社会科学的基础；（三）教训的或教育的——一部历史便是一个民族或全人类的经验的总和。② 将历史的教训和教育目标单独列出，表明时人更加注重历史学的经世致用价值，以寻求摆脱民族危机的方法。抗战时期，诸多学者皆对历史教育与民族复兴的问题做了探索，正如吴绳海所言："我国教育的目标是着重在复兴民族这一点上，欲达到民族复兴的目的，则国民的教育素养最重要者，非使之明了先民过去奋斗的往迹不可。那么历史教育在现时的我国自然成为极重要的课程之一了。"③ 章太炎所指出的文化复兴与读史的关系，也正符合民族复兴的题中之意。学者钱穆对历史教育的态度与章太炎较为相似，他同样也对当时的学校历史教育表示不满，指出："不幸而中国的现教育，只求能升学乃至留学，以习得一门技术为主，于是而本国史之在各级学校里，遂至绝不占到教育意义上的地位。我想中国学校里，所以还有中国史一科目，或许因世界各国现行教育制度全有本国史一科目之故。并不是中国的教育界

---

① 章太炎：《论读经有利而无弊》，载于章念驰编订《章太炎演讲集》，上海：上海人民出版社，2011 年，第 408 页。

② 苏沉简：《论历史教育》，载于《经世（战时特刊）》1939 年第 35 期。

③ 吴绳海：《历史教育之本质》，载于《教与学》1935 年第 1 卷第 4 期。

确知道本国史在教育上的真实地位及其使命。"钱穆关于中国历史指出其教育意义是："应该首先使其国民认识本国以往历史之真价，而启发其具有文化意味的爱国精神，同时培养其深厚的奋发复兴之想像与抱负。"① 可见，近代历史上很多学者都有着相似的观点，他们注重历史的教育功能与价值，他们所形成的历史教育思想为当代学者和学术界研究历史教育问题提供了丰富的资源和可以借鉴的方法。当然，章太炎等学者是否放大了历史的教育功能，则需要进一步地审视与研究。

第六节　章太炎与中国侠客精神的近代转化

侠这一名称，在历史的传承与发展中以侠人、儒侠、游侠、豪侠、侠客、侠士、大侠等词组形式呈现，本文采纳当代较为通行的侠客这一说法，也是为了文化上的亲近。关于侠的起源，中国近代学者有不同的认识，大概有墨家起源说、武士起源说、商贾起源说和儒侠相通说等，章太炎是中国近代历史上推崇儒侠相通说的代表性学者。章太炎不仅在学理上对侠客、侠客精神和侠客文化进行了较为系统的论述，而且还倡导和践行侠客精神，可以称之为以儒兼侠、知行合一的学者。学界已经关注到章太炎在《民报》时期通过激扬侠风进行革命宣传的问题②，在阐释章太炎儒侠思想与研究中国近代尚武思潮、侠客精神以及武侠文学史时，也有诸多学者借助章太炎的侠客

---

① 钱穆：《历史与教育》，载于《历史教育》1937 年第 2 期。
② 涉及章太炎及《民报》同人激扬侠风的相关研究成果有陈孟坚：《〈民报〉与辛亥革命》（下），台北：正中书局，1986 年，第 23 章相关内容；王磊：《章太炎报刊实践与传播思想研究》，北京：中国社会科学出版社，2019 年，第 5 章相关内容。

观进行阐释①；但是，以往学者没有意识到章太炎对侠客的概念和精神的系统阐释与推动侠客精神的近代转化之间的密切联系，以致今天我们对侠客作为中国近代历史上的一种客观存在认识非常模糊。该文以侠客精神的近代转化为视角，尝试探寻近代学术与社会转型背景下章太炎对"侠客"观念的阐释并推动侠客精神创新性转化的思想理路和实践活动。

一、章太炎之侠客观

章太炎一生中对侠客精神倍加推崇，他不断撰文进行阐释并表达称许之意，他的侠客观独具特色并且日臻完善。

章太炎最早撰写的有关侠的文章是《儒侠》篇，该文发表于光绪二十三年（1897年）九月初一的《实学报》第四册，该文收入《訄书》初刻本，经过首次修改后收入《訄书》重订本，再次修改后收入《检论》，篇名皆为《儒侠》。《儒侠》篇是体现章太炎侠客观的核心文章，该文的两次修改表明章太炎对侠客认知的不断变化和丰富完善，结合不同时期章太炎的其他相关文章，我们便可以全面地了解他的侠客观。《訄书》初刻本《儒侠》篇的核心要旨就是指出儒和侠乃是同一起源，他认为漆雕氏之儒与游侠在行为上是最接近的。章太炎认为儒家"杀身成仁"的精神以及"除国之大害，扞国之大患"的行为与侠行有相通之处（这里将侠客的行为简称为侠行），所以，他提出"世有大儒，固举侠士而并包之"的观点并称赞："天下有亟事，非侠士无足属。"②《訄书》重订本的《儒侠》篇继承了初刻本中的观点，他进

---

① 相关研究成果可参见：（1）陈山：《中国武侠史》第7章《侠与中国文化精神》，上海：上海三联书店，1992年；（2）王樾《论章太炎的儒侠观及其历史意义》，淡江大学中文系主编《侠与中国文化》，台北：台湾学生书局，1993年；（3）汪涌豪：《中国游侠史》第8章《游侠的存在意义及评价》，上海：复旦大学出版社，2001年；（4）汪涌豪、陈广宏：《侠的人格与世界》第1章《乱世重侠游》和《结语》，上海：复旦大学出版社2005年；（5）丁守伟：《谭嗣同、梁启超、章太炎与近代侠风》，《太原师范学院学报（社会科学版）》2007年5月第3期；（6）唐兰慧：《章太炎〈訄书·儒侠〉思想评析》，《合肥学院学报（社会科学版）》2009年11月第6期。

② 章太炎：《儒侠》，载于《章太炎全集·訄书》（初刻本），上海：上海人民出版社，2014年，第10页。

一步指出大侠世间少有而刺客之风却频频兴起，并指明刺客在乱世和治世的不同作用。章太炎认为乱世之时，刺客可以刺杀那些残害百姓的人而"为国民发愤"；治平之时，文明的国家因为刑罚太轻，邪恶之人不能受到应有的惩罚，法律也不能完全做到惩罚某些罪大恶极的人，所以，更需要刺客除去巨奸。章太炎认为刺客的作用为："当乱世则辅民，当治世则辅法。"他还强调治世之下，刺客应该遵循正义之道而辅助法律的施行，假若他们违法则更应该受到法律的制裁。章太炎还明确阐扬了《儒行》一文的价值，他指出："独《儒行》记十五儒，皆刚毅特立者。窃以孔书泛博，难得要领。今之教者宜专取《儒行》一篇，亦犹古人专授《孝经》也。"① 由上述论述可见，章太炎提出以儒兼侠的思想目的在于沟通儒家和侠之间相似的精神因子，这表明章太炎对侠的评价与先秦时期儒家的观点是立异的，因为，先秦时期儒家所代表的文和礼乐的传统对侠所代表的尚武传统是保持批判和否定态度的。章太炎从历史视角对儒和侠的起源上的共性进行发掘和阐释，促成了他独特的"儒侠观"。

在《检论·儒侠》一篇中，章太炎的儒侠观更趋于成熟，他提出了新的观点，章太炎引用先秦典籍中的盗跖事迹并为盗跖正名。章太炎认为春秋之世，当时没有"侠"这一称谓，所以人们将盗跖的行为蔑称为"盗"，章太炎称赞盗跖为"大侠师"，又称颂盗跖"是申伯夷之志者"。章太炎进而将屯聚山谷的盗跖视为近代无政府主义者，他指出："伯夷所为，今之杜尔斯对也。盗跖所为，今之巴库宁也。"章太炎称赞盗跖的高义和品行，即是肯定侠客"俶傥一概，足以叫觉淫名浮俗"的精神。② 章太炎将《礼记·儒行》中儒者的刚毅特立的精神与侠者精神合流并给予表彰，又借为盗跖正名而称颂侠客精神并且将盗跖一类的人物比作无政府主义者，实现他们的近代转化，提升了当时革命者的志节与声名，这与他在《民报》时期将反满的侠客与革命者等视在精神上是一致的。

---

① 章太炎：《儒侠》，载于《章太炎全集·訄书》（重订本），上海：上海人民出版社，2014 年，第 138—139 页。

② 章太炎：《儒侠》，载于《章太炎全集·检论》，上海：上海人民出版社，2014 年，第 448—449 页。

章太炎为什么要阐扬侠客精神并不断完善对侠客的认知与理解呢？这与先秦时期儒家和法家对侠的批判和否定，以及晚清民国初年的尚侠思潮密切相关。前文已述及先秦时期儒家对侠的批判态度，法家则以韩非为代表曾将儒生和侠客视为国家的两种蠹虫，在《显学》一篇中韩非指出："儒侠毋军劳，显而荣者，则民不使与象人同事也。夫祸知磐石象人，而不知祸商官儒侠为不垦之地、不使之民，不知事类者也。"[1] 韩非所塑造的儒士与侠客的形象同商人一样，都是导致国家祸乱的群体。在这样一种文化背景之下，儒家和法家思想一旦成为统治者的指导思想，侠的生存空间自然会被压缩。晚清之际，先知先觉的知识分子面对民气不振、国民身体羸弱的局面，在民众之中倡导"尚武"之风；当时知识分子又受到西方和日本的文化精神影响，他们在晚清极力鼓吹"军国民教育"思想，所以，在晚清很多有识之士谈论侠客成为一种风气。章太炎身处晚清之世，同样强烈地感受到民气不振与民族衰亡的问题，他在《儒兵》一文中曾指出中国古代兵家善于利用蹴鞠、棋势、皇博等技击游戏来激发人性中的杀机以鼓舞士气，使国民性格中蕴含兵威，从而可以起到对外御寇的作用。章太炎强调："治兵之道，莫径治气。"他还指出临敌之道"非先治气，则机不可赴"。[2] 中西交通竞争之世，章太炎有寓兵气于民气之中的提法，鼓吹尚武精神以激扬侠风，原因除与西方列强争胜之外，另一目的就是为了排满革命的需要，正如他在《排满评议》一文中所指出的，"游侠刺客之所为，复不以满人、汉人为别"。[3] 章太炎与他同时代的有识之士一起阐释并鼓吹尚武精神，推动了晚清尚侠之风的形成。

二、章太炎与侠行之实践

章太炎作为近代历史上著名的"有学问的革命家"，他不仅思想和学术对侠客精神进行阐释，他还在行动上践行侠客的精神，虽然没有因为革命而流血牺牲，但是却有"七被追捕，三入牢狱，而革命之志，终不屈挠"的事

---

① 韩非：《韩非子》，高华平等译注，北京：中华书局，2010年，第734页。
② 章太炎：《儒兵》，《訄书》（重订本），《章太炎全集》，上海人民出版社，2014年，第11、12页。
③ 太炎：《排满评议》，载于《民报》1908年6月10日，第21号。

迹为后世称道。①

(一) 歆慕侠行

章太炎渴慕侠客的行为，从他所撰写的文章中可以体会到，从他喜欢与豪杰之士结交往还也可以感受到。

为章太炎所称颂的历史人物中，兼具儒侠两种特征的有张良、颜元、顾炎武和范仲淹，又以颜元最为典型。颜元身上所体现的儒者和侠客的精神最为明显，颜元返归周代先王的"三物"以教万民，即利用六德、六行、六艺施行教化。颜元重视礼、乐、射、御、书、数六艺之教，尤其重视射、御两项，他提倡的实体、实行、重视体育的学风正与宋明理学谈心论性的空疏学风相反。章太炎称赞道："苦形为艺，以纾民难；其至孝恻怆，至奔走保塞，求亡父丘墓以归；讲室列弦匏弓矢，肄乐而与众为毅，斯所以异于墨子也。形性内刚，孚尹旁达，体骏驵而志齐肃，三代之英，罗马之彦，不远矣！"在文末，章太炎还给予颜元至高的褒扬，"自荀卿以后，颜氏则可谓大儒矣。"②章太炎对颜元的称许可谓终其一生，因为颜元的思想和行为最符合儒行之道，晚年章太炎曾指出："颜、李则与《儒行》相类，可以东汉儒人喻之。"他还说："清初有气节者，颜氏一人而已。"③除过张良和颜元之外，章太炎晚年在苏州讲学时还较为推崇范仲淹和顾炎武，称颂他们二人同样是兼具儒侠精神的先贤。④

章太炎既是革命者又是学者，游走于政治和学术之间，他一生交游甚广，遍及政学两界，其中又不乏豪杰式人物。章太炎早年与颇具豪杰之气的吾君遂相交，并得吾君遂的庇护与照顾，免于牢狱之灾，由两人之间的通信可见其交情至深。因"苏报案"下狱之后，章太炎在狱中与颇有任侠之风的

① 鲁迅：《关于太炎先生二三事》，载于《鲁迅全集》（第六卷），北京：人民文学出版社，2005年，第566、567页。

② 章太炎：《颜学》，载于《章太炎全集·訄书》（重订本），上海：上海人民出版社，2014年，第149、151页。

③ 章太炎：《〈孝经〉、〈大学〉、〈儒行〉、〈丧服〉、余论》，载于《制言》1940年第61期。

④ 章太炎：《讲学大旨与〈孝经〉要义》，载于章念驰编订《章太炎演讲集》，上海：上海人民出版社，2011年，第369-370页。

狱友徐福生相交并教其识字，二人相互慰藉，可见章太炎之真性情。辛亥革命时期，章太炎与留学生、会党人士和革命志士相往还，与章太炎相熟的邹容、秋瑾、孙中山、黄兴、汪精卫、蔡元培、陶成章、龚宝铨等人，皆是革命史上的豪杰式人物，章太炎因为"苏报案"的发生在革命志士之中影响力较大，烈士吴樾曾在通信中表达了对章太炎的仰慕之情。他说："太炎先生执事，某闻先生之行事，阅先生之著作，虽未见先生之面貌，而先生之心志，早为某所洞悉而顶礼膜拜之矣。"① 民国之后，章太炎奔走国事，参与政治建设，与其相交者不乏军政要人，如北洋时期的吴佩孚、孙传芳、唐继尧、陆荣廷等，南京国民政府时期的冯玉祥、张学良等，这些军政要人皆是一时之豪杰。晚年，章太炎寓居上海时期，也与当地的豪杰人物多有往还。章太炎自身所具有的侠客精神和他所歆慕的侠客之风，与晚清民国之季的排满革命、反对专制与帝国主义国家的侵凌的时代背景密切相关，由此，我们就可以了解章太炎在"七被追捕、三入牢狱"的人生经历中所体现的勇猛进取精神和无畏的牺牲精神。

（二）在舆论宣传中激扬侠风

章太炎歆慕侠行，在革命斗争中践行侠客精神，"七被追捕、三入牢狱"可谓是第一种面相，第二种面相则是他在辛亥革命时期主持《民报》期间所主导的激扬侠风的舆论宣传，这股风潮不仅起到激发当时革命斗志的效果，而且还具有较大的学术和文化价值。《民报》自 1905 年 11 月出版之后，其政治立场即与《新民丛报》维持君主立宪的立场相颉颃。梁启超虽然在《新民丛报》中一度鼓吹革命和破坏，但是以梁启超为代表的君宪派对侠行是持否定态度的，从《哀哉亡国之侠夫》一文即可以看到，"荆轲、张良，乃图谋不轨，欲与应天受命之圣人为仇，非徒螳臂当车，不知自量，毋亦跖犬吠尧，大逆不道耶。"②《民报》群体秉持与《新民丛报》相反的立场鼓吹侠客之风，尤其是章太炎及其同人占主导的后期《民报》，更是利用中国传统文化资源激扬侠风以构建革命舆论。

《民报》发行自第 14 号开始，章太炎及同人占据《民报》编辑与撰稿的

---

① 吴樾：《与章太炎书》，载于《民报》1907 年临时增刊《天讨》。
② 忧患余生：《哀哉亡国之侠夫》，载于《〈新民丛报〉全编》1902 年第 17 卷。

主导地位，正如学者朱浤源所说："章太炎及同人主导《民报》之后，《民报》的思想文化基础由代表洋学（西方世界）的孙中山系转向代表国学（东方世界）的章太炎系。"① 此前，孙中山一系同人主要借助西方的无政府主义和社会主义思潮对各国革命者开展的破坏、暗杀与起义的事迹进行宣传。章太炎对侠客精神的歆慕决定了《民报》更多从中国传统文化中寻找革命宣传的思想资源，章太炎与其同人一道在《民报》中掀起一场激扬侠风的浪潮。在这场浪潮中，章太炎的朋友汤增璧和弟子黄侃、汪东是阐释侠客精神的主要成员。汤增璧因为起义受挫而主张暗杀，汪东主张刺客与军人相须为命，黄侃则为侠客制定行为准则，刘师培有策应辅助之功，章太炎与汤增璧善于阐述革命道德和革命心理。

　　"激扬侠风"一词起源于《民报》，由汤增璧在其所撰《革命之心理》一文提出，"夫吾之激扬侠风何哉？欲以陈师鞠旅，化而为潜屠暗刺，并以组合苞盟，而为径情孤往。"② 汤增璧上述的言论很好地概括了革命党激扬侠风的目的，即是以起义和暗杀为途径进行反满革命，而"径情孤往"与"组合苞盟"则成为侠客和革命军人的鲜明特征。章太炎及同人通过图画、人物传记、时评、遗著等栏目对中西方发生的暗杀事件、烈士事迹进行报道，以激扬侠风。他们更关注侠客义理阐释和精神阐扬问题，《民报》中"侠"、"刺客"等概念的频繁出现正是在后期，汪东的《刺客校军人论》中"刺客"出现20次之多，黄侃的《释侠》与汤增璧的《崇侠篇》中"侠"字出现的频率最高，皆达到30次之多，可谓将侠风的阐扬推向了高潮。此外，黄侃、刘师培分别对贫民和农民的困苦生活进行了描述，扩大了《民报》关注的视野，而非如前期一样仅仅是对社会主义作学理式的探究；此外，《民报》在后期继续探讨革命道德问题，并由革命道德转向革命心理的探究，对这两个层面问题的关注为侠风的鼓吹营造了良好的外部氛围。

---

① 朱浤源：《同盟会的革命理论：〈民报〉个案研究》，台北："中央研究院"近代史研究所，1995年，第2页。
② 伯夔：《革命之心理》，载于《民报》1908年10月10日，第24号。

诉诸暴力是革命实行不得已的手段，属于"破旧"层面，对革命道德和革命心理的阐扬，具有建设的作用和启蒙性质，属于"立新"层面；当革命道德和革命心理汇入国民性改造的大潮之中，就会对后世产生较为深远的影响。章太炎等人将革命行动与侠客行为有机地结合在一起，革命道德和革命心理成为激扬侠风的学理基础。《民报》激扬侠风在清末革命中的作用可以用润物无声来形容，首先，激扬侠风最能激发的就是那些有心进行暗杀活动的革命志士；其次，侠客的精神也颇能够在青年学生中形成一种共鸣，《民报》撰稿人群体中的章太炎一系同人的同声相应就是最好的例证；最后，革命道德和革命心理阐扬之后对民众产生的启蒙价值，更多地体现在对人的思想和精神的感召方面。

三、侠客精神的近代转化

前文已经述及章太炎在主持《民报》工作之前初步形成了自己的侠客观，司马迁为游侠与刺客分别做传，章太炎也将大侠与击刺者（刺客）进行区分。章太炎认为大侠虽然极少，但是击刺者中也包括那些"为国民发愤"的侠客。于是，他将侠客的观念阐释为这样一类人，即"当乱世则辅民，当治世则辅法。"① 这就厘定了侠的生存空间。历史上学者们已经指出了侠的破坏性，韩非子曾指出："侠者以武犯禁"，② 司马迁也曾担忧游侠可能会"行不轨于正义"，③ 这就促使章太炎不仅要考虑到侠客存在的价值，还要考虑到侠客的破坏力量。清末属于乱世，不论是革命的需要还是反帝的任务，都需要侠客来拯救民众维护权利。革命以后，在未来的治平之世，侠客依然有存在的必要，即是辅助政令的施行，这是他根据西方很多国家的法律很不完善、刑罚较轻的状况而提出的，当然，章太炎尤其强调了侠客违法必须受到严厉制裁。章太炎的构想就是要让睿智的统治者将侠客（击刺者）纳入可以

---

① 章太炎：《儒侠》，载于《章太炎全集·訄书》（重订本），上海：上海人民出版社，2014年，第138—139页。
② 韩非：《韩非子》，高华平等译注，北京：中华书局，2010年，第709页。
③ 司马迁：《游侠列传》，载于张守节正义《史记》（124卷），北京：中华书局，1959年，第3181页。

用大义教导的法制化轨道，成为法律治理的辅助者。到了《民报》时期，章太炎则更加看重侠客的暗杀行为和牺牲精神。

在《民报》的革命宣传中，章太炎鼓吹侠客的暗杀行为和牺牲精神以传播革命思想。晚清时期，章太炎针对人们苟活于世并且畏死之风兴盛的局面，他提倡敢死精神，指出："自戕之风，当开之，不当戒之。"① 章太炎又将侠客的精神概括为"排除生死，旁若无人，布衣麻鞋，径行独往"。激扬侠风的本质其实就是激发人们的"勇猛无畏之心"。②《民报》时期，章太炎及其同人共同完成了侠客精神的近代转化，为激扬侠风奠定了哲学层面的学理基础，最终，他们描绘出了"为民请命、流血五步、乾坤不毁、三光不灭"的侠客形象。③ 在这一过程，章太炎及其同人借助中西方思想文化资源，特别是儒家和佛学的思想因子对侠客精神进行了全面的阐扬。

首先，章太炎认为侠客身上体现了大独精神。章太炎在《訄书·明独》篇中曾经指出晚清乃是群体涣散的时代，他针对个体和群体之间的关系阐述道："大独必群，群必以独成"，"知不独行不足以树大旅"。④ 即在保持个人独立性的基础上完成合群的构想，所以章太炎将侠客描述为"径行独往"之人，而汤增璧又增补为"径情孤往"和"组合莅盟"，这就解决了革命过程中个体与群体之间的关系，这也预示着未来国家建立之后个人与团体的关系。其实，在未来民国的构建中，章太炎认为只有那些由个人完成的事业才可以称为"出类拔萃"，所以侠客的功绩才不会为群体和国家所遮蔽。章太炎极为珍视侠客行为在创建民国过程中的作用，他强调道："其间贵者，独有密怀匕首，流血五步，与夫身遭厄困，百折而不回者，斯乃个人所为，非他能代，故足重耳。"章太炎认为不论在改造社会还是建设国家各项事业中，物质财富都属于"各个人民之所有"，他强调"个体为真，团体为幻"，⑤ 目的正是为了高扬个人的主体性价值，这就为侠客在现代型国家中的存在奠定

---

① 太炎：《〈敢死论〉按语》，载于《民报》1907 年 1 月 25 日，第 11 号。
② 太炎：《答铁铮》，载于《民报》1907 年 6 月 8 日，第 14 号。
③ 伯夔：《人世之悲观》，载于《民报》1908 年 8 月 10 日，第 23 号。
④ 章太炎：《明独》，载于《章太炎全集·訄书》（初刻本），上海：上海人民出版社，2014 年，第 53-54 页。
⑤ 太炎：《国家论》，《民报》1907 年 10 月 25 日，第 17 号。

了思想基础。

其次，章太炎将"菩萨行"汇入侠客精神。《民报》时期，章太炎提倡"用宗教发起信心，增进国民的道德"，即借助佛教华严、法相二宗改良旧的道德信仰，依靠自心，开创"勇猛无畏，众志成城"的新局面。① 章太炎在《答铁铮》一文中系统地回答了为何要在《民报》提倡宗教精神，并将侠客精神归纳为"排除生死"与"径行独往"。章太炎认为除净土宗和密宗之外，其他佛教宗派皆含有"自贵其心，不依他力"的宗旨，即体现了"依自不依他"的个人主体性精神，② 章太炎利用"菩萨行"来阐释侠客精神，乃是为了使更多民众的心理可以趋于勇敢。

最后，章太炎在晚年重新推崇"儒行"，提倡儒侠同源。章太炎早年曾在《訄书》初刻本中表达过"幼慕独行"的情怀，③ 前文也已提及他在《訄书》重订本《儒侠》一文中推崇《礼记·儒行》篇中儒者所具有的十五种品行，而到《民报》时期，章太炎思想的转变决定了他采用佛学精神以救世，然而，到了晚年，章太炎再次推崇儒侠精神，而且他还积极在讲学和演讲中宣传《礼记·儒行》一篇的价值。1933 年 3 月 14 日，章太炎在无锡国学专门学校讲演《国学之统宗》一篇，他指出："《儒行》所述十五儒，皆以气节为尚。"又强调，"欲求国势之强，民气之尊，非提倡《儒行》不可也。"④ 1933 年，章太炎在苏州还讲演了《〈孝经〉〈大学〉〈儒行〉〈丧服〉余论》一篇，他指出："古人尚气节，吾观《儒行》篇，不独尚气节，亦尚勇力。"⑤

章太炎晚年为何要反复强调重视儒家经典《儒行》一篇呢？原因在于发扬与砥砺《儒行》中的精神可以提升人们的气节，而这由于当时的社会氛围

---

① 太炎：《演说录》，《民报》1906 年 7 月 25 日，第 6 号。
② 太炎：《答铁铮》，《民报》1907 年 6 月 8 日，第 14 号。
③ 章太炎：《〈訄书〉序言》，载于《章太炎全集·訄书》（初刻本），上海：上海人民出版社，2014 年，第 5 页。
④ 章太炎：《国学之统宗》，载于章念驰编订《章太炎演讲集》，上海：上海人民出版社，2011 年，第 343-347 页。
⑤ 章太炎：《〈孝经〉、〈大学〉、〈儒行〉、〈丧服〉、余论》，载于《制言》1940 年第 61 期。

密切相关。其一，章太炎认为："自胡清人主，有志者不愿立于其朝；其仕者如狎海鸥而已，安有守节效死之事？故风操日堕，而负气节者至比于痴顽。"清季以来，社会整体呈现气节堕落的趋势，加上新文化新思想的冲击，导致"讫于新说恣行，而民如麋鹿矣"。① 其二，20世纪30年代初，民族危机日益加深，章太炎认为国家管理者就像鲁哀公一样"懦弱无用，优柔寡断，亦正如今日张学良之流"。他还直陈社会弊病道："今日社会之腐败，皆由不尚气节所致，欲革新社会，非砥砺气节不可。"② 所以，章太炎晚年提倡四部经典《孝经》、《大学》、《儒行》、《丧服》，正是为了培养国民修己治人的儒者之道，而《儒行》篇则能培养人们砥砺气节和身体力行的精神。

四、结语

章太炎儒侠观的形成反映了他深沉缜密的哲思和不落窠臼的创造精神。其在先秦时期儒家和法家对侠批判的态度之外寻求儒家和侠文化精神中的共性因子，这是他对侠客精神改造的思想基础。章太炎和《民报》时期的同人共同完成了对侠行的实践，章太炎等人将侠客的精神融入排满革命之中，他们将侠客视为革命者，洗刷了晚清以来侠义小说中侠客为官家所用的形象。他们还尝试用革命道德和革命心理来规范侠客的行为，并将这种道德推而广之，延伸到普通民众中间，这就完成了传统侠客精神近代转型的第一步。章太炎将侠客观念阐释为"治世则辅法"，是他对侠客的内涵进行新的阐释的探索。治平之世，以儒兼侠即是要将侠客的暴力性化解，为了拓展侠客的生存空间，章太炎曾总结道："其在蒿莱明堂之间，皆谓之侠。"③ 一直以来，学界普遍将侠文化视为民间社会文化，而区别于以儒家文化为代表的上层社会文化（官方文化），章太炎别开生面地重新拓展了侠的生存空间，厘定侠存在于官—民体系之间，并高扬侠客个人主体性价值，即对上进行监督，对

① 章太炎：《蓟汉昌言》，载于虞云国、马勇整理《章太炎全集》，上海：上海人民出版社，2015年，第101页。

② 张如愈、翁衍桢：《章太炎先生讲经学》，载于《国专季刊》1933年第1期。

③ 章太炎：《思葛》，载于《章太炎全集·检论》，上海：上海人民出版社，2014年，第627页。

下扶微济弱，这就使侠客在民国建立之后可以有理论上的生存空间，从而完成了侠客精神近代转型的第二步。于是，侠客的行为得到进一步转化，侠客的精神则继续存在，并且得到发扬，成为新社会和新国家中积极建设的一分子。章太炎借助儒侠精神阐释革命道德，又用革命道德规范侠客行为，他将革命道德归纳为：知耻、重厚、耿介、必信四种品质，进而总结为："确固坚厉、重然诺、轻死生"的道德境界，① 章太炎视这种道德为革命者所必须，甚至认为其能决定国家的存亡。由此，我们看到章太炎所推崇的革命道德与侠客精神的内涵是一致的。最终，在学理层面，章太炎将含有自由意志的大独精神、佛教的"菩萨行"和"儒行"三股思想文化因子汇入侠客精神，完善了他对儒侠精神的阐释，也完成了他对侠客精神的近代转化。正因为丰富学理的融入，使得章太炎及其同人在侠客精神的近代转化中所做的努力对中国近现代学术与思想产生了较为深远的影响。陈平原教授看到了章太炎所提倡的"依自不依他""径行独往"的大侠精神如果用来治学，则"易于冲决网罗，别树一帜"，这种"冲决网罗的气魄，自有其魅力"。② 章太炎关于侠客精神的论述对于后世学术界的影响力由此亦可见一斑。

第七节　清末章太炎对社会主义思想的认知与传播

章太炎作为清代朴学的殿军人物和国粹派的杰出代表，他在清末不仅致力于学术研究还积极进行排满革命的宣传，被鲁迅称为"最有学问的革命家"。清末正是中国社会向近代转型并寻求现代化的时期，中国传统知识分子面对西方强有力的挑战，或者汲取域外的思想资源以寻求富强之道，或者努力从传统文化中发掘应对世变的新资源。社会主义思潮自近代传入中国以来即成为中国最主要的社会思潮之一，清末革命者孙中山以及知识分子章太炎、梁启超、刘师培等都对社会主义思想产生过浓厚的兴趣。学界围绕孙中

---

① 太炎：《革命之道德》，《民报》1906 年 10 月 8 日，第 8 号。
② 陈平原：《中国现代学术之建立：以章太炎、胡适之为中心》，北京：北京大学出版社，2010 年，第 272 页。

山的社会主义思想研究成果非常丰富，也有学者从整体角度论述辛亥革命时期社会主义思潮的传入，其中也涉及章太炎对社会主义思想的认知，代表性学者有姜义华、杨奎松、坂元弘子，① 但是缺乏系统性梳理章太炎与社会主义思想之间关系的研究成果。下面将以章太炎对社会主义思想认知和传播为视角，探索传统趋新知识分子对社会主义思想的理解与接受史，这也可以算作对二十世纪中国社会主义发展史起点的回望。

一、章太炎对社会主义思想的认知

章太炎对西方社会主义思想的认知是一个逐步加深的过程，早在 19 世纪末，上海和杭州等地就出现了介绍与传播社会主义思潮的报刊，章太炎在这一时期积极参与报刊宣传工作，分别担任撰述或主笔等职务，章氏参与的《时务报》《昌言报》《实学报》《译书公会报》《经世报》都是当时较有影响力的传播社会主义思潮的报刊。参与上述 5 份报刊之时，章太炎尚未走向革命之路，但是章太炎对西方社会主义思想的认知却萌发于这个时期，不得不说这与他参与报刊活动有很大关系。另外，在上海这样的城市从事报刊工作，自然就能够接触到《上海新报》《万国公报》《申报》《字林沪报》等其他传播社会主义思潮的报刊与书籍，旧学与新知相互碰撞，章太炎就是在这样的氛围之下最早接触到各类社会主义的思想，成为他继续关注社会平等问题的契机。随后，章太炎于 1898 年 12 月 4 日至 1899 年 6 月 10 日在台湾客居期间担任《台湾日日新报》的撰述和记者，在台湾时期章太炎的政治思想还没有突破改良的范畴，但是，从他在《台湾日日新报》撰写的《论清旗田》《谆劝垂纶》《平矿论》等文章中表达了对人民贫弱与疾苦的关心，希望可以通过制度设计发展经济最终实现富民的效果。在《平矿论》一文中，章太炎批判矿主对洗金者的剥削，他担心贫富不均会导致"攘夺则不止"，

---

① 相关研究详见：（1）姜义华：《理性缺位的启蒙》，上海：上海三联书店，2000 年；（2）杨奎松、董士伟：《海市蜃楼与大漠绿洲——中国近代社会主义思潮研究》，上海：上海人民出版社，1991 年；（3）［日］坂元弘子：《中国近代思想的"连锁"：以章太炎为中心》，郭池洋译，上海：上海人民出版社，2019 年。

他希望当政者可以"闵黔庶之无依""思夫靖寇止奸之术"。① 因为章太炎当时的思想并未突破改良的范畴，所以他为人民谋生计的目的是站在政府的立场上维持社会的稳定。

1899年5月，章太炎第一次东渡日本，停留近两个月。1902年初，他第二次前往日本避难，停留三个月。两次东渡的经历，促进了章太炎革命思想的增长；章太炎通过广泛阅读社会学、历史学、文学、宗教学等领域的日本书籍，吸收了不少西方思想因子，促使章太炎对资本主义国家与社会有了进一步的了解。在此基础上，章太炎1902年翻译了日本学者岸本能武太的《社会学》，可谓开了国内整部翻译西方社会学著作的先河。1906年7月，章太炎在日本东京接任同盟会机关报《民报》总编辑和发行人，《民报》第6号刊发了章太炎的首篇文章《演说录》。在这篇演说中，章太炎阐述了提倡国粹的原因，其中在论述广义的"历史"所包含的第二项内容典章制度时，他将中国古代的政治制度和当时的社会主义制度进行了比较。章太炎指出："至于中国特别优长的事，欧、美各国所万不能及的，就是均田一事，合于社会主义。不说三代井田，便从魏晋至唐，都是行这均田制，所以贫富不甚悬绝，地方政治，容易施行。请看唐代以前的政治，两宋至今，那能仿佛万一。这还是最大最繁的事，其余中国一切典章制度，总是近于社会主义，就是极不好的事，也还近于社会主义。"章太炎举例说中国的刑名法律和科场选举虽然是特别不好的事，但还是带有几分社会主义的性质，因此，他号召道："我们今日崇拜中国的典章制度，只是崇拜我的社会主义。那不好的，要改良；那好的，必定应该顶礼膜拜。这又是感情上所必要的。"② 在《民报》中刊发的《与马良书》一文中，章太炎曾就中国传统的封建专制制度提出了自己独特的见解，他指出："中国混一既二千禩，秩级已驰，人民等夷，名曰专制，其实放任也。故西方有明哲者，率以中国人民为最自由，无故建置议士，使废官豪民梗塞其间，以相陵轹，斯乃挫抑民权，非伸之也。"③ 正

---

① 菿汉阁主：《平矿论》，载于《台湾日日新报》1899年1月8日，第204号，第5版。
② 章太炎：《演说录》，载于《民报》1906年7月25日，第6号。
③ 章太炎：《与马良书》，载于《民报》1908年2月25日，第19号。

如姜义华先生对章太炎上述思想的评价所说："一方面，掩护和美化中国原先的专制主义统治；另一方面，认为中国由于落后，反倒比较接近和比较容易实行'社会主义'"。① 那么，这个阶段章太炎对社会主义思想了解的程度到底如何呢？我们从前述章太炎翻译的《社会学》一书中可以大致了解。在该著作的上卷第八节《论索西亚利士模（Socialism）与索西奥罗齐衣（Sociology）不可混同》中论述了社会主义与社会学两个概念的区别，书中指出："欧洲之社会，贫富悬隔，积岁弥甚。资本家于饱食煖衣之中，厚积财产，增进愉乐，而渐趣于淫佚。劳动者堕指流汗，无间寒暑，工资既薄，无以备不时之需，尔然为人形役，而所得羡余，无与于己，其地位又益卑，遂终身劳动贫乏以死，于是社会改良之说起焉。"岸本进而论述了社会主义的主旨，"贫富悬隔日甚，在社会组织之不善，非改良则事无可为者。凡厚生之本，文化之基，皆昉于土地、资本二者。今之社会，于二者得擅私有权，斯其所以不合也，宜废绝此权，而使土地、资本，为社会全体之共有财产，使组织社会之个人，皆自此共有财产而蒙同利，则安有贫富之差乎？"最后，岸本总结道："废私有财产而为社会财产，为共有财产，是为索西亚利士模，故译曰社会主义，亦曰共产主义。"② 由此，我们可以看到 1902 年章太炎对社会学、社会主义思想所掌握的水平，囿于清末经济发展水平和客居海外的环境，章太炎对社会主义的探索仅停留于理论层面，远远未达到能够参与实际运动的程度。

在章太炎主持《民报》之前，该报前六期已经对社会主义思想进行了较多的宣传，通过这些宣传文章，在某种程度上我们也可以感知章太炎及其同人对社会主义思想的认知水平。《民报》的宗旨与同盟会的三民主义和四大纲领是相统一的，孙中山在《民报·发刊词》中所称的民生主义就是日语中的社会主义，两者在当时可以替换使用，因此孙中山指出："民生主义跃跃然动，二十世纪不得不为民生主义之擅场时代也。"最终，要实现"政治革

---

① 姜义华：《"理性缺位"的启蒙》，上海：上海三联书店，2000 年，第 358、361 页。

② ［日］岸本能武太：《社会学》，章太炎译，上海人民出版社编《章太炎全集·译文集》，上海：上海人民出版社，2015 年，第 66 页。

命社会革命毕其功于一役"。①《民报》对社会主义相关理论、学说，以及无政府主义和国际共产主义运动等方面的内容都进行了介绍。朱执信撰写《德意志社会革命家小传》，较为系统地介绍了马克思的生平和学说，并对《共产主义宣言》第二节（即《共产党宣言》）的十条纲领进行译介，这是《共产党宣言》第一次被以较为直接、正式的方式引介给国人。②朱执信刊发的《从社会主义论铁道国有及中国铁道之官办私办》（第4号），社员所译的《欧美社会革命运动之种类及评论》（第4号），宋教仁撰写的《万国社会党大会略史》（第5号），这些文章的内容代表了《民报》初期对社会主义思想的认知和宣传水平，章太炎自第7号主持《民报》之后，对于上述社会主义思想的主旨也应该是十分熟悉的，所以他才能够在《演说录》中对社会主义思想进行中西比较并阐发独特见解。

二、章太炎对社会主义思想的探索与传播

章太炎主持《民报》之后，继续维持《民报》初期对社会主义思想宣传的势头，主要依靠朱执信、廖仲恺、宋教仁、叶夏声等人，章太炎还扩大了撰稿人队伍，黄侃、刘师培也撰写了反映社会革命的文章，揭示了底层人民生活的困苦，进一步深化了《民报》对社会主义思想的宣传。章太炎同时也表现出对社会主义、无政府主义思潮的关注，在日本社会主义者的影响下，他与刘师培等人一道开始研究起社会主义和无政府主义的学理。

1907年，章太炎得以结识日本社会主义阵营中"直接行动派"幸德秋水、堺利彦、山川均、大杉荣等人，该派思想比较接近无政府主义，主张工人阶级总同盟罢工、暗杀等。章太炎先是与幸德秋水、堺利彦等人一起创建"亚洲和亲会"，后又与幸德秋水等一道支持刘师培、张继创办"社会主义讲习会"。自1907年8月讲习会成立到1908年春，章太炎积极参与讲习会的活动，他通过对无政府主义和社会主义思想的接触，将相关思想融入到自己对未来国家政治制度的构建之中。

---

① 孙文：《发刊词》，载于《民报》1905年11月26日，第1号。
② 方红：《马克思主义在中国的早期翻译与传播》，上海：上海三联书店，2016年，第132页。

　　章太炎一直以来就比较关注经济领域中的民生问题，尤其对土地问题探讨较多。在《訄书》中撰写的《定版籍》一文，记载了他与孙中山探讨土地分配和赋税的问题，文后还附有《均田法》。他还在《革命之道德》一文中称赞农民道德。《民报》相继刊发了刘师培的《悲佃论》和黄侃的《哀贫民》，可谓与章太炎相呼应，他们三人对农民及土地问题的关注，自然是贯彻了《民报》民生主义的宗旨，进一步推进了对社会革命问题的研究。章太炎在构建他理想的共和政体时，明显将社会主义性质融入其中，他指出建政之后应该设置四种方法用以节制："一曰，均配土田，使耕者不为佃奴；二曰，官立工场，使佣人得分盈利；三曰，限制相续，使富厚不传子孙；四曰，公散议员，使政党不敢纳贿。"这四项制度前三者都与经济中的分配相关，目的就是为了削弱"豪民"，使"编户齐人"获得平等。[1] 在《代议然否论》中，为了进一步恢廓民权，章太炎进行了更加详细的制度设计，其中第十一条与第十二条分别涉及土地分配和"官设工场"问题，根本目的依然是为了"抑富强、振贫弱"，其他有关国家政体、制度的各项设计也是为了"抑官吏、伸齐民"。[2] 当然，除了制度设计之外，章太炎对社会主义思想的宣传还表现在他对国内民众掀起的收回权利运动给予热情的支持，一方面，在《民报》刊发文章进行舆论支持；另一方面，他还利用集会号召民众起来斗争。1907 年，江浙各界人士因为清政府欲将沪杭甬铁路建设权出卖给英国而展开斗争。1907 年 11 月 10 日，章太炎等人发起"拒款会"，邀请在日本的各省人士八百多人在锦辉馆集会，章太炎认为："今日之办法，惟有由股东收回股本，及自行断路，或运动省城罢市，庶可收回。" 11 月 17 日，日本留学界召开全体大会，到会者四千余人，章太炎发表演讲称："恐吓主义无用"，并主张："积极的则罢工，消极的则断路。"[3] 章太炎所号召的"罢市""罢工"等斗争是站在民族主义革命立场反对清政府出卖国家权益的立场，在形式上部分借用了社会主义斗争的内容，赋予了民族革命新的时代内容，这也是《民报》宣传宗旨的体现。

---

① 太炎：《五无论》，载于《民报》1907 年 9 月 25 日，第 16 号。

② 太炎：《代议然否论》，载于《民报》1908 年 10 月 10 日，第 24 号。

③ 万仕国编著《刘师培年谱》，扬州：广陵书社，2003 年，第 122-123 页。

三、章太炎接纳社会主义的思想基础

章太炎在清末时期对社会主义思想的认知与接纳，有其内在的思想理路，与同时代的大多知识分子一样渴望构建理想的平等社会，章太炎对社会主义思想的认知与他的平等观念密切相关。1903 年"苏报案"后，章太炎在狱中研习佛学，1906 年出狱后赴日本，《民报》时期章太炎对西方近代思想在吸收的基础上开始进行批判。章太炎对进化论历史观主导下的倚强凌弱的所谓"公理"进行了批判；即批判了造成国家之间不平等的思想基础——社会达尔文主义。他在《俱分进化论》一文中阐述："随顺进化者，必不可以为鬼为魅为期望。于进化诸事类中，亦惟择其最合者而倡行之，此则社会主义，其法近于平等，亦不得已而思其次也。"① 章太炎之所以能够对社会主义思想保持理解和认同，关键就在于社会主义作为一种理想的政治制度能够促进社会平等。《民报》时期章太炎主要利用东方哲学中有关平等的思想阐发他对于政治革命、社会革命的形而上学的理解。

章太炎之所以在《民报》中提倡佛学，目的是"用宗教发起信心，增进国民的道德"。章太炎将佛教教义概括为"一切众生，皆是平等"，进而指出"佛教最重平等，所以妨碍平等的东西，必要除去"，他提倡佛教正是为了提升人们的道德水平。② 佛学之外，章太炎还利用中国哲学阐释平等之说，最典型的应该就是庄子的齐物哲学了，章太炎曾针对《庄子·齐物论》阐发道："大概世间法中，不过平等二字。庄子就唤作'齐物'。并不是说人类平等、众生平等，要把善恶是非的见解一切打破，才是平等。"③ 章太炎所追求的平等并非人与人之间绝对的平等，而是"齐物者，一往平等之谈，详其实义，非独等视有情，无所优劣"。如果强行追求绝对平等会导致"齐其不齐，下士之鄙执；不齐而齐，上哲之玄谈"。④ 因此，章太炎所追求的平等其实是

---

① 太炎：《俱分进化论》，《民报》1906 年 9 月 5 日，第 7 号。
② 太炎：《演说录》，《民报》1906 年 7 月 25 日，第 6 号。
③ 章太炎：《佛学演讲》，载于章念驰编订《章太炎全集·讲演集》，上海：上海人民出版社，2015 年，第 157 页。
④ 章太炎：《〈齐物论〉释》，载于《章太炎全集》，上海：上海人民出版社，2014 年，第 5 页。

"随顺人情，使人人各如所愿"。①

章太炎在《民报》上发表的《五无论》表达了他对理想社会的构想，五无就是无政府、无聚落、无人类、无众生、无世界。他的构想已经远远超出了社会主义的目标，但是章太炎明白五无的实现只有寄托于遥远的未来，当下只能"还以随顺有边为初阶，所谓跛驴之行"。② 这个"初阶"就为社会主义制度的实现留下了空间。因此，《民报》时期章太炎对社会主义思潮的认知是借助了东方哲学的思想资源，正如他所说："唯有把佛与老庄和合，这才是'善权大士'，救时应务的第一良法。"③

四、结语

清末时期，章太炎对西方传入的社会主义思潮的理解与认知与同时代的其他知识分子的见解同中有异，而这种同就是借助东方传统文化来阐释社会主义思想。康有为借助中国传统大同思想来解读社会主义，刘师培甚至直接称赞西汉社会主义学说的发达，他们的认知颇为符合《国粹学报》发刊词所谓"藉西学证明中学"的观点，④ 在中西方思想的碰撞与沟通过程中，社会主义思潮在清末的传播具有"先天不足，后天失调"的特征，因为"不成熟的资本主义生产状况，不成熟的资本主义生产关系，不成熟的阶级状况，决定了社会主义、马克思主义理论传播还缺乏成熟的社会基础与必要的思想准备"。从而导致绝大多数知识分子很难准确地了解社会主义、马克思主义的本来面貌。⑤ 章太炎在理解社会主义思潮时同样未能完全分辨科学社会主义与其他社会主义流派的区别，但是，章太炎针对资本主义政治、经济制度的批判以及他和《民报》同人对工业、农民和土地问题的关注与研究，走在了

---

① 章太炎：《佛学演讲》，载于章念驰编订《章太炎全集·讲演集》，上海：上海人民出版社，2015 年，第 158 页。
② 太炎：《五无论》，《民报》1907 年 9 月 25 日，第 16 号。
③ 章太炎：《佛学演讲》，载于章念驰编订《章太炎全集·讲演集》，上海：上海人民出版社，2015 年，第 159 页。
④ 《〈国粹学报〉发刊词》，载于《国粹学报》1905 年 2 月 23 日，第 1 期。
⑤ 姜义华：《现代性：中国重撰》，北京：北京师范大学出版社，2008 年，第 422-423 页。

那个时代的前列，构成了《民报》在民生主义宣传方面的主要内容。《民报》时期的章太炎因批判西方的现代性而开始对社会主义思潮进行认知并接纳，但是章太炎对中国固有文化中的典章制度又抱有极大的信心，试图从中国传统文化中寻求变革之路，这就阻碍了他对社会主义思潮进一步的认知。因此，像章太炎这样的民主主义革命者不可能将革命的主体动员起来参与革命实践，这已经为辛亥革命之后的历史所证明。

参考文献

一、章太炎相关文献及研究著作

（一）文献

[1] 钱须弥：《太炎最近文录》，上海：国学书室，1915年。

[2] 章炳麟：《章太炎先生自订年谱》，台北：文海出版社，1982年。

[3] 汤志钧：《章太炎政论选集》，北京：中华书局，1977年。

[4] 朱维铮、姜义华：《章太炎选集》，上海：上海人民出版社，1981年。

[5] 徐复：《訄书详注》，上海：上海古籍出版社，2000年。

[6] 马勇：《章太炎书信集》，石家庄：河北人民出版社，2003年。

[7] 马勇：《章太炎讲演集》，石家庄：河北人民出版社，2003年。

[8] 傅杰编校：《章太炎学术史论集》，昆明：云南人民出版社，2007年。

[9] 章太炎：《章太炎谈诸子》，武汉：华中师范大学出版社，2010年。

[10] 章太炎、庞俊、郭诚永：《国故论衡疏证》北京：中华书局，2011年。

[11] 章太炎：《章太炎自述》，北京：人民日报出版社，2012年。

[12] 章念驰：《章太炎演讲集》，上海：上海人民出版社，2011年。

[13] 章太炎：《菿汉三言》，上海：上海书店出版社，2011年。

[14] 上海人民出版社：《章太炎全集（第一辑）》，上海：上海人民出版社，2014年。

[15] 上海人民出版社：《章太炎全集（第二辑）》，上海：上海人民出版社，2015年。

[16] 上海人民出版社：《章太炎全集（第三辑）》，上海：上海人民出版社，2017 年。

（二）著作

[1] 汪太冲：《章太炎外纪》，北京：文史出版社，1924 年。

[2] 章念驰：《章太炎生平与学术》，北京：生活·读书·新知三联书店，1988 年。

[3] 张春香：《章太炎主体性道德哲学研究》，北京：中国社会科学出版社，2007 年。

[4] 陈平原、杜玲玲：《追忆章太炎》，北京：生活·读书·新知三联书店，2009 年。

[5] 姜义华：《章太炎思想研究》，北京：中国人民大学出版社，2009 年。

[6] 许寿裳：《章太炎传》，天津：百花文艺出版社，2004 年。

[7] 陈平原：《中国现代学术之建立——以章太炎、胡适之为中心》，北京：北京大学出版社，2010 年。

[8] 陈永忠：《章太炎与近代学人》，天津：百花文艺出版社，2012 年。

[9] 华强：《章太炎大传》，上海：上海交通大学出版社，2011 年。

[10] 姜义华：《章炳麟评传》，南京：南京大学出版社，2011 年。

[11] 章念驰：《我的祖父章太炎》，上海：上海人民出版社，2011 年。

[12] 王汎森：《章太炎的思想：兼论其对儒学思想的冲击》，上海：上海人民出版社，2012 年。

[13] 汤志钧：《章太炎年谱长编》（增订本），北京：中华书局，2013 年。

[14] 章念驰：《我所知道的祖父章太炎》，上海人民出版社，2016 年版。

[15] 林少阳：《鼎革以文：清季革命与章太炎"复古"的新文化运动》，上海：上海人民出版社，2018 年。

[16] 王磊：《章太炎报刊实践与传播思想研究》，北京：中国社会科学出版社，2018 年。

[17] 章念驰：《后死之责：祖父章太炎与我》，上海：上海人民出版社，2019 年。

二、文集、年谱、日记、回忆录及资料汇编

[1] 中央训练团：《中华民国法规辑要》（影印本），重庆：中央训练团，1941 年。

[2] 罗家伦主编：《革命文献》，台北：中央文物供应社，1953 年。

[3] 舒新城：《中国近代教育史资料》，北京：人民教育出版社，1961 年。

[4] 中国人民大学新闻系：《中国近代报刊史参考资料》（校内用书），1979 年。

[5] 王栻主编：《严复集》，北京：商务印书馆，1986 年。

[6] 中国第二历史档案馆：《中华民国史档案资料汇编》，南京：江苏人民出版社，1981 年。

[7] 中国人民政治协商会议上海市委员会文史资料工作委员会：《辛亥革命七十周年》，上海：上海人民出版社，1981 年。

[8] 罗家伦主编：《中华民国史料丛编》，台北：中国国民党中央委员会党史史料编纂委员会，1983 年。

[9] 王国维：《王国维遗书》，上海：上海古籍书店，1983 年。

[10] 朱维铮：《周予同经学史论著选集》，上海：上海人民出版社，1983 年。

[11] 葛懋春：《梁启超哲学思想论文选》，北京：北京大学出版社，1984 年。

[12] 中国社会科学院近代史研究所中华民国史研究室：《孙中山全集》，北京：中华书局，1985 年。

[13] 陶成章：《陶成章集》，北京：中华书局，1986 年。

[14] 梁启超：《饮冰室合集》，北京：中华书局，1989 年。

[15] 汪康年：《汪康年师友书札（四）》，上海：上海古籍出版社，1989 年。

[16] 康有为：《春秋董氏学》，北京：中华书局，1990年。

[17] 邵元冲：《邵元冲日记》，上海：上海人民出版社，1990年。

[18] 淡江大学中文系主编：《侠与中国文化》，台北：台湾学生书局，1993年。

[19] 胡伟希：《论世变之亟：严复集》，沈阳：辽宁人民出版社，1994年。

[20] 高勤丽：《疑古先生——名人笔下的钱玄同·钱玄同笔下的名人》，上海：东方出版中心，1999年。

[21] 汪荣祖：《从传统中求变：晚清思想史研究》，南昌：百花洲文艺出版社，2002年。

[22] 《鲁迅全集》修订编辑委员会：《鲁迅全集》，北京：人民文学出版社，2005年。

[23] 易鑫鼎：《梁启超选集》，北京：中国文联出版社，2006年。

[24] 姜义华、张荣华：《康有为全集》，北京：中国人民大学出版社，2007年。

[25] 桑兵：《国学的历史》，北京：国家图书馆出版社，2010年。

[26] 康有为：《孔子改制考》，北京：中华书局，2012年。

[27] 朱维铮：《（周予同）中国经学史讲义：外二种》，上海：上海人民出版社，2012年。

[28] 朱希祖：《朱希祖日记》，北京：中华书局，2012年。

[29] 胡汉民：《胡汉民回忆录》，北京：东方出版社，2013年。

[30] 中国社会科学院近代史研究所《近代史资料》编译室：《华侨与辛亥革命》，北京：知识产权出版社，2013年。

[31] 周勇《邹容与苏报案档案史料汇编》，重庆：重庆出版社，2013年。

[32] 钱玄同：《钱玄同日记》，北京：北京大学出版社，2014年。

[33] 美国斯坦福大学胡佛研究所档案馆：《蒋介石日记》（手稿本）

三、相关著作

（一）中文著作

[1] 教育总署编审会：《高中本国史》，教育总署编审会发行，1939 年。

[2] 金兆梓：《新编高中本国史》，北京：中华书局，1947 年。

[3] 周予同：《本国史》，上海：开明书店，1947 年。

[4] 许寿裳：《亡友鲁迅印象记》，上海：生活·读书·新知三联书店，1949 年。

[5] 李剑农：《戊戌以后三十年中国政治史》，北京：中华书局，1965 年。

[6] 中华民国史事纪要编辑委员会：《中华民国史事纪要（一九一二）》，台北：中华民国史料研究中心，1971 年。

[7] 周佳荣：《苏报与清末政治思潮》，香港：昭明出版社有限公司，1979 年。

[8] 高平叔：《蔡元培年谱》，北京：中华书局，1980 年。

[9] 宋教仁：《我之历史》，长沙：湖南人民出版社，1980 年。

[10] 冯自由：《革命逸史》，北京：中华书局，1981 年。

[11] 陈孟坚：《〈民报〉与辛亥革命》，台北：正中书局，1986 年。

[12] 胡逢祥、张文建：《中国近代史学思潮与流派》，上海：华东师范大学出版社，1991 年。

[13] 史和、姚福申、叶翠娣：《中国近代报刊名录》，福州：福建人民出版社，1991 年。

[14] 杨奎松、董士伟：《海市蜃楼与大漠绿洲——中国近代社会主义思潮研究》，上海：上海人民出版社，1991 年。

[15] 陈平原：《千古文人侠客梦——武侠小说类型研究》，北京：人民文学出版社，1992 年。

[16] 陈山：《中国武侠史》，上海：上海三联书店，1992 年。

[17] 余英时：《中国思想传统的现代诠释》，南京：江苏人民出版社，1995 年。

[18] 朱浤源：《同盟会的革命理论：〈民报〉个案研究》，台北："中研

院"近代史研究所，1995 年。

[19] 周作人：《苦茶——周作人回想录》，兰州：敦煌文艺出版社，1995 年。

[20] 郑师渠：《晚清国粹派——文化思想研究》，北京：北京师范大学出版社，1997 年。

[21] 姜义华：《理性缺位的启蒙》，上海：上海三联书店，2000 年。

[22] 石元康：《从中国文化到现代性：典范转移？》，北京：生活·读书·新知三联书店，2000 年。

[23] 汪涌豪：《中国游侠史》，上海：复旦大学出版社，2001 年。

[24] 冯天瑜、黄长义：《晚清经世实学》，上海：上海社会科学院出版社，2002 年。

[25] 汪荣祖：《从传统中求变：晚清思想史研究》，南昌：百花洲文艺出版社，2002 年。

[26] 万仕国：《刘师培年谱》，扬州：广陵书社，2003 年。

[27] 韩云波：《中国侠文化：积淀与承传》，重庆：重庆出版社，2004 年。

[28] 汪涌豪、陈广宏：《侠的人格与世界》，上海：复旦大学出版社，2005 年。

[29] 张海鹏、李细珠：《中国近代通史》，南京：江苏人民出版社，2006 年。

[30] 郑大华：《民国思想史论》，北京：社会科学文献出版社，2006 年。

[31] 高瑞泉主编：《中国近代社会思潮》，上海：上海人民出版社，2007 年。

[32] 谢彬、戴天仇：《民国政党史》，北京：中华书局，2007 年。

[33] 姜义华：《现代性：中国重撰》，北京：北京师范大学出版社，2008 年。

[34] 汪荣祖：《章太炎散论》，北京：中华书局，2008 年。

[35] 秦晓：《当代中国问题：现代化还是现代性》，北京：社会科学文献出版社，2009 年。

[36] 朱维铮：《走出中世纪》，上海：复旦大学出版社，2009 年。

[37] 蒋伯潜、蒋绍愚：《十三经概论》，上海：上海古籍出版社，2010 年。

[38] 孙中山：《建国方略》，北京：中国长安出版社，2011 年。

[39] 徐中煜：《清末新闻、出版案件研究：1900-1911——以"苏报案"为中心》，上海：上海古籍出版社，2010 年。

[40] 朱维铮：《音调未定的传统》（增订本），杭州：浙江大学出版社，2011 年。

[41] 方汉奇：《中国近代报刊史》，太原：山西教育出版社，2012 年。

[42] 胡昭曦：《旭水斋存稿》，成都：四川大学出版社，2012 年。

[43] 康有为：《孔子改制考》，北京：中华书局，2012 年。

[44] 雷颐：《面对现代性挑战：清王朝的应对》，北京：社会科学文献出版社，2012 年。

[45] 杨建华：《20 世纪中国教育期刊史论》，杭州：浙江工商大学出版社，2012 年。

[46] 董耀奎：《"二战胜利 70 周年"系列图书：保定抗战史话》，北京：新华出版社，2015 年。

[47] 方红：《马克思主义在中国的早期翻译与传播》，上海：上海三联书店，2016 年。

[48] 江西省萍乡市政协：《中国民主革命的先驱——汤增璧》，兰州：甘肃人民出版社，2011 年。

[49] 白荣敏：《海上仙都——作家笔下的太姥山》，福州：海峡出版社，2018 年。

[50] 王玉华：《多元视野与传统的合理化：章太炎思想的阐释》，上海：上海人民出版社，2018 年。

[51] 赵亚夫：《中学历史教育学》，北京：北京师范大学出版社，2019 年。

（二）海外译著

[1][英]爱德华·甄克斯：《社会通诠》，严复译，北京：商务印书馆出版，1931年。

[2]王跃、高立克：《五四：文化的阐释与评价——西方学者论五四》，太原：山西人民出版社，1989年。

[3][美]刘若愚：《中国之侠》，周清霖、唐发铙译，上海：上海三联书店，1991年。

[4][英]彼得斯：《道德发展与道德教育》，邬冬星译，杭州：浙江教育出版社，2000年。

[5][美]本杰明·史华兹：《寻求富强：严复与西方》，叶凤美译，南京：江苏人民出版社，2005年。

[6][日]家近亮子：《蒋介石与南京国民政府》，王士花译，北京：社会科学文献出版社，2005年。

[7][德]马克斯·韦伯：《学术与政治：韦伯的两篇演说》，冯克利译，北京：生活·读书·新知三联书店，2005年。

[8][美]阿里夫·德里克：《中国革命中的无政府主义》，孙宜学译，桂林：广西师范大学出版社，2006年。

[9][日]岛田虔次：《中国思想史研究》，邓红译，上海：上海古籍出版社，2009年。

[10][美]约瑟夫·列文森：《儒教中国及其现代命运》，郑大华、任菁译，桂林：广西师范大学出版社，2009年。

[11][日]坂元弘子：《中国近代思想的"连锁"：以章太炎为中心》，郭池洋译，上海：上海人民出版社，2019年。

四、近现代报刊

[1]《安徽教育周刊》

[2]《澳门日报》

[3]《北洋政府公报》

[4]《东方杂志》

[5]《大公报》

[6]《大共和日报》

[7]《大陆报》

[8]《国粹学报》

[9]《国立四川大学周刊》

[10]《国立浙江大学日刊》

[11]《国民报》

[12]《国闻报汇编》

[13]《国艺》

[14]《国学季刊》

[15]《监察院公报》

[16]《冀察政务委员会公报》

[17]《江苏》

[18]《经世战时特刊》

[19]《江西地方教育》

[20]《江西省政府公报》

[21]《教育今语杂志》

[22]《教与学》

[23]《警钟日报》

[24]《快活林》

[25]《来复》

[26]《历史教育》

[27]《临时政府公报》

[28]《民报》

[29]《民国报》

[30]《民国日报》

[31]《民立报》

[32]《民友月报》

[33]《内政公报》

[34]《青岛市政府市政公报》

[35]《清议报》

[36]《苏报》

[37]《申报》（原名《申江新报》）

[38]《山东省政府公报》

[39]《时务报》

[40]《神州丛报》

[41]《神州国医学报》

[42]《时兆月报》（原名《福音宣传》）

[43]《田家半月报》

[44]《太平洋报》

[45]《图书展望》

[46]《台湾日日新报》

[47]《文澜学报》

[48]《文社月刊》

[49]《兴华》

[50]《新民丛报》

[51]《〈新民丛报〉全编》

[52]《醒狮》

[53]《新世纪》（巴黎）

[54]《学术世界》

[55]《行政院公报》

[56]《燕京学报》

[57]《虞社》

[58]《真光》

[59]《中国日报》

[60]《制言》

[61]《中央日报》

[62]《中医新生命》

[63]《中央周报》

五、相关论文

(一) 期刊论文

[1] 丁伟志:《论近代中国反孔思潮的兴起》,《社会科学研究》1981 年第 2 期。

[2] 任访秋:《简论从批孔到尊孔的章太炎》,《中州学刊》1986 年第 5 期。

[3] 李刚、何成轩:《论中国近代的反孔思潮》,《孔子研究》1992 年第 3 期。

[4] 苏中立:《论世纪之交的孔教问题大辩论》,《中州学刊》1996 年第 2 期。

[5] 张学继:《民国时期的国葬制度》,《民国春秋》1998 年第 2 期。

[6] 严昌洪:《民国时期丧葬礼俗的改革与演变》,《近代史研究》1998 年第 5 期。

[7] 夏里:《邵元冲为章太炎丧事奔走》,《民国春秋》2001 年第 4 期。

[8] 戴明玺:《章太炎与二十世纪初中国思想裂变》,《南京社会科学》2003 年第 4 期。

[9] 汪荣祖:《章太炎对现代性的迎拒与文化多元思想的表述》,《中国文化》2004 年 5 月第 21 期。

[10] 丁守伟:《谭嗣同、梁启超、章太炎与近代侠风》,《太原师范学院学报》(社会科学版) 2007 年第 3 期。

[11] 胡滔滔:《民国时期的国葬》,《湘潮》2009 年第 3 期。

[12] 唐兰慧:《章太炎〈訄书·儒侠〉思想评析》,《合肥学院学报》(社会科学版) 2009 年 26 卷第 6 期。

[13] 何荣誉:《〈訄书〉诸本对孔子评价的变衍》,《沈阳师范大学学报》(社会科学版) 2010 年 34 卷第 3 期。

[14] 孙洪柏:《论清末民初的侠义之风》,《聊城大学学报》(社会科学版) 2011 年第 4 期。

[15] 田子渝：《〈民报〉是宣传社会主义的刊物》，《晋阳学刊》2012年第1期。

[16] 李昱：《论章太炎评孔子》，《孔子研究》2012年第4期。

[17] 沙文涛：《孙中山逝世与国民党北京治丧活动述论》，《中国国家博物馆馆刊》2012年第6期。

[18] 华强：《国学大师章太炎逝世前后》，《文史春秋》2013年第4期。

[19] 王中江：《章太炎的近代祛魅与价值理性——从"自然"、"人性"到人的道德"自立"》，《中山大学学报》（社会科学版）2013年53卷第4期。

[20] 王磊：《〈教育今语杂志〉：中国教育史上的隐秘一页》，《教育史研究》2015年第4期。

[21] 何秀琴：《近90年民国时期国葬研究综述》，《社会科学动态》2017年第7期。

[22] 王锐：《〈教育今语杂志〉与章太炎的学术实践》，《现代中文学刊》2018年第1期。

[23] 廖玉洁、任贵祥：《〈民报〉与社会主义思想在中国的早期传入》，《长白学刊》2019年第1期。

[24] 王磊：《章太炎国葬问题研究》，《理论观察》2020年第3期。

[25] 贺国强、魏中林：《文化自信与章太炎的教育思想》，《高教探索》2020年第6期。

（二）学位论文

[1] 郭军：《章太炎"国粹"教育思想探析》，西北师范大学硕士学位论文，2006年。

[2] 丁守伟：《论晚清尚侠思潮》，陕西师范大学硕士学位论文，2007年。

六、其他文献

[1]（战国）高华平、王齐洲、张三夕：《韩非子》，北京：中华书局，2010年。

[2]（战国）方勇、李波：《荀子》，北京：中华书局，2011 年。

[3]（清）颜元：《颜元集》，北京：中华书局，1987 年。

[4]（清）颜元：《习斋四存编》，上海：上海古籍出版社，2000 年。

[5] 范之麟、吴庚舜：《全唐诗典故辞典》，武汉：湖北辞书出版社，1989 年。

[6]《十三经注疏》整理委员会整理：《〈论语〉注疏》，北京：北京大学出版社，1999 年。

[7] 蒋永福、吴可、岳长龄：《东西方哲学大辞典》，南昌：江西人民出版社，2000 年。

[8] 张宪文、方庆秋、黄美真主编：《中华民国大辞典》，南京：江苏古籍出版社，2001 年。

[9] 钱其琛主编：《世界外交大辞典》，北京：世界知识出版社，2005 年。

[10]《申报索引》编辑委员会：《〈申报〉索引》，上海：上海书店出版社，2008 年。

[11] Jürgen Habermas：《Toward a Rational Society：Student Protest, Science, and Politics》, translated by Jeremy J. Shapiro, Boston：Beacon Press, 1987.

后　记

　　自2016年南下嘉兴工作以来，因离杭州之便，先后三次参加在杭州举办的章太炎学术研讨会。2016年6月，在浙江杭州余杭区召开了"纪念章太炎逝世八十周年暨章太炎故居保护开放三十周年——章太炎生平与学术思想研讨会"，我参会提交的论文题目为《章太炎与清末"学战"——以〈国粹学报〉为中心的研究》，该文乃是基于博士论文的一章凝练修改而来。2019年11月，在浙江杭州余杭区召开了"章太炎和他的时代"学术研讨会，我参会提交的论文题目是《章太炎国葬问题研究》。2023年11月，在浙江杭州余杭区又召开了"存雄独照——章太炎与近代中西文化会通"学术研讨会，我参会提交的论文题目是《〈民报〉章太炎群体激扬侠风研究》。我虽然处于学术研究的边缘地带，但是通过参加学术研讨会和没有间断的关注学界动态，对于"章学"的治学门径也算窥得一二。这些年来，阅读学界中人研究章太炎的论文，有过因论文蜂拥而出感到的欣喜，也有过对论文重复建设的隐忧。这种隐忧归纳起来大致有两点，其一，一些学者在撰述论文时缺乏与前辈学者的学术史对话，不是"接着说"，而是自己从头说，这一点在章太炎哲学研究领域表现最为明显，章太炎思想史领域的研究成果很多与章太炎哲学研究领域的成果有较多交集，但往往为哲学研究学者所视而不见或者忽略。其二，一些学者对章太炎研究的学术发展史并无全面了解即开始研究，殊不知某类问题早已为前辈学者解决。诸如民国时期学者的研究成果和20世纪八九十年代学者的研究成果，还有港台地区学者的相关研究成果，上述三类涉及章太炎的研究成果数量也非常之多，需要学者们仔细收集整理归纳，不完成学术史的归纳则不轻易下笔。上述两个方面的隐忧，也是导致学术研究出现重复建设现象的部分原因。因此，我们更应发扬章太炎在《说林·定经师》一文中所倡导的"以狱法治经"的主张，尤其应该重视"审名实""重左证"两条法则。（《民报》第10号）章太炎所秉持的古文经学家治经"无征不信"的传统，值得当代学者传承和坚守。

2023年10月27日，业师王玉华教授因病逝世，作为弟子，不慎悲痛，过往求学时情景历历在目，我对章太炎的最初了解始于旁听王师给研究生开设的"《訄书》研究"课程，最终博士论文选题选择章太炎相关的研究也是受王师的影响，亦包含对章太炎思想和人格的倾慕之意。常常翻看王师的著作和诗集，《多元视野与传统的合理化：章太炎思想的阐释》一书用力最深，历时十六载，该书成为我全面了解章太炎思想和生平的重要启蒙读物之一，犹记书中所揭示的章太炎思想内核的三大主旨：强烈的"历史主义"意识和浓厚的"多元主义"与"人文主义"的价值追求。2018年王师在该书的再版后记中系统阐发了太炎思想研究的"五个认识误趋"：其一，认为戊戌时期太炎先生追随康梁，鼓吹变法，其改良主义思想体系，乃南海之翻版焉。其二，认为太炎先生的思想早年"激进"，晚年趋于"保守"。其三，认为太炎先生是一个政治上的激进主义者，文化上的保守主义者。其四，认为太炎先生是一个非理性的思想家。其五，认为太炎先生的"俱分进化"思想乃一"进步主义"的历史观。王师常常念兹在兹的是对未来"章学"研究者寄予的期望，言之则有四端：其一曰"韧劲"，其二曰"博学"，其三曰"沉潜"，其四曰"低调"。滚滚红尘和热流之中，为学者怎能不以此为醒世恒言，本书的出版亦可谓对王师恩情的缅怀。

正如王师所说，章太炎的研究需要学者长期沉潜其中，我想，同时也需要学者们作为中间人将章太炎的思想、学术、生平事迹、人格精神等方面的内容以明白易懂的语言阐释出来。章太炎生前交游甚广，且能够通过白话文演讲与报刊将学术思想深入浅出地传播到民众中间，这亦值得当代学者去反思与探索。最后，在本书出版之际，我要感谢父母和妻子对我工作的支持和付出，同时也要感谢共同探讨学问的朋友们。如章太炎所言，学贵攻苦食淡，然后能任艰难之事，愿与诸君共勉。

王磊

2023 年 12 月于浙江嘉兴